개정 7차 교과서와 함께하는

초등학교 문학수업
이렇게 해요

|4학년|

| 4 학년 | 개정 7차 교과서와 함께하는

초등학교 문학수업
이렇게 해요

초판 1쇄 인쇄 | 2011년 11월 10일
초판 1쇄 발행 | 2011년 11월 21일
지은이 | 신헌재 & 아동문학을 소중히 여기는 모임
펴낸이 | 정봉선
기획 | 박찬익
발행처 | 정인출판사
주소 | 서울시 성동구 도선동14 신한넥스텔 1506호 (우 : 133 – 714)
문의전화 | 02) 922–1334   팩스 | 02) 925–1334
홈페이지 | www.junginbook.com   블로그 | blog.naver.com/junginbook
등록 | 제303 – 1999 – 000058호
ISBN | 978–89–94273–45–7 (64370)

이 도서의 국립중앙도서관 출판시도서목록(CIP)은 e–CIP 홈페이지(http://www.nl.go.kr/ecip)에서
이용하실 수 있습니다. (CIP제어번호: CIP2011004608)

개정 7차 교과서와 함께하는

초등학교 문학수업 이렇게 해요

4학년

신헌재 외

정인출판사

머 리 말

아동문학 작품으로 우리 아이들의 마음을 울리고 생각을 일깨울 수 있다면, 그래서 어려서부터 평생독자의 버릇을 들이게 할 수 있다면 얼마나 좋을까!

저는 이런 기대와 소망을 가지고 초등학교에 근무하는 한국교원대 출신 제자들과 함께 2006년도부터 〈아동문학을 소중히 여기는 모임〉을 가져왔습니다. 우리 제자들은 자기 반어린이들에게 읽힐 만한 아동문학 작품을 골라 아침자습시간이나 수업시간에 감상시키고 그 반응을 정리해서 서로 돌아가며 발표하고 토론하는 자리를 저와 함께 가져왔던 것입니다. 그러면서 우리는 반어린이들이 작품에 빠져드는 귀여운 모습을 보는 즐거움과 함께 문학작품 감상방법에 따른 교육적 효과를 가늠하는 안목을 조금씩 늘려가는 보람도 함께 나눌 수 있었습니다.

그러다가 제가 2007개정 교육과정에 따른 초등학교 새 국어교과서를 개발하는 책임을 맡게 되면서 하나의 문제의식을 갖게 되었지요. 다름 아니라 아무리 좋은 작품과 참신한 생각으로 멋진 교과서를 만들어보려 해도 규격화된 국정 교과서의 체제와 개발 검토 과정으로 인한 한계가 있다는 점입니다. 그리고 이를 보완할 교사용지도서도 한정된 지면과 틀에 매여 만들다보니 충분한 결과에 이르지 못하였다는 점입니다. 그래서 교사용지도서를 보조하면서 우리 초등학교 선생님들이 좀더 알차고 멋진 국어수업을 하도록 도와 줄만한 또 다른 도우미 책이 있었으면 하는 바람을 갖게 된 것입니다. 이 책은 바로 이런 문제의식과 필요성에 대하여 공감한 우리 〈아동문학을 소중히 여기는 모임〉 회원들과 함께 협동해서 이루어낸 결과물입니다.

이 책은 우선 2007년에 개정한 4학년 듣기·말하기·쓰기, 읽기 교과서의 단원들 중 문학단원만을 대상으로 삼아서 다음과 같은 점에 초점을 두어 만들었습니다.

첫째, 저희들은 창의적인 문학수업을 위해 교과서에 제시된 활동을 재구성하되 매 차시마다

동기유발, 수업활동, 정리활동, 심화활동의 단계별로 상술했습니다.

둘째, 각 단원의 이해학습과 적용학습을 다음과 같은 차이를 두어 기술했습니다. 이해학습 차시에는 교과서 활동을 보조하되 지식이나 방법을 좀더 상세하게 안내할 수 있는 활동들을 두었고, 적용학습 차시에는 교과서에 제시된 활동을 재구성하거나 보완할 수 있는 새로운 활동을 추가하여 좀더 다채롭고 생기 있는 문학수업이 되도록 하였습니다. 그리고 말미에 심화활동을 두어 문학작품에 대한 보다 깊이 있는 이해와 감상을 돕고자 하였습니다.

셋째, 참고자료에는 단원 및 차시 학습 운영에 도움을 줄 수 있는 수업원리나 방법을 안내하였고, 교과서 수록작품과 함께 읽으면 도움이 될 만한 관련 작품도 소개하였습니다.

넷째, 어린이들이 문학작품을 이해하고 감상하는 즐거운 과정과 활동 결과물을 사진으로 담아 수업활동에 대한 이해를 돕고자 하였습니다.

다섯째, 각 차시 수업활동에 활용한 학습활동지는 별도의 부록자료로 담아 문학수업에 곧바로 쓸 수 있도록 하였습니다.

이런 관점을 토대로 만든 이 책을 통해 우리나라 초등 국어를 담당할 선생님들이 교과서 속의 다양한 문학작품을 좀더 쉽게 가르치고 어린이들이 문학작품을 보다 알차고 재미있게 배울 수 있기를 바랍니다. 그래서 우리 어린이들이 모두 평생 독자로서의 기틀을 다지는 계기가 된다면 저와 우리 공동저자들에게 매우 큰 기쁨과 보람이 될 것입니다.

2011. 10.

공동 저자 대표   신헌재

차 례

1학기 1단원 _ 생생한 느낌 그대로

1학기 7단원 _ 넓은 세상 많은 이야기

2학기 1단원 _ 감동이 머무는 곳

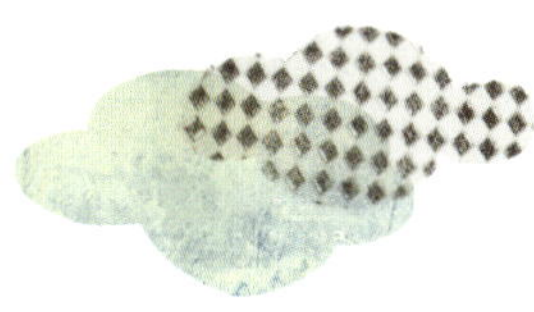

2학기 7단원 _ 삶의 향기

◆ 부록 : 학습활동지 ◆

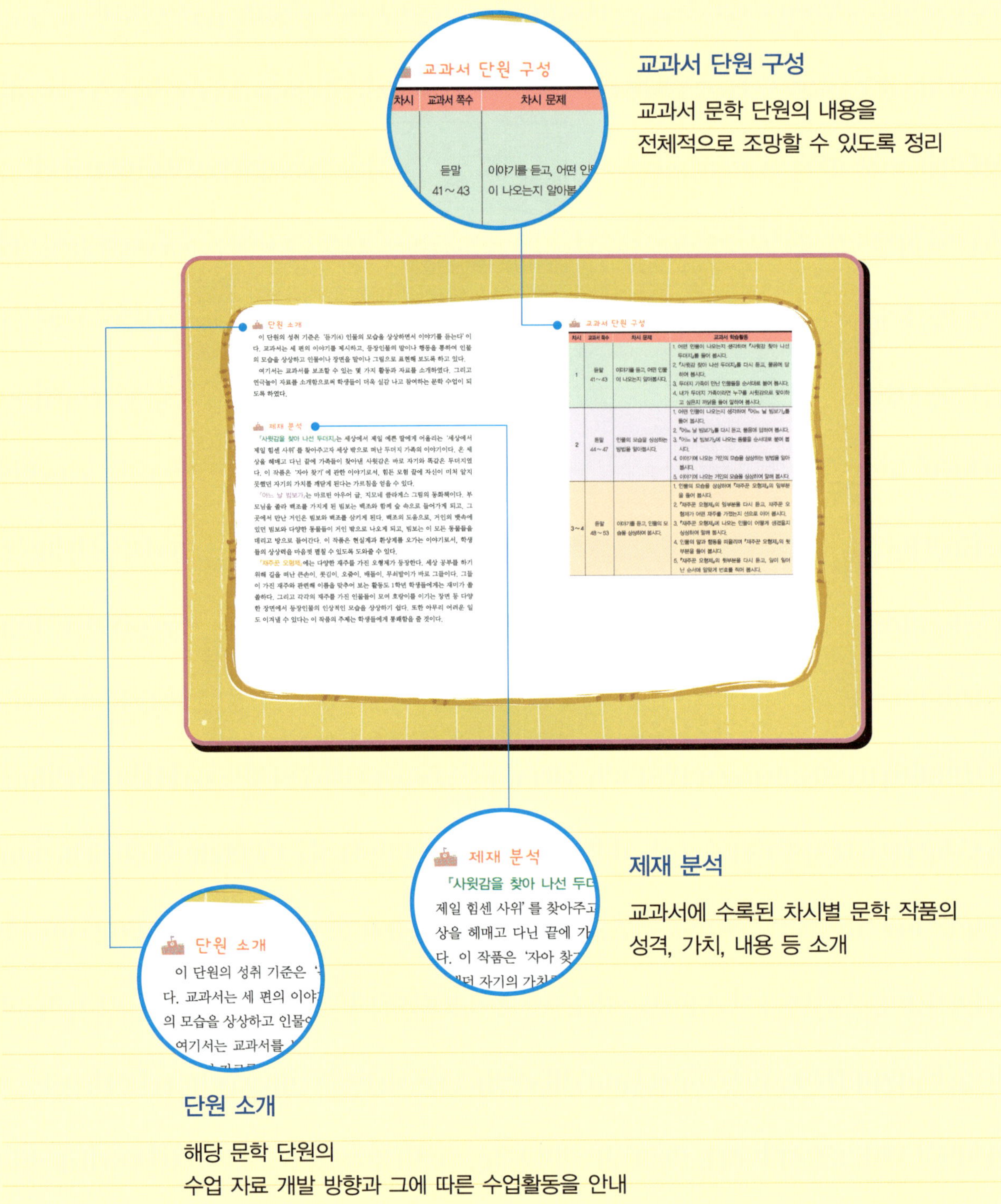

교과서 단원 구성

교과서 단원 구성

교과서 문학 단원의 내용을
전체적으로 조망할 수 있도록 정리

제재 분석

교과서에 수록된 차시별 문학 작품의
성격, 가치, 내용 등 소개

단원 소개

해당 문학 단원의
수업 자료 개발 방향과 그에 따른 수업활동을 안내

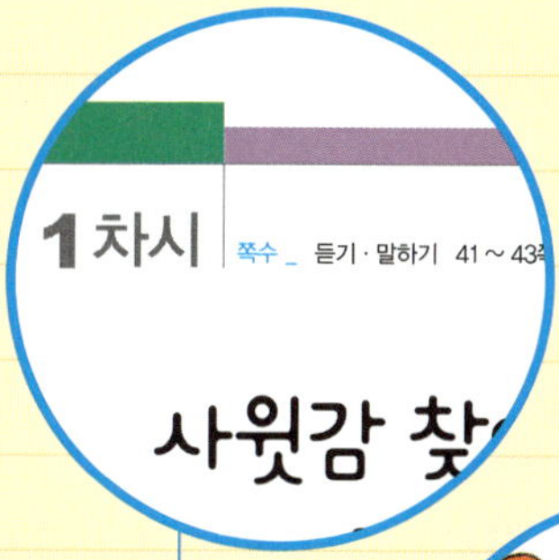

차시 정보

차시, 교과서 쪽수, 수록 작품 제목 명시

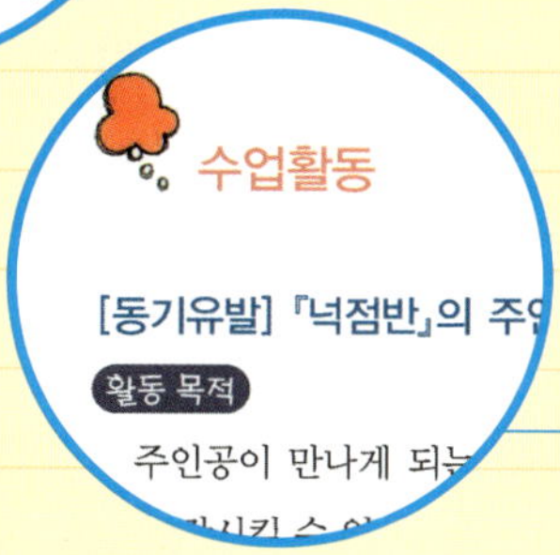

수업활동

문학수업을 위한 다양한 활동을 동기유발,
학습문제, 학습활동, 정리의 순서로 제시

※ 모든 활동을 적용할 경우 학습량이 많고 수업 시간
이 부족할 수 있으므로, 수업 설계 방향, 학습 여건
등에 따라 선택적으로 사용하세요!

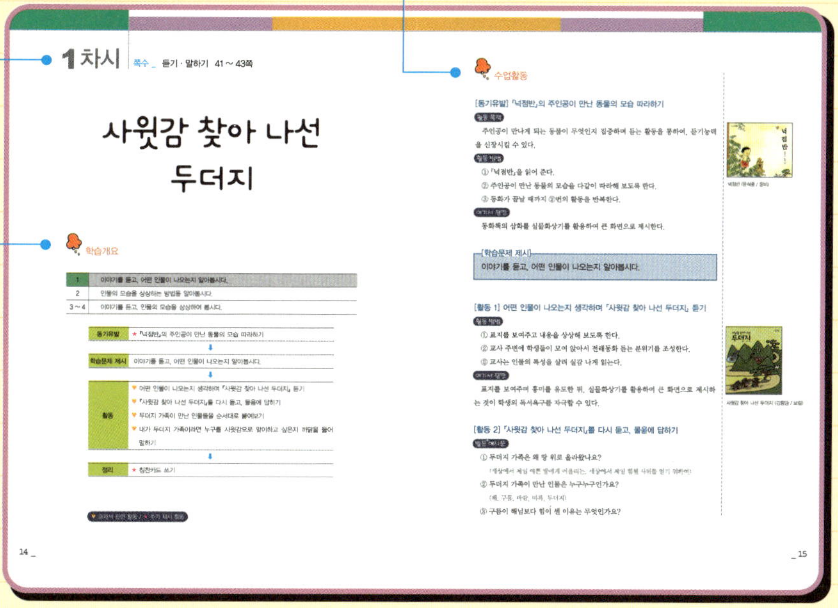

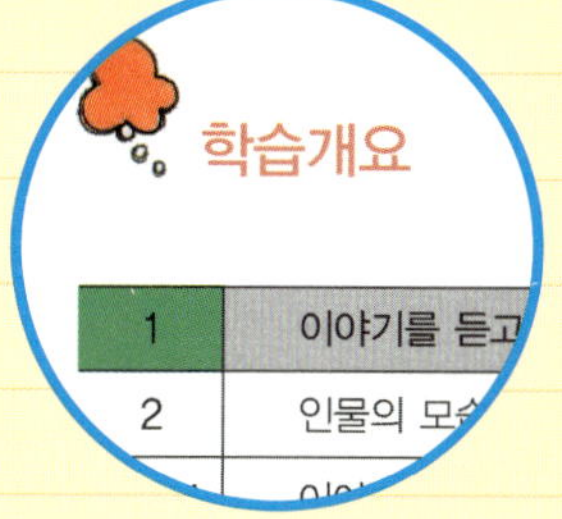

학습개요

해당 차시의 학습 활동 및 학습의 흐름을 한 눈에 살펴볼 수 있는 표

♥ 교과서 활동을 쉽고 재미있게 공부할 수 있도록 보완한 활동
★ 창의적인 문학수업을 할 수 있도록 추가로 제시한 활동

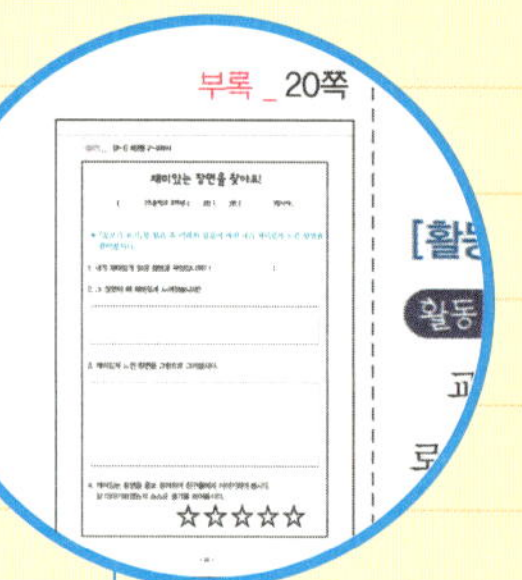

학습활동지

수업에 활용한 학습활동지를 작게 축소하여 본문 옆에 제시
학습활동지를 별도의 부록 자료로 제작

※ 부록의 학습활동지를 복사하여 수업에 바로 활용할 수 있어요.

사진자료

학생 활동 모습 및 학습 결과물 수록

준비물

해당 수업활동 바로 옆에 학습활동에
사용한 책이나 준비물 안내

참고자료

교과서 수록 작품과 함께 읽으면 좋은 문학 작품을 소개하거나
단원 및 차시 수업을 위한 수업 원리나 방법을 안내

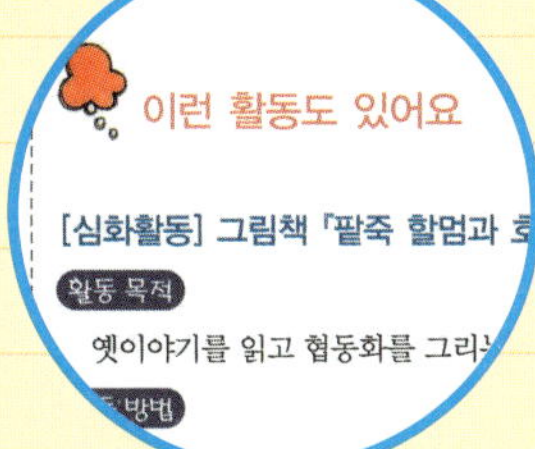

이런 활동도 있어요 (심화활동)

문학 작품에 대한 깊이 있는 이해와 감상을 돕는 활동
또는 차시 학습 활동보다 한 단계 높은 수준의 활동 제시

생생한 느낌 그대로

1차시　기억에 남는 이야기 속 인물과 나를 관련지어 말하기

2~3차시　이야기를 듣고 기억에 남는 장면에 대한 내 생각이나 느낌을 친구들에게 이야기하여 보기

4~5차시　독서 감상문 쓰는 방법을 알아보고 독서 감상문 써 보기

6차시　독서 감상문을 고쳐 쓰고 친구들 앞에서 발표하여 보기

기억에 남는 이야기의 장면이 있나요? 그때의 생각이나 느낌을 실감 나게 말하거나 독서 감상문을 써 봅시다.

🏰 단원 소개

　본 단원은 학생들이 문학 작품에서 받은 감동을 말과 글로 표현하는 활동을 담고 있다. 초등학교 4학년 학생에게 친숙한 세계 또는 상상의 세계를 배경으로 하는 작품을 듣거나 읽은 뒤에, 떠오르는 생각이나 느낌을 감동을 표현하는 말을 사용하여 말과 글로 표현하는 데에 목적이 있다.

　문학 작품에 대한 감동을 표현하기 위하여 다음 사항에 중점을 두고 있다. 먼저, 문학 작품에 대한 올바른 이해를 돕기 위하여 작품의 내용을 요약한다. 그리고 기억에 남는 장면을 선택하고 그 장면에 대한 생각이나 느낌을 말이나 글로 표현한다. 또한 꾸며주는 말을 사용하여 자신의 생각이나 느낌을 효과적으로 표현하도록 한다. 이러한 학습을 통하여 학생들은 문학 작품을 접하는 방법을 배우고 되고, 개인적인 감동을 받는 것에서 나아가 자신의 감동을 주변 사람들과 나누면서 보다 풍부한 문학 감상의 기회를 가지게 된다.

🏰 제재 분석

　이 단원의 제재는 「이야기 귀신」, 「홍길동전」, 「견우와 직녀」 세 가지로 학생들에게 친숙한 전래동화들이다. 「이야기 귀신」의 경우 전편이 교과서에 수록되어 있으나 「홍길동전」과 「견우와 직녀」는 작품에 대한 독서 감상문만 수록되어 있어 학생들이 내용을 이해하기 어려울 수 있다. 따라서 본 단원의 수업에 들어가기 전 「홍길동전」과 「견우와 직녀」을 미리 읽게 하여 작품에 대한 이해 및 표현 활동을 돕는다.

　「이야기 귀신」은 서정오(2004) 『우리가 정말 알아야 할 우리 이야기 백가지 1』(현암사)에 실려있는 전래 동화이다. 이야기를 듣기만 하고 다른 사람에게 들려주지 않는 한 아이가 귀신들의 원한을 사게 되었다. 장가가는 날 신부 집에 가는 길에 귀신들이 보복을 하려하나 지혜롭고 충직한 하인의 도움으로 화를 면하게 되었다는 이야기이다. 청년과 하인이 신부 집으로 가는 여정에서 귀신들이 만들어놓은 장애물을 만나게 되고 이를 극복하는 과정이 흥미롭게 전개되고 있다.

🏰 교과서 단원 구성

차시	교과서 쪽수	차시 문제	교과서 학습활동
1	듣말쓰 5～7	기억에 남는 이야기 속 인물과 나를 관련지어 말해 봅시다.	1. 내가 읽은 이야기에서 기억에 남는 인물을 생각하고 그 까닭을 말하여 봅시다. 2. 기억에 남는 인물에 빗대어 나를 친구들에게 소개하려고 합니다. 어떻게 소개하면 좋을지 간단히 써 봅시다.

			3. '2'를 바탕으로 하여 나를 친구들에게 소개하여 봅시다. 4. 소개를 잘 한 친구의 이름과 친구가 한 말을 간추려 써 봅시다.
2~3	듣말쓰 8~13	이야기를 듣고 기억에 남는 장면에 대한 생각이나 느낌을 친구들과 이야기하여 봅시다.	1. 장면을 떠올리며 「이야기 귀신」을 듣고 물음에 답하여 봅시다. 2. 「이야기 귀신」을 다시 듣고, 순서에 따라 그림 카드의 뒷면에 내용을 간추려 쓴 뒤에 연결하여 붙여 봅시다. 3. 「이야기 귀신」의 줄거리를 친구들 앞에서 말하여 봅시다. 4. 친구들이 기억에 남는 장면을 말하고 있습니다. 누가 더 실감 나게 말하였는지 생각하여 보고, 그 까닭을 말하여 봅시다. 5. 그림 카드 중에서 하나를 골라 꾸며 주는 말을 넣어 내 생각이나 느낌을 써 봅시다. 6. '6'의 이야기 장면을 친구들 앞에서 실감 나게 말하여 봅시다. 7. 기억에 남는 장면을 실감 나게 말한 친구의 이름과 칭찬하고 싶은 점을 써 봅시다.
4~5	듣말쓰 14~19	독서 감상문을 쓰는 방법을 알아보고 독서 감상문을 써 봅시다.	1. 글 (가), (나), (다)는 「홍길동전」을 읽고 쓴 독서 감상문입니다. 인물의 말이나 행동, 인물에게 하고 싶은 말, 기억에 남는 장면 중에서 어느 것을 바탕으로 하여 쓴 것인지 □안에 써 봅시다. 2. 「견우와 직녀」를 읽고 독서 감상문 쓰는 방법을 알아봅시다. 3. 16쪽 '2'를 바탕으로 하여 독서 감상문을 써 봅시다.
6	듣말쓰 20~23	독서 감상문을 고쳐 쓰고 친구들 앞에서 발표해 봅시다.	1. 마루가 쓴 독서 감상문을 읽고, (1)~(5)의 순서에 따라 고쳐 써 봅시다. 2. 19쪽 '3'에서 쓴 독서 감상문을 아래에 내용에 따라 확인하여 봅시다. 그리고 부족한 부분이 있으면 고쳐 써 봅시다. 3. 모둠 친구들과 독서 감상문을 돌려 읽고, 잘 쓴 친구에게 칭찬 붙임 딱지를 붙여 줍니다. 4. 내가 쓴 독서 감상문을 친구들 앞에서 발표하여 봅시다.

기억에 남는 이야기

 학습개요

1	기억에 남는 이야기 속 인물과 나를 관련지어 말해 봅시다.
2~3	이야기를 듣고 기억에 남는 장면에 대한 생각이나 느낌을 친구들과 이야기하여 봅시다.
4~5	독서 감상문을 쓰는 방법을 알아보고 독서 감상문을 써 봅시다.
6	독서 감상문을 고쳐 쓰고 친구들 앞에서 발표해 봅시다.

동기유발	★ '아이엠 그라운드' 놀이로 자기 소개하기

⬇

학습문제 제시	기억에 남는 이야기 속 인물과 나를 관련지어 말해 봅시다.

⬇

활동	♥ 기억에 남는 이야기 속 인물과 그 까닭 말하기 ★ 기억에 남는 인물을 넣어 자기소개서 쓰기 ★ 기억에 남는 인물과 관련지어 서로 소개하기

⬇

정리	★ 자기 소개를 잘 한 사람 뽑고 칭찬스티커 붙이기

♥ 교과서 관련 활동 / ★ 추가 제시 활동

 수업활동

[동기유발] '아이엠 그라운드' 놀이로 자기 소개하기

활동 목적

　학년 초, 아직 서먹한 분위기를 부드럽게 하고 반 친구들의 이름을 게임으로 소개하고 익힌다.

활동 방법

　담임교사부터 시작하여 4박자로 무릎 → 손뼉 → 오른손 엄지 → 왼손 엄지 순서로 든다.

　'아이엠그라운드 자기 소개하기'

　'○○(학생이름) 1(또는 2, 3, 4)'를 외치면 ○○에 해당하는 학생이 받아 자기 이름을 불린 숫자만큼 외친다. 박자가 틀리거나 이름을 못 부르는 등 걸리는 학생이 술래가 되고 3명의 술래가 모이면 가벼운 벌칙 또는 장기 자랑을 한다.

[학습문제 제시]

기억에 남는 이야기 속 인물과 나를 관련지어 말해 봅시다.

[활동 1] 기억에 남는 이야기 속 인물과 그 까닭 말하기

준비물 _ 마이크, 손가락 지시봉

활동 목적

　모든 학생들이 정해진 시간 안에 한 번씩 발표해야 하므로 모둠별로 한 사람씩 돌아가며 발표하도록 한다. 모형마이크를 사용하면 학생들이 활동에 흥미를 가짐은 물론 친구들의 발표에 집중할 수 있다.

활동 방법

① 기억에 남는 이야기 속의 인물과 그 까닭을 함께 떠올린다.

② 모둠 안에서 번호를 정해주고 순서대로 마이크를 넘기면서 발표한다.

　(자기 순서에 발표 준비가 안 될 경우 다음 번호 친구에게 마이크를 넘기고 나중에 발표하도록 한다.)

③ 돌아가며 발표가 모두 끝난 모둠은 가장 발표를 잘 한 학생을 손가락 가리키기로 뽑고 전체 앞에서 발표하는 기회를 준다.

여기서 잠깐

　마이크와 손가락 지시봉이 간단한 교구이기는 하나, 잡는 방법과 사용하는 방법의 사전 안내가 있어야 학습 분위기가 산만해 지는 것을 예방할 수 있다.

모형마이크   손가락 지시봉

[활동 2] 기억에 남는 인물을 넣어 자기소개서 쓰기

기억에 남는 인물과 자신을 빗댄 내용을 자기소개서에 포함시켜 작성해 봄으로써 발표를 효과적으로 할 수 있도록 한다. 이는 학기 초 환경게시판 구성에도 도움이 될 수 있다.

① 자기 소개 학습활동지를 준비한다.

② 자신에 대해 소개하고 싶은 내용과 빗대고 싶은 이야기 속 인물과 까닭도 적는다.

③ 다 적었으면 다음과 같이 발표 연습을 한다.

'저는 ~이야기 속 ○○과 비슷한 ○○○입니다. 제가 이야기 속 ○○과 비슷한 까닭은 ~이기 때문입니다.'

준비물 _ 자기소개 학습지, 사인펜, 색연필

[활동 3] 기억에 남는 인물과 관련지어 서로 소개하기

이 활동은 많은 친구들과 소개하는 시간을 갖기 위하여 조사 놀이로 자기를 소개하는 것이다. 소개 횟수가 가장 많은 사람을 놀이 우승자로 칭찬함으로써 서먹함을 극복하고 활발히 발표하도록 한다.

① 학습활동지를 가지고 교실을 자유롭게 돌아다니며 만나는 친구에게 기억에 남는 인물과 자신을 관련지어 소개한다.

② 자기 소개를 하며 가지고 있는 학습활동지에 기록한다.

③ 10분 정도의 활동이 종료되면 학습활동지에 가장 많은 학생이 기록된 학생을 선정하고 칭찬한다.

　　놀이에서 이기고자 횟수에 연연해하여 소개 내용과 태도를 소홀히 하지 않도록 주지시킨다.

[정리] 자기 소개를 잘 한 사람 뽑고 칭찬스티커 붙이기

준비물 _ 붙임판, 동그라미스티커

활동 목적

　　친구들의 발표 내용을 평가하는 상호 평가가 이루어지도록 한다.

활동 방법

① 4절지에 학생 수만큼 빈 칸을 그리고 이름을 적는다.

② 한 사람씩 나와서 [활동 3]을 잘 한 사람에게 스티커를 붙인다.

③ 스티커를 받지 못하는 학생이 있는지 살피며 선생님도 스티커 붙이기에 참여한다.

④ 스티커 붙이기를 끝내고 스티커를 준 이유를 발표하게 한다.

⑤ 가장 스티커를 많이 받은 학생을 칭찬한다.

이야기 귀신

학습개요

1	기억에 남는 이야기 속 인물과 나를 관련지어 말해 봅시다.
2 ~ 3	이야기를 듣고 기억에 남는 장면에 대한 생각이나 느낌을 친구들과 이야기하여 봅시다.
4 ~ 5	독서 감상문을 쓰는 방법을 알아보고 독서 감상문을 써 봅시다.
6	독서 감상문을 고쳐 쓰고 친구들 앞에서 발표해 봅시다.

동기유발	★ 주머니 속 이야기 상상하기

⬇

학습문제 제시	이야기를 듣고 기억에 남는 장면에 대한 생각이나 느낌을 친구들과 이야기하여 봅시다.

⬇

활동	★ 말판 놀이를 하며 이야기 내용 확인하기
	★ 미니북에 이야기 순서에 따라 내용 간추리기
	♥ 기억에 남는 장면 실감 나게 말하는 방법 알기
	★ 이야기의 한 장면 실감 나게 말하기

⬇

정리	★ 기억에 남는 장면을 실감 나게 말한 친구 칭찬하기

♥ 교과서 관련 활동 / ★ 추가 제시 활동

수업활동

[동기유발] 주머니 속 이야기 상상하기

활동 목적

이야기를 듣기 전에, 이야기의 구성 요소에 대한 정보를 토대로 제목과 내용을 예측해 보는 활동이다.

활동 방법

① 천으로 된 주머니 안에 이야기의 내용과 관련된 낱말 카드를 넣는다.

  (이야기, 귀신, 아이, 머슴, 배나무, 옹달샘, 방석 등)

② 교사는 주머니에서 낱말 카드를 하나씩 꺼내어 칠판에 붙인다.

③ 학생들은 낱말 카드가 하나씩 나올 때마다 어떤 이야기일지 자유롭게 상상한다. 이야기의 제목도 맞혀 본다.

④ 예측하기 활동을 한 후 이번 차시에서 공부하게 될 이야기를 간단히 소개하고 학습 문제를 안내한다.

[학습문제 제시]

이야기를 듣고, 기억에 남는 장면에 대한 내 생각이나 느낌을 친구들과 이야기하여 봅시다.

[활동 1] 말판 놀이를 하며 이야기 내용 확인하기

부록 _ 1쪽

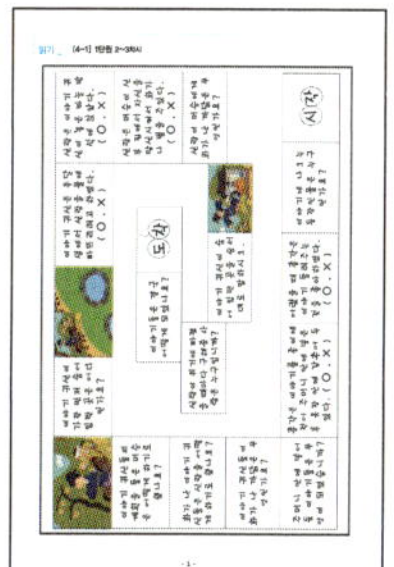

활동 목적

이야기를 듣고 짝과 말판 놀이 활동을 하며 이야기 내용에 대한 질문에 답한다. 말판 놀이를 통해 들은 내용을 정확하게 기억하고 있는지 확인할 수 있다.

활동 방법

① 교과서 8~9쪽의 삽화를 보며 「이야기 귀신」을 듣는다.

② 짝과 함께 말판 놀이를 하며 이야기 내용에 관련과 질문에 답한다.

〈놀이 방법〉

· 짝과 가위바위보로 순서를 정한다.

· 주사위를 던져 홀수가 나오면 한 칸, 짝수가 나오면 두 칸 앞으로 말을 옮기고 질문에 답한다.

· 답을 하지 못할 경우 원래 있던 자리로 돌아간다.

· 두 학생 모두 답을 알지 못할 경우에는 선생님께 여쭈어 본다.

· 도착 지점에 먼저 도착한 친구가 승리한다.

· 놀이의 규칙을 지키며 즐겁게 참여한다.

〈말판 놀이 문제와 답〉

문제 1) 이야기에 나오는 등장인물은 누구인가요?

    (신랑, 머슴, 이야기 귀신)

문제 2) 어렸을 때 총각은 이야기 들려주는 것을 좋아하였다. (×)

문제 3) 총각은 이야기를 종이에 적어 주머니 안에 넣은 후 옷장 안에 감추어 두었
다. (×)

문제 4) 주머니에 넣어 둔 이야기들은 무엇이 되었습니까?

    (이야기 귀신)

문제 5) 이야기 귀신들이 화가 난 까닭은 무엇인가요?

    (아이가 이야기를 듣기만 하고 다른 사람에게 들려주지 않았기 때문에, 이
야기를 주머니 속에 가두어 두었기 때문에)

문제 6) 화가 난 이야기 귀신들은 신랑을 어떻게 하기로 했나요?

    (신랑을 죽이기로 하였다.)

문제 7) 이야기 귀신들의 계획을 들은 머슴은 어떻게 하기로 했나요?

    (총각이 장가가는 날 따라 나서서 총각을 살리기로 하였다.)

문제 8) 이야기 귀신이 가장 먼저 숨어 있던 곳은 어디인가요?

    (배나무)

문제 9) 이야기 귀신은 옹달샘에서 신랑을 물에 빠뜨리려고 하였다. (×)

문제 10) 신랑은 이야기 귀신이 놓은 바늘 방석에 앉았다. (×)

문제 11) 신랑은 머슴이 신부 집에서 자신을 망신시켜서 화가 나 벌을 주었다. (×)

문제 12) 신랑이 머슴에게 화가 난 까닭은 무엇인가요?

    (자기가 하려고 하는 것은 무엇이든지 못하게 했기 때문에, 신부 집에
서 망신을 주었다고 생각했기 때문에)

문제 13) 이야기 귀신이 숨어 있던 곳을 순서대로 말하시오.

    (배나무, 옹달샘, 방석 아래)

문제 14) 신랑이 위기에 빠졌을 때마다 구해준 사람은 누구입니까?

    (머슴)

문제 15) 이야기들은 결국 어떻게 되었나요?

    (신랑이 이야기 주머니를 활짝 열어젖혀서 이야기가 마음대로 훨훨 돌
아 다니게 되었다.)

말판 놀이 자료   말판 놀이 활동 모습

[활동 2] 미니북에 이야기의 순서에 따라 내용 간추리기

활동 목적

이야기를 다시 듣고, 이야기의 주요 사건과 일어난 순서를 확인한 후 내용을 간추려 쓰는 활동이다. 교과서 부록의 그림 카드 자료는 연결 부분의 고리가 쉽게 떨어지고 활동이 끝난 후 보관하기에 불편한 점이 있어, 도화지로 8면 미니북을 만들고 그림 카드를 붙여 활용하였다.

활동 방법

① 교과서 165쪽의 그림 카드 자료를 준비한다.

② 교과서 「이야기 귀신」을 다시 듣는다.

③ 이야기의 순서에 따라 그림 카드에 번호를 쓴다.

④ 8면 미니북의 안쪽 여섯 면에 그림 카드를 순서대로 붙인다.

⑤ 그림 카드 아래쪽에 이야기의 내용을 간추려 쓴다.

⑥ 미니북의 앞 표지에 제목을 쓰고 간단히 꾸민다.

* 미니북의 뒷표지에는 다음에 이어질 줄거리 발표하기 활동에 필요한 〈자기 칭찬 표〉를 미리 붙여 놓는다.

이야기 간추리기   미니북 완성하기

장면 1		옛날 이야기를 듣기만 좋아하고 다른 사람에게 이야기를 들려주지 않는 아이가 살았어요.
장면 2		아이가 자라서 총각이 되었고, 이야기들은 주머니 속에 갇혀 귀신이 되었어요. 귀신들은 총각이 장가가는 날 총각을 죽이기로 계획을 세웠는데 그 소리를 머슴이 들었어요.
장면 3		총각이 혼인을 하러 신부 집에 가는 날. 이야기 귀신이 배나무에 매달려 총각이 따먹으면 죽게 하려고 했어요. 하지만 머슴이 얼른 그 자리를 벗어나게 했어요.
장면 4		이야기 귀신이 옹달샘에 숨어 신랑이 마시면 죽게 하려고 했어요. 하지만 머슴이 물을 못마시게 하고 그 자리를 얼른 벗어났어요.
장면 5		신부의 집에서 이야기 귀신이 바늘 방석이 되어 숨어있다가 신랑이 앉으면 죽게 하려고 했어요. 머슴이 구해주었지만 신랑은 무척 화가 났어요.
장면 6		머슴은 그동안의 일을 사실대로 말했고, 신랑은 머슴이 자기를 구해준 것을 알았어요. 그리고 주머니를 열어 이야기들이 돌아다니게 했어요.

[활동 3] 기억에 남는 장면 실감 나게 말하는 방법 알기

활동 목적

[활동 1~2]에서 이야기의 내용을 확인하고 줄거리를 간추리는 것이 문학 작품을 이해하는 활동이었다면, [활동 3~4]에서 기억에 남는 장면을 실감 나게 쓰고 말하는 것은 문학 작품에 대한 표현 활동이라고 할 수 있다.

활동 방법

① 교과서 12~13쪽 남자 어린이와 여자 어린이의 대화를 살펴본다.

② 누구의 말이 더 실감 나는지 비교해 본다.

③ 실감 나게 표현하기 위한 방법을 생각해 본다.

 – 기억에 남는 장면을 자세히 말한다.

 – 꾸며주는 말을 넣어 내 생각과 느낌을 말한다.

[활동 4] 기억에 남는 장면 실감 나게 말하는 방법 알기

활동 목적

이야기의 한 장면을 골라 꾸며 주는 말을 넣어 내 생각과 느낌을 쓰고, 각자 쓴 글을 친구들 앞에서 실감 나게 발표하는 활동이다.

활동 방법

① 그림 카드 중에서 하나를 골라 꾸며주는 말을 넣어 내 생각이나 느낌을 써 본다.

② 내가 쓴 글에서 부족한 점을 찾아 고쳐 쓴다.

③ 이야기의 한 장면을 친구들 앞에서 실감 나게 말한다.

〈예시 : 신랑이 이야기 주머니를 여는 장면〉

"나는 신랑이 이야기 주머니를 여는 장면이 기억에 남아. 신랑은 머슴 덕분에 목숨을 구할 수 있었어. 이야기들이 주머니에서 나와 돌아다닐 수 있게 되어서 다행이라고 생각했어."

이야기의 내용을 자세히 쓰지 않았어요. 꾸며주는 말이 없어요.

"나는 신랑이 이야기 주머니를 활짝 여는 장면이 기억에 남아. 신랑은 이야기 귀신의 복수로 목숨이 위태로웠지만 지혜로운 머슴 덕분에 세 번이나 위기를 넘기고 소중한 목숨을 구할 수 있었어. 이야기들이 답답한 주머니 속에서 나와 자유롭게 훨훨 돌아다닐 수 있게 되어서 정말 다행이라고 생각했어."

[정리] 생각이나 느낌을 실감 나게 표현할 때 알아야 할 것 정리하기

교과서 13쪽의 〈표〉에 기억에 남는 장면을 실감 나게 말한 친구의 이름과 칭찬하고 싶은 점을 적는다.

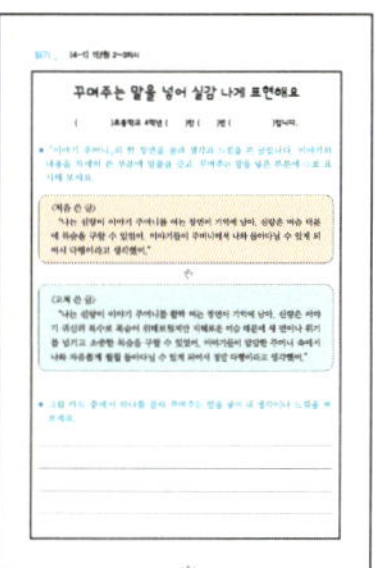

독서 감상문 쓰는 방법

학습개요

1	기억에 남는 이야기 속 인물과 나를 관련지어 말해 봅시다.
2~3	이야기를 듣고 기억에 남는 장면에 대한 생각이나 느낌을 친구들과 이야기하여 봅시다.
4~5	독서 감상문을 쓰는 방법을 알아보고 독서 감상문을 써 봅시다.
6	독서 감상문을 고쳐 쓰고 친구들 앞에서 발표해 봅시다.

동기유발	★ 재미있었던 독후 활동 발표하기

⬇

학습문제 제시	독서 감상문을 쓰는 방법을 알아보고 독서 감상문을 써 봅시다.

⬇

활동	♥ 「홍길동전」 독서 감상문 살펴보기
	♥ 독서 감상문 쓰는 방법 알아보기
	♥ 독서 감상문 쓰기 (바람개비 미니북 만들기)

⬇

정리	★ 독서 감상문 쓰는 방법 정리하기

♥ 교과서 관련 활동 / ★ 추가 제시 활동

[동기유발] 재미있었던 독후 활동 발표하기

활동 목적

지금까지 해 본 독후 활동을 떠올리며 독서 감상문 쓰기의 필요성을 깨닫도록 한다.

활동 방법

독서 감상문 쓰기, 일기쓰기, 편지쓰기, 이야기하기 등 여러 가지 독서 감상 경험 발표하기

> [학습문제 제시]
> **독서 감상문을 쓰는 방법을 알아보고 독서 감상문을 써 봅시다.**

[활동 1] 「홍길동전」 독서 감상문 살펴보기

활동 목적

교과서 14~15쪽의 「홍길동전」 독서 감상문을 살펴보고 독서 감상문의 종류를 알아본다.

활동 방법

① 누가 어떤 형식의 독서 감상문을 썼나요?

   (채은 – 독후감, 은수 – 편지글, 나 – 일기)

② 어떤 내용으로 독서 감상문을 썼나요?

   가 – 인물의 말과 행동을 중심으로

   나 – 인물에게 하고 싶은 말을 중심으로

   다 – 기억에 남는 장면을 중심으로

[활동 2] 독서 감상문 쓰는 방법 알아보기

활동 목적

「견우와 직녀」 이야기의 내용을 파악하고 독서 감상문을 쓰는 방법을 알 수 있다.

활동 방법

① 기억에 남는 인물의 말이나 행동에 밑줄 긋고 내 생각이나 느낌 쓰기

② 이야기 해주고 싶은 인물에게 ○표 하고, 하고 싶은 말 쓰기

③ 기억에 남는 장면에 □표 하고 내 생각이나 느낌 쓰기

④ 제목 붙이기

⑤ 독서 감상문의 형식 정하여 한 편의 글로 쓰기(일기글, 편지글 등)

[활동 3] 독서 감상문 쓰기 (바람개비 미니북 만들기)

활동 목적

바람개비 미니북을 활용한 독서 감상문 쓰기를 통하여 독서 감상문 쓰기 활동을 재미있게 느끼도록 한다.

활동 방법

① 8절 도화지를 아래와 같은 모양으로 접고 오린다.

(──── 자르는 선, ----- 접는 선)

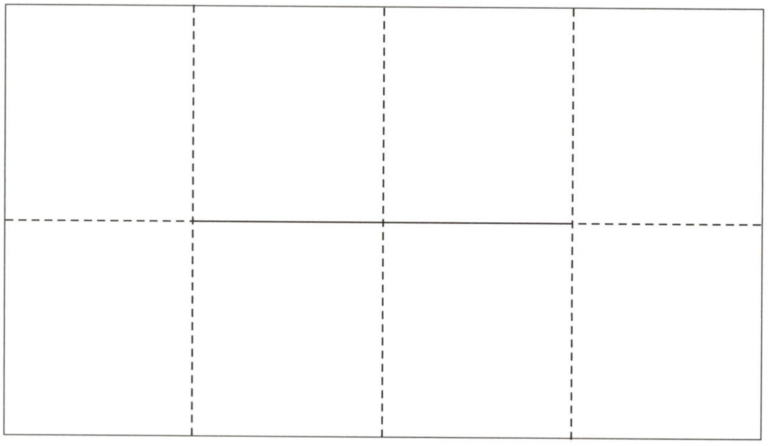

② 겹쳐지는 부분의 중앙에 마름모 모양을 그리고, 가운데 부분에 칼집을 내어 접고 입술 모양을 만든다.

③ 각 면에 입술을 중심으로 등장인물의 얼굴을 그리고, 해당 인물에게 하고 싶은 말을 쓴다.

④ 인물에게 했던 말을 이어서 독서 감상문을 완성한다.

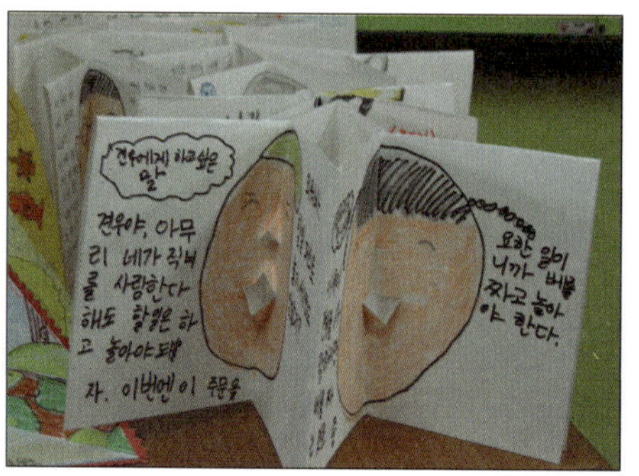

[정리] 독서 감상문 쓰는 방법 정리하기

- 인물의 말이나 행동을 바탕으로 씁니다.
- 인물에게 하고 싶은 말을 바탕으로 씁니다.
- 기억에 남는 장면을 바탕으로 씁니다. 등

 ## 이런 활동도 있어요

두 개 이상의 문학 작품을 비교 감상할 때 유용한 독후 활동이다. 이야기의 줄거리와 주제에 대한 학생들의 정서적인 반응을 이끌어 낼 수 있다.

▶ 다음 이야기들에 대하여 친구들과 돌아가며 자기 생각을 말하여 봅시다.

> 콩쥐 팥쥐, 신데렐라, 장화 홍련전, 헨젤과 그레텔

▶ 위의 이야기들 중에서 가장 마음에 드는 등장인물을 쓰고, 그 이유는 무엇인지 말하여 봅시다.

____

▶ 위의 이야기들 중에서 가장 싫어하는 등장인물을 쓰고, 그 이유는 무엇인지 말하여 봅시다.

____

▶ 위의 이야기들 중에서 가장 좋아하는 장면을 친구들에게 설명하고, 그 장면을 읽을 때 나의 기분을 말하여 봅시다.

____

▶ 위의 이야기들 중에서 두 가지를 골라 비슷한 점을 찾아 적어 봅시다.
- 고른 것 : _______________   _______________
- 비슷한 점 :
  - .
  - .
  - .

출처
『국어과 창의성 신장 방안』
이주섭 외, 박이정

독서 감상문 고쳐쓰기

학습개요

1	기억에 남는 이야기 속 인물과 나를 관련지어 말해 봅시다.
2 ～ 3	이야기를 듣고 기억에 남는 장면에 대한 생각이나 느낌을 친구들과 이야기하여 봅시다.
4 ～ 5	독서 감상문을 쓰는 방법을 알아보고 독서 감상문을 써 봅시다.
6	독서 감상문을 고쳐 쓰고 친구들 앞에서 발표해 봅시다.

| **동기유발** | ★ 내가 쓴 독서 감상문에서 고칠 점 찾기 |

⬇

| **학습문제 제시** | 독서 감상문을 고쳐 쓰고 친구들 앞에서 발표해 봅시다. |

⬇

| **활동** | ♥ 마루의 독서 감상문에서 고칠 부분 찾고, 고치기
♥ 내가 쓴 독서 감상문 고치기 |

⬇

| **정리** | ★ 발표 및 평가하기 |

♥ 교과서 관련 활동 / ★ 추가 제시 활동

수업활동

[동기유발] 내가 쓴 독서 감상문에서 고칠 점 찾기

지난 시간에 쓴 독서 감상문에서 고쳐야 할 부분을 찾는 과정에서 독서 감상문 고쳐 쓰기의 필요성을 알게 한다.

> **[학습문제 제시]**
> 독서 감상문을 고쳐 쓰고 친구들 앞에서 발표해 봅시다.

[활동 1] 마루의 독서 감상문에서 고칠 부분 찾고, 고치기

활동 목적

마루의 독서 감상문에서 고칠 부분을 찾아보면서 독서 감상문을 고쳐 쓰는 방법을 알도록 한다. 다른 모둠이 고친 부분도 서로 비교하면서, 다양한 방법으로 고쳐 쓰는 방법을 익히도록 한다.

활동 방법

- 모둠끼리 마루의 독서 감상문을 살펴보면서, 고치고 싶은 부분을 찾아 색 볼펜으로 표시한다.
- 모둠끼리 고치고 발표한다.
- 우리 모둠에서 고친 부분과 서로 비교하면서 독서 감상문을 고쳐 쓰는 방법을 익힌다.

[활동 2] 내가 쓴 독서 감상문 고치기

지난 시간에 자신이 썼던 독서 감상문을 고치는 활동을 통하여 독서 감상문 고쳐 쓰기 능력을 심화한다.

[정리] 발표 및 평가하기

단원의 학습 목표를 달성하고 나서 학습의 내용을 일반화하기 위해서 독서 감상문을 발표하고 평가하는 시간을 갖는다.

① 내가 쓴 독서 감상문을 모둠끼리 발표한다.

② 모둠원들은 발표를 듣고 잘 쓴 독후 감상문에 스티커를 붙여준다.

③ 모둠에서 스티커를 가장 많이 받은 친구들은 앞에 나와 전체 앞에서 발표한다.

④ 교실 뒤에 게시한다.

준비물 _ 여러 가지 모양의 스티커

생생한 느낌 그대로

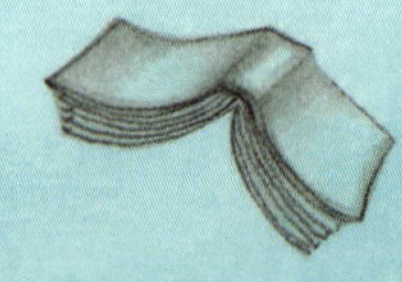

시는 발표되는 표현을 살려 읽고, 이야기는 인물의 성격을 살려 읽으면 실감 납니다. 재미있는 시나 이야기를 실감 나게 읽어 봅시다.

　이 단원은 시의 내용과 분위기를 살려 시를 읽는 방법과 이야기에 등장하는 인물의 특성을 살려 이야기를 읽는 방법을 학습하는 데 목적이 있다.

　교과서에서는 반복되는 표현에 유의하며 시의 내용과 분위기를 살려 읽는것에 초점을 두고 있다. 하지만 지나치게 시의 형식적인 면에만 치중해서 시를 이해하면 시의 내용에 따른 감상적인 부분을 놓칠 수 있다. 그러므로 시를 이해하기 위한 균형적인 관점이 필요하다. 시의 형식을 고려하여 시를 낭송하되, 시를 읽고 떠오르는 장면이나 분위기를 자신의 경험과 연관지어 생각해 볼 수 있는 내적 체험의 기회를 많이 제공할 수 있도록 한다.

　인물의 성격을 살려 실감 나게 글을 읽기 위해서는 학습자가 등장인물에 감정 이입할 수 있도록 하는 다양한 활동이 필요하다. 학생들이 인물의 성격에 맞는 몸짓, 말투 등을 익혀 실감 나게 표현하여 보게 한다.

　「새는 새는」은 전래동요로서 4·4조의 음수율이 고정적으로 반복되며, 새, 쥐, 소, 닭 등 여러 동물들과 잠에 빠져드는 아기의 모습을 떠올릴 수 있다.

　「봄 오는 소리」는 시조집 「꽃가지 흔들듯이」에 실린 정완영 선생님의 동시조이다. 간결하면서도 함축적인 시조를 많이 지었으며, 대체로 시조의 분위기는 청결하고 기분 좋은 느낌을 준다.

　「빗방울」은 권오삼 시인이 지은 동시이다. 하늘에서 떨어지는 빗방울을 바라보는 관찰자의 모습이 잘 드러나고 마지막 연에서 빗방울이 매달리다가 조금씩 아래로 쳐지면서 떨어지는 모습을 재미있게 묘사한 부분이 인상적이다.

　「독 안에 든 빵 작전」은 「숨은 쥐를 잡아라」(보물섬 편집부/웅진주니어)에서 펴낸 도서로, 쥐를 잡는 과정을 통해서 집의 구조와 모양의 변천사, 쥐의 습성에 대해서 공부할 수 있는 과학 도서이다. 교과서에는 달궁이네 식구들의 특성을 잘 나타내어 성격을 살려 실감 나게 읽을 수 있도록 재구성하였다.

　「행복한 비밀 하나」는 초등학교 교사인 박성배 작가가 지은 창작 동화이다. 성미의 사진을 가져간 사람이 누구인가를 밝혀내는 과정에서 초등학교 학생들의 순수한 우정을 보여주는 작품이다. 정의롭고 솔직하며 속이 깊은 영미와 짓궂은 영만 그리고 인정과 동정심이 많지만 자신의 친구를 위해서 해야할 행동을 하는 민철이의 성격이 작품 속에 잘 나타나 있다.

차시	교과서 쪽수	차시 문제	교과서 학습활동
1	읽기 5~7	시에서 반복되는 표현을 찾아봅시다.	1. 말의 재미를 느끼며 「새는 새는」 읽어 봅시다. 2. 「새는 새는」의 1행과 2행을 읽고 반복되는 표현을 알아봅시다. 3. 「새는 새는」을 읽고 반복되는 표현을 찾아봅시다.
2	읽기 8~9	반복되는 표현을 살려 시를 낭송하는 방법을 알아봅시다.	1. 반복되는 표현을 생각하며 「봄 오는 소리」를 읽어 봅시다. 2. 「봄 오는 소리」를 읽고, 시를 실감 나게 낭송하는 방법을 알아봅시다. 3. 반복되는 표현을 생각하며 「봄 오는 소리」를 실감 나게 낭송하여 봅시다.
3	읽기 10~11	반복되는 표현을 살려 시를 낭송하여 봅시다.	1. 노래하는 느낌이 나게 「빗방울」을 낭송하여 봅시다. 2. 「빗방울」을 낭송하고 물음에 답하여 봅시다. 3. 빗방울이 되어, 반복되는 표현을 살려 「빗방울」을 다시 낭송하여 봅시다.
4	읽기 12~17	인물의 성격을 살려 이야기를 실감 나게 읽는 방법을 알아봅시다.	1. 인물의 말이나 행동을 생각하며 「독안에 든 빵 작전」을 읽어 봅시다. 2. 「독안에 든 빵 작전」에서 엄마의 성격을 살려 실감 나게 읽는 방법을 알아봅시다. 3. 「독안에 든 빵 작전」에서 할아버지와 아빠의 말이나 행동을 찾아 성격을 알아보고, 그 성격을 살려 실감 나게 읽어 봅시다.
5~6	읽기 18~27	인물의 성격을 살려 이야기를 실감 나게 읽어 봅시다.	1. 인물의 성격을 생각하며 「행복한 비밀 하나」를 읽어 봅시다. 2. 「행복한 비밀 하나」를 읽고 물음에 답하여 봅시다. 3. 「행복한 비밀 하나」에서 성미와 영만이, 민철이의 말이나 행동에 밑줄을 그어 봅시다. 인물의 성격과 읽는 방법을 정리하고, 그 성격을 살려 실감 나게 읽어 봅시다.

새는 새는

학습개요

1	시에서 반복되는 표현을 찾아봅시다.
2	반복되는 표현을 살려 시를 낭송하는 방법을 알아봅시다.
3	반복되는 표현을 살려 시를 낭송하여 봅시다.
4	인물의 성격을 살려 이야기를 실감 나게 읽는 방법을 알아봅시다.
5 ~ 6	인물의 성격을 살려 이야기를 실감 나게 읽어 봅시다.

동기유발	★ 반복되는 표현 찾고, 느낌 말하기

⬇

학습문제 제시	시에서 반복되는 표현을 찾아봅시다.

⬇

활동	♥ 말의 재미를 느끼며 「새는 새는」 낭송하기
	♥ 「새는 새는」에서 반복되는 표현 찾기
	★ 전래동요에서 반복되는 표현 찾기

⬇

정리	★ 반복되는 표현을 생각하며 시 바꾸어 쓰기

♥ 교과서 관련 활동 / ★ 추가 제시 활동

[동기유발] 반복되는 표현 찾고, 느낌 말하기

활동 목적

　입말체의 전래동요는 같은 말의 반복의 통해서 말의 재미를 느끼게 한다. 입말체의 전래동요를 활용하여 반복되는 표현을 찾아보고, 반복되는 표현에 대한 자신의 생각을 말해 봄으로써 학습내용에 대해 인지할 수 있게 한다.

활동 방법

① 전래동요를 PPT자료로 제시한다.

② 교사가 준비한 전래동요를 다 같이 읽어본다.

③ 학생들에게 전래동요에서 재미있는 표현을 찾아 발표하도록 한다.

④ 학생들에게 반복되는 표현이 주는 느낌 또는 생각을 발표하게 한다.

⑤ 아래와 같은 발문을 통해서 오늘 공부할 내용에 대해 자연스럽게 접근할 수 있도록 한다.

　(예) · 전래동요에서 재미있는 표현을 찾아볼까요?

　　　 · 반복되는 표현이 주는 느낌을 말해볼까요?

[학습문제 제시]

시에서 반복되는 표현을 찾아봅시다.

> **새는 새는**
>
> 새는 새는 나무 자고
>
> 쥐는 쥐는 구멍 자고
>
> 소는 소는 마구 자고
>
> 닭은 닭은 마구 자고
>
>
> 돌에 붙은 따개비야
>
> 나무 붙은 솔방울아
>
> 나는 나는 어디 붙어
>
> 꺼부꺼부 잠을 자나
>
> 우리 같은 아이들은
>
> 엄마 품에 잠을 자지

[활동 2] 「새는 새는」에서 반복되는 표현 찾기

활동 목적

　시에서 반복되는 표현을 찾아보고 반복되는 표현이 시에서 주는 효과가 무엇인지 생각해 보도록 한다.

활동 방법

　① 시에서 같은 말이 되풀이되는 부분에 ○표시한다.

　② 시에게 글자수가 일정하게 반복되는 부분을 찾아 밑줄을 긋고 글자수를 써 본다.

[활동 3] 전래동요에서 반복되는 표현 찾기

부록 _ 3쪽

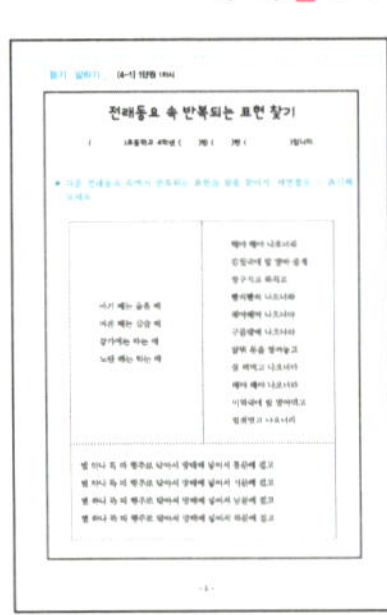

활동 목적

　시에서 같은 말이 되풀이되거나 글자수가 일정하게 반복되는 부분이 있음을 알고, 다른 시에서도 반복되는 표현을 찾는 연습을 한다.

활동 방법

　① 반복되는 표현이 잘 드러난 시를 3~4개 정도 골라 학습활동지를 만든다.

　② 학습활동지에서 마음에 드는 시를 골라 되풀이 되는 말과 글자 수가 일정하게 반복되는 부분을 찾아보게 한다.

③ 되풀이 되는 말을 찾아 색연필로 색칠한다.

④ 글자 수가 일정하게 반복되는 말에 밑줄을 긋는다.

⑤ 반복되는 표현에 유의하여 낭송해 본다.

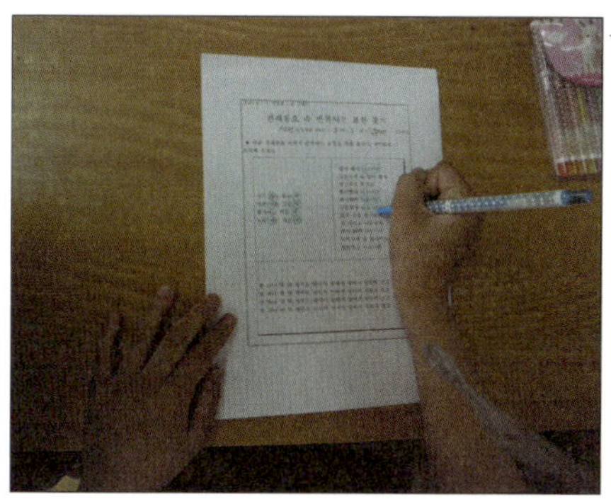

[정리] 반복되는 표현을 생각하며 시 바꾸어 쓰기

활동 목적

　반복되는 표현이 잘 드러난 시 작품을 선정하여 자신의 생각을 바탕으로 시 바꾸어 쓰는 활동을 통해서 반복되는 표현을 학습자에게 확인시킨다.

활동 방법

① PPT자료로 반복되는 표현이 잘 드러난 시를 제시하고 낭송하게 한다.

② 반복되는 표현이 무엇인지 찾아보게 한다.

③ 반복되는 표현을 살려서 시를 바꾸어 보게 한다.

④ 바꾸어 쓴 시를 낭송하여 보고 왜 그렇게 바꾸어 썼는지 발표하도록 한다.

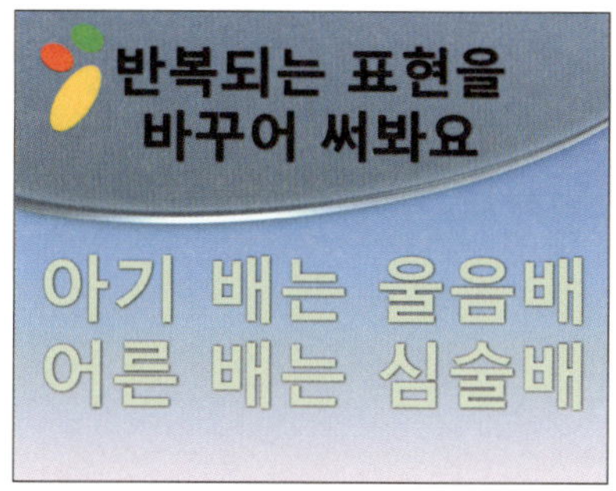

봄 오는 소리

 학습개요

1	시에서 반복되는 표현을 찾아봅시다.
2	반복되는 표현을 살려 시를 낭송하는 방법을 알아봅시다.
3	반복되는 표현을 살려 시를 낭송하여 봅시다.
4	인물의 성격을 살려 이야기를 실감 나게 읽는 방법을 알아봅시다.
5 ~ 6	인물의 성격을 살려 이야기를 실감 나게 읽어 봅시다.

동기유발	★ 뽀로로의 편지 읽어주기 ★ 같은 시를 다른 방법으로 들려주기

⬇

학습문제 제시	반복되는 표현을 살려 시를 낭송하는 방법을 알아봅시다.

⬇

활동	♥ 반복되는 표현을 생각하며 「봄 오는 소리」 읽기 ♥ 시를 실감 나게 낭송하는 방법 알아보기 ★ 마음에 드는 시를 골라 반복되는 표현을 살려 실감 나게 낭송하기

⬇

정리	★ 반복되는 표현을 살려 「작은 별」 낭송하기 ★ 요술 주머니를 통해 반복되는 표현을 살려 시를 낭송하는 방법 정리하기

♥ 교과서 관련 활동 / ★ 추가 제시 활동

수업활동

[동기유발 1] 뽀로로의 편지 읽어주기

활동 목적

이 차시는 반복되는 표현을 살려 시를 낭송하는 방법을 배우는 원리 학습 차시이다. 가상의 인물이 선생님에게 배우고 싶은 내용을 편지를 통해 알려달라는 설정을 통해 학습자가 배우고자 하는 학습 원리를 정확하게 인지할 수 있도록 한다.

활동 방법

① TV화면에 PPT자료로 제시하는 방법과 실제 편지를 학생들에게 보여주면서 들려주는 방법이 있다.

② 편지의 내용을 통해 오늘 공부할 내용에 대해서 자연스럽게 익힐 수 있도록 한다.

(예) · 왜 패티는 뽀로로가 읽어준 시가 재미없다고 했을까요?

· 뽀로로가 왜 선생님에게 편지를 보냈나요?

· 시를 실감 나게 낭송할 수 있는 방법은 무엇인가요?

○○○ 선생님께

선생님, 어제 저는 동시집을 읽는 도중에 정말 좋은 시를 찾았어요. 그래서 패티에게 그 좋은 시를 알려줄려고 전화를 했어요. 패티는 저에게 전화로 그 시를 읽어달라고 했어요. 저는 반복되는 표현에 유의하며 그 시를 패티에게 낭송해 주었답니다. 하지만 패티는 그 시가 전혀 재미있지 않고 실감 나지 않는다고 했어요. 그리고 전화를 끊었어요. 저는 너무 슬펐어요. 어떻게 이 시를 낭송해야 할까요? 선생님께서 알려주시면 패티에게 다시 이 시를 낭송해 주고 싶어요.

– 뽀로로 드림 –

[동기유발 2] 같은 시를 다른 방법으로 들려주기

활동 목적

교사가 학습자에게 친숙한 시를 다른 방법으로 들려준다. 반복되는 표현을 살려 낭송하면 노래하는 느낌이 드는 것을 알려준다. 또한 반복되는 표현을 살려서 시를 낭송하는 방법이 무엇인지 생각하게 한다.

① 「작은 별」을 학생들에게 들려준다.

② 처음 읽어줄 때는 줄글을 읽는 듯한 느낌으로 시를 읽고, 그 다음 들려줄 때는 노래하는 느낌을 살려 시를 낭송한다.

③ 학생들에게 시를 처음 들려주었을 때와 그 다음 들려 주었을 때의 차이점을 생각하여 말해 보도록 한다.

동기유발 활동이므로 시를 읽는 방법에 대한 주관적인 느낌을 말하는 것도 그대로 수용하여 준다.

작은 별

반짝반짝 작은 별　　　　　　　　　반짝반짝 작은 별

아름답게 비치네　　　　　　　　　아름답게 비치네

동쪽하늘에서도

서쪽하늘에서도

[학습문제 제시]

반복되는 표현을 살려 시를 낭송하는 방법을 알아봅시다.

[활동1] 반복되는 표현을 생각하며 「봄 오는 소리」 읽기

봄 오는 소리

별빛도 소곤소곤　　　　　　　　　밤새 내

상추씨도 소곤소곤　　　　　　　　내 귀가 가려워

　　　　　　　　　　　　　　　　잠이 오지 않습니다.

물 오른 살구나무

꽃가지도 소곤소곤

[활동 2] 시를 실감 나게 낭송하는 방법 알아보기

활동 목적

이 활동은 차시 목표 학습에 해당하는 활동으로, 시에서 되풀이 되는 말과 글자 수가 반복되는 부분을 찾아보고, 글자수가 반복되는 부분을 끊어 읽을 때와 이어서 읽을 때의 느낌을 비교하여 보도록 한다.

활동 방법

교사의 질문에 대해 학습자가 개별적으로 혹은 모둠원이 협력해서 원리를 찾아낼 수 있도록 한다.

여기서 잠깐

차시 목표 학습에 해당하는 적절한 발문을 통해서 학습자가 익혀야 할 학습 원리에 대해서 인지할 수 있도록 한다.

① 시에서 되풀이되는 말은 무엇인가요?

② 시에서 반복되는 부분이 주는 느낌은 어떤가요?

③ 시에서 글자 수가 일정하게 반복되는 부분은 어디인가요?

④ 글자 수가 일정한 부분에서 끊어 읽을 때와 이어서 읽을 때의 느낌을 비교해서 말해볼까요?

⑤ 시를 읽는 방법을 달리하면 느낌이 어떻게 달라지나요?

⑥ 시의 글자 수가 일정하게 반복되는 느낌을 살려 읽으면 어떤 느낌이 드나요?

[활동 3] 마음에 드는 시를 골라 반복되는 표현을 살려 실감 나게 낭송하기

부록 _ 3쪽

활동 목적

[활동 2]에서 학습한 내용을 전차시에 공부한 시에 적용하여 낭송하여 봄으로써 이번 차시에 배운 내용을 연습할 수 있도록 한다.

활동 방법

① 반복되는 표현이 잘 드러난 시를 마음속으로 읽어본다.

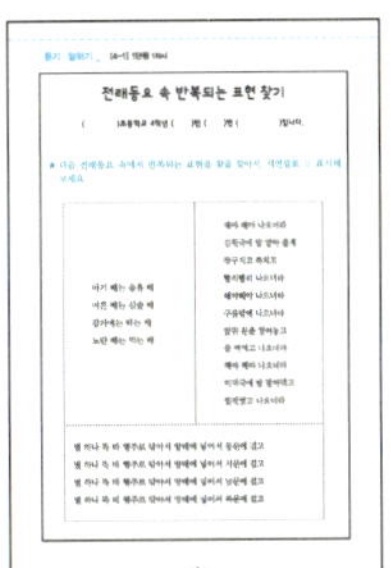

② 학습활동지에서 마음에 드는 시를 골라 되풀이 되는 말과 글자 수가 일정하게 반복되는 부분을 찾아 보게 한다.

③ 되풀이 되는 말과 글자 수가 일정하게 반복되는 부분을 유의하여 끊어서 낭송해 보도록 한다.

④ 모둠별로 돌아가며 낭송하고 제일 낭송을 잘하는 친구를 뽑아 칭찬해 준다.

[정리 1] 반복되는 표현을 살려「작은 별」낭송하기

활동 목적

동기유발 활동에서 활용한「작은 별」동시를 학생들에게 다시 제시하여 낭송하게 함으로서 공부한 내용에 대해서 다시 한번 확인할 수 있도록 한다. 그리고 실제로 「작은 별」을 노래로 불러봄으로써 반복되는 표현이 리듬감을 느끼게 하여 노래처럼 불려질 수 있다는 것을 알게 한다.

활동 방법

① PPT자료로「작은 별」동시를 제시하여 낭송하게 한다.

②「작은 별」을 노래로 불러보게 한다.

[정리 2] 요술 주머니를 통해 반복되는 표현을 살려 시를 낭송하는 방법 정리하기

활동 목적

학습자가 수업의 마지막까지 집중력을 유지하고 배운 내용을 확실하게 기억할 수 있도록 수업 정리 부분에서 마술을 활용한다.

활동 방법

① 학생에게 오늘 공부한 내용이 무엇인지 물어본다.

② 요술 주머니 속에 아무것도 없다는 것을 확인시켜준다.

③ '반복되는 표현을 살려 시를 낭송하는 방법' 이 적힌 인쇄물을 요술주머니에 넣는다.

④ 요술 주머니에 주문을 건 다음, '일정하게 반복되는 부분 유의해서 낭송하기', '되풀이되는 말에 유의하며 낭송하기' 가 인쇄된 카드를 하나씩 꺼내어 칠판에 붙인다.

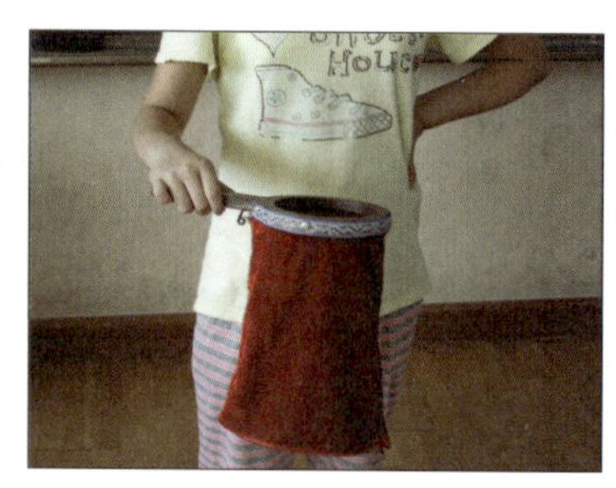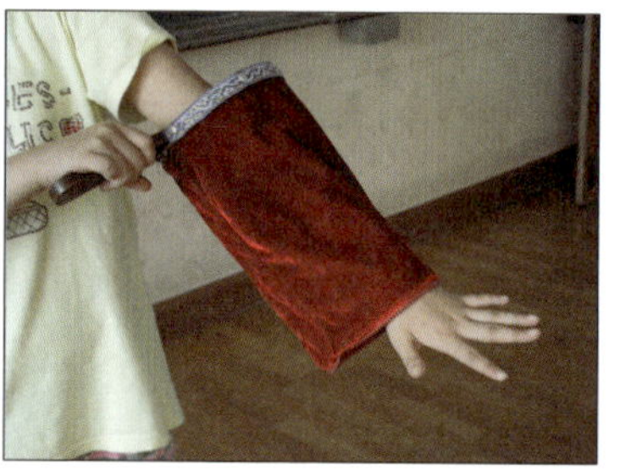

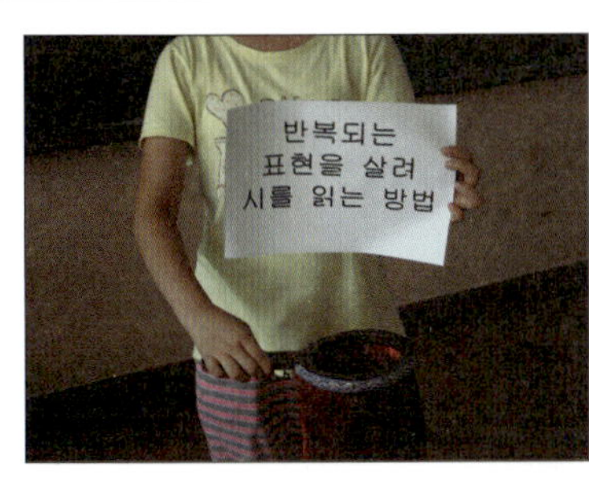

반복되는
표현을 살려
시를 읽는 방법

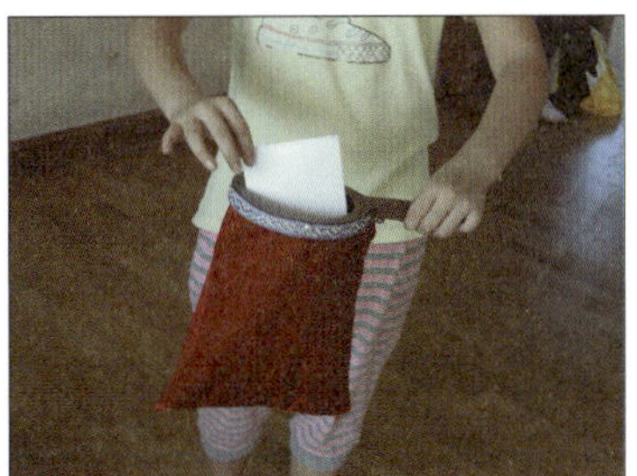

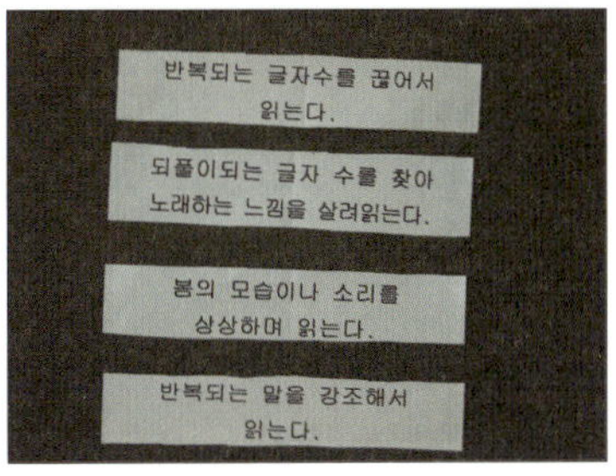

반복되는 글자수를 끊어서
읽는다.

되풀이되는 글자 수를 찾아
노래하는 느낌을 살려읽는다.

봄의 모습이나 소리를
상상하며 읽는다.

반복되는 말을 강조해서
읽는다.

빗방울

 학습개요

1	시에서 반복되는 표현을 찾아봅시다.
2	반복되는 표현을 살려 시를 낭송하는 방법을 알아봅시다.
3	반복되는 표현을 살려 시를 낭송하여 봅시다.
4	인물의 성격을 살려 이야기를 실감 나게 읽는 방법을 알아봅시다.
5 ～ 6	인물의 성격을 살려 이야기를 실감 나게 읽어 봅시다.

동기유발	★ 반복되는 표현을 살려 시를 읽는 '좋은 예'와 '나쁜 예' ★ '고음 불가' 동영상 보고 느낀 점 말하기

⬇

학습문제 제시	반복되는 표현을 살려 시를 낭송하여 봅시다.

⬇

활동	★ 마음에 드는 시를 고르고, 서로의 생각 나누기 ★ 시를 골라 몸으로 표현해 보기 ★ 모둠에서 돌아가며 시 낭송 및 평가하기

⬇

정리	★ 마음에 드는 시를 골라서 낭송하기

♥ 교과서 관련 활동 / ★ 추가 제시 활동

[동기유발 1] 반복되는 표현을 살려 시를 읽는 '좋은 예'와 '나쁜 예'

활동 목적

전 차시에서 학습한 내용을 상기시키고 이번 차시에서 학습할 내용이 무엇인지 알 수 있도록, '좋은 예'와 '나쁜 예'를 수업에 활용한다.

활동 방법

① 수업에 앞서 미리 학생 2명을 선정한다.

② 한 명은 좋은 예를 보여 줄 학생으로 선정하여, 전 차시에 학습한 내용대로 시를 낭송하도록 한다.

③ 다른 한 명은 나쁜 예를 보여 줄 학생으로 선정하여, 전 차시에서 학습한 내용과 정반대로 시를 낭송하여 보여준다.

④ '좋은 예'와 '나쁜 예'를 학생들에게 보여준 후에, 학생들에게 느낀 점을 말해 보도록 한다.

작은 별

반짝반짝 작은 별
아름답게 비추네

동쪽하늘에서도
서쪽하늘에서도

반짝반짝 작은 별
아름답게 비추네

여기서 잠깐

'좋은 예'와 '나쁜 예'를 보여줄 학생 선정시에는 반드시 학생의 성향을 파악하여 학습자의 기분이 상하지 않도록 한다.

[동기유발 2] '고음 불가' 동영상 보고 느낀 점 말하기

활동 목적

반복되는 표현을 살려 시를 낭송하면 노래를 부르는 듯한 느낌을 가질 수 있다는 것을 전 차시에서 학습하였다. 그래서 작년까지 방송국에서 유행했던 개그 프로그램 동영상을 보여주어 음의 높낮이를 맞추지 못하면 노래가 이상해지는 것처럼, 반복되는 표현을 살려서 시를 낭송하지 못할 경우 시가 주는 미적 체험을 누릴 수 없다는 점을 인지시킨다.

활동 방법

　① 인터넷 유튜브 사이트에서 '고음 불가' 동영상을 찾아서 학생들에게 보여준다.

　② 개그프로그램 속의 인물이 사람들에게 웃음을 주는 이유를 생각하여 말하게 한다.

　③ 학생들에게 반복되는 표현을 살려 시를 읽지 못할 경우에 대해서 생각하여 보게 한다.

[학습문제 제시]
반복되는 표현을 살려 시를 낭송하여 봅시다.

[활동 1] 마음에 드는 시를 고르고, 서로의 생각 나누기

부록 _ 4쪽

활동 목적

　반복되는 표현이 잘 드러난 동시를 학생들에게 제시하고 마음에 드는 시에 대한 느낌을 나눔으로써 적극적인 작품 수용 활동이 일어날 수 있도록 한다.

활동 방법

　① 교과서에 수록된 동시와 선생님이 소개한 4편의 동시 중 마음에 드는 시를 고른다.

　② 고른 시가 마음에 드는 이유를 모둠원과 함께 말하면서 시에 대한 서로의 생각과 느낌을 나눌 수 있도록 한다.

여기서 잠깐

　시에 대한 학습자의 느낌을 나누는 데 초점을 맞출 수 있도록 하며, 자신의 생각이나 느낌을 상대방에게 강요하지 않도록 지도한다.

[활동 2] 시를 골라 몸으로 표현해 보기

활동 목적

　시를 읽고 모둠별로 시에 대한 생각으로 나누고 난 다음, 모둠별로 시를 선정하여 시의 내용을 몸짓으로 표현하여 본다. 몸짓으로 표현하는 활동을 통해서 시에 대한 이해를 높이고 또한 시를 좀 더 가깝게 느낄 수 있도록 할 수 있다.

① 모둠별로 시에 대한 자신의 생각을 가장 잘 표현한 학생의 시를 모둠시로 선정
한다.

② 모둠시로 선정한 시를 어떻게 몸으로 표현할 것인지 모둠원끼리 서로 토의한다.

③ 정해진 시간이 지나면 교실 앞으로 나와서 시를 몸으로 표현하고, 왜 이렇게 표
현하였는지 발표한다.

시의 장면을 몸짓으로 표현할 때는 학생들이 산만해지기 쉽다. 그러므로 정해진
시간 안에 토의할 수 있도록 하고, 다른 모둠이 몸짓 표현 활동을 시연할 때는 조용
히 감상하도록 한다.

[활동 3] 모둠에서 돌아가며 시 낭송 및 평가하기

모둠별로 고른 시의 내용을 토의하고 몸으로 표현하는 활동을 통해 시에 대한 이
해를 높였다. 다음으로 모둠원이 돌아가며 낭송하여 봄으로써 시에 대한 느낌을 구
체화하고 시의 내용을 머릿속에서 영상화시키도록 한다. 또한 시를 낭송하는 자세와
태도, 목소리를 동료평가하여 시에 대한 학습자의 이해도와 감상능력을 평가한다.

① 모둠별로 고른 시를 중심으로 자신의 가장 마음에 드는 시를 골라서 친구들 앞
에서 돌아가며 읽는다.

② 시 낭송을 가장 잘 하는 학생은 특히 낭송을 잘한 부분을 짚어주면서 칭찬해
준다.

〈상호평가표 예시〉

이름 : (　　　　　　　)

평가내용	친구이름	점수
바른 자세로 시를 낭송하였나요?	방은수	☆ ☆ ☆ ☆
반복되는 표현을 살려 시를 낭송하였나요?	잉국화	☆ ☆ ☆ ☆
글자 수가 반복되는 부분을 끊어서 낭송하였나요?	허미선	☆ ☆ ☆ ☆

(세 가지를 모두 잘하였으면 별 4개, 두 가지를 잘하였으면 별 3개, 한 가지만 잘 하였으면 별 2개를 색칠하세요)

[정리] 마음에 드는 시를 골라서 낭송하기

활동 목적

시를 읽는 사람마다 가장 마음에 드는 시가 다르고, 재미있다고 느끼는 시적 표현이 다를 것이다. 마음에 드는 시를 낭송하여 보고, 왜 그 시가 마음에 드는지, 어떤 표현이 재미있다고 느껴지는지 설명해 봄으로써 자신의 생각과 비교하여 볼 수 있도록 한다.

활동 방법

① 시의 내용 중에서 재미있게 읽은 부분을 표시한다.

② 시를 낭송하고 왜 그 부분이 재미있었는지 친구들에게 설명한다.

③ 다른 친구의 생각을 듣고, 자신의 생각과 비교해서 말해 볼 수 있도록 한다.

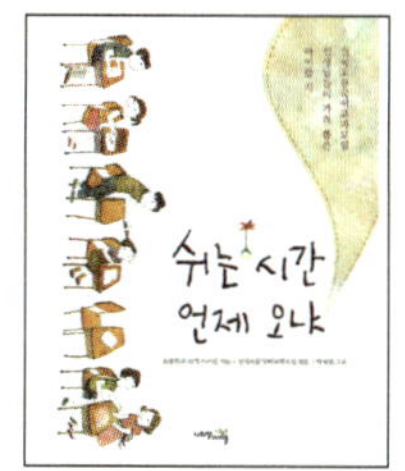

쉬는 시간 언제 오냐
(초등학교 93명 아이들 지음 /
나라말아이들)

   '쉬는 시간 언제오냐'는 순수한 아이들의 생각과 마음을 그대로 들어낸 어린이시집이다. 학교와 학원, 그리고 일상생활에서 느끼는 아이들의 정서가 잘 들어나 있다.

나 혼자 자라겠어요
(임길택 / 창비)

   강원도 사북 탄광촌에서 아이들을 가르치던 임길택 시인이 썼던 글을 정리한 시집이다. 순수한 마음으로 아이들을 바라보는 마음과 시를 꾸미려 하지 않은 시인의 면모가 잘 드러나 있다.

독 안에 든 빵 작전

 학습개요

1	시에서 반복되는 표현을 찾아봅시다.
2	반복되는 표현을 살려 시를 낭송하는 방법을 알아봅시다.
3	반복되는 표현을 살려 시를 낭송하여 봅시다.
4	인물의 성격을 살려 이야기를 실감 나게 읽는 방법을 알아봅시다.
5 ~ 6	인물의 성격을 살려 이야기를 실감 나게 읽어 봅시다.

동기유발	★ '별난 「흥부와 놀부」' 이야기 들려주기 ★ 쥐를 봤을 때의 표정 지어보기

⬇

학습문제 제시	인물의 성격을 살려 이야기를 실감 나게 읽는 방법을 알아봅시다.

⬇

활동	★ 이야기 내용 파악하기 ★ 인물의 성격 분석표 만들기 ★ 인물의 성격을 살려 「독안에 든 빵 작전」 읽기

⬇

정리	★ 인물의 성격을 살려 「흥부와 놀부」 다시 읽어 보기

♥ 교과서 관련 활동 / ★ 추가 제시 활동

[동기유발 1] '별난 「흥부와 놀부」' 이야기 들려주기

활동 목적

학생들은 전래동화 속의 등장인물의 성격에 대해 대체로 잘 알고 있으므로 학생들이 알고 있는 등장인물과는 전혀 다른 성격을 가진 인물로 설정하여 이야기를 읽어 줌으로써 오늘 공부할 내용과 관련지어 보도록 한다.

활동 방법

① 학생들에게 흥부의 성격과 놀부의 성격에 대해 물어본다.

② 선생님이 학생들에게 '별난 「흥부와 놀부」' 이야기를 읽어 준다.

③ 대화 글 위주로 읽어주되 학생들이 원래 알고 있는 흥부와 놀부의 성격과 정 반대되는 성격으로 설정하여 학생들에게 읽어 준다.

④ 글을 들려준 후, 왜 '별난 「흥부와 놀부」' 이야기인지 발표해 볼 수 있도록 한다.

> '별난 「흥부와 놀부」' 이야기
>
> 흥부 : (거친 목소리로) 제발 우리 아이들이 굶고 있으니 쌀 좀 빌려주십시오.
>
> 놀부 : (힘 없고 약한 목소리로) 네 놈에게 줄 쌀은 없으니 얼른 썩 저리 물러서거라.
>
> 흥부 : (목소리를 크게 내며) 형님, 우리가 그동안 함께 산 정이 있는데... 아주 적은 양이어도 괜찮습니다. 제발 부탁드립니다.
>
> 놀부 : (부드러운 목소리로) 글쎄 네 놈에게 줄 쌀은 없다니까!! 여봐라, 어서 이놈을 내쫓거라!

여기서 잠깐

인물의 성격이 느껴질 수 있도록 선생님이 직접 들려주거나, '흥부와 놀부' 이야기 장면을 TV화면으로 제시하고 학생들이 역할을 나누어 대사를 말해볼 수 있다.

[동기유발 2] 쥐를 봤을 때의 표정 지어보기

활동 목적

이번 차시의 제제글인 「독 안에 든 빵 작전」은 쥐를 소재로 한 이야기이다. 물론 우리 주변에서 쥐가 완전히 사라져 버린 것은 아니지만, 아파트 생활에 익숙한 학생들은 쥐를 직접보기 힘든 경우가 발생하고 있다. 그러므로 쥐에 대한 충분한 설명과 함께 실제로 쥐를 봤을 때의 표정을 지어봄으로써 제재글에 대한 학생의 흥미를 높일 수 있도록 한다.

활동 방법

① 눈을 감고 자신이 강호동이라고 생각하게 한다.

② 자신이 강호동이라고 생각하고 실제로 쥐를 봤을 때의 표정을 지어보게 한다.

③ 표현력이 우수한 학생을 골라서, 쥐를 봤을 때 어떻게 외칠 것인지 말해보게 한다.

④ 왜 그렇게 생각했는지 인물의 성격을 생각하며 말해보게 한다.

⑤ 성격이 분명한 다른 연예인을 상상하게 하여 한 번 정도 반복한다.

[학습문제 제시]

인물의 성격을 살려 이야기를 실감 나게 읽는 방법을 알아봅시다.

[활동 1] 이야기 내용 파악하기

활동 목적

교과서에는 이야기의 내용에 관한 질문이 없고, 인물의 성격을 파악하여 실감 나게 읽을 수 있는 방법에 관한 활동만 제시되어 있다. 그러므로 이야기의 내용을 자세하게 이해할 수 있는 질문을 준비한다. 그리고 인물의 성격을 파악할 수 있는 부분을 찾아보는 활동이 필요하다.

활동 방법

– 교사는 내용 파악을 위한 질문을 미리 준비한다.(질문은 PPT자료로 제작하여 사용하면 좋다.)

– 인물의 성격을 알 수 있는 말이나 행동을 찾아본다.(각각 색깔을 달리한 색 볼펜을 활용하여 교과서에 표시한다.)

① 언제 일어난 일인가요?

　(시간적 배경 알기)

② 어디에서 일어난 일인가요?

　(공간적 배경 알기)

③ 등장인물은 누구누구인가요?

　(등장인물 알기)

④ '독 안에 든 빵 작전' 이란 무엇인가요?

　(사건 알기)

⑤ 등장인물의 성격은 어떤지 5글자로 써보세요.

   (등장인물 성격 알기)

⑥ 아버지가 마당에서 만진 것은 무엇인가요?

   (사건 알기)

⑦ 이야기 중에서 아버지가 말하는 부분을 읽을 때는 어떻게 읽어야 할까요?

   (느낌을 살려 이야기 읽는 방법 알기)

[활동 2] 인물의 성격 분석표 만들기

활동 목적

  이 차시의 목표 도달을 위한 주요 활동으로 인물의 말과 행동을 바탕으로 인물의 성격을 살려 읽기 위한 방법에 대해서 생각해 볼 수 있게 한다.

활동 방법

① 등장인물의 말과 행동을 중심으로 성격을 파악할 수 있는 분석표를 만든다.

② 「독 안에 든 빵 작전」을 다시 읽고 등장인물의 성격을 표현하기 위해서는 어떻게 읽어야 할지 모둠별로 토의하도록 한다.

③ 모둠별로 토의한 결과를 바탕으로 등장인물의 성격을 살려 읽을 수 있는 방법에 대해서 발표해 본다.

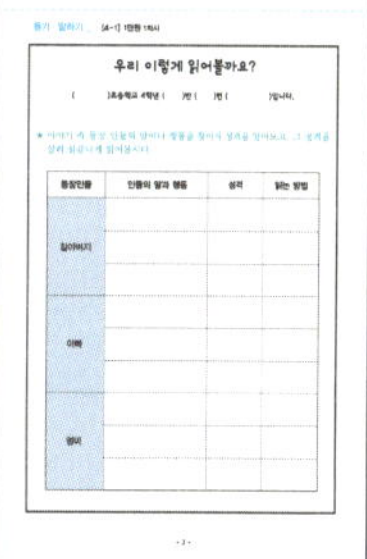

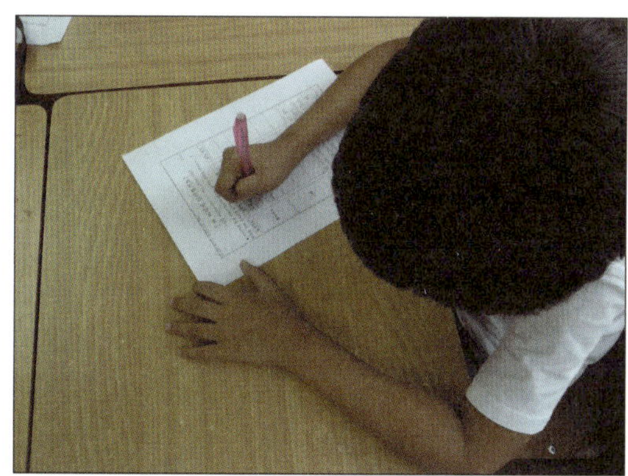

[활동 3] 인물의 성격을 살려 「독 안에 든 빵 작전」 읽기

활동 목적

  앞선 활동에서 등장인물의 성격을 분석한 결과를 바탕으로 이야기를 실감 나게 읽을 수 있는 방법에 생각하였다. 인물의 성격을 살려 글을 실제로 읽어 봄으로써 문학 작품에 대한 학습자의 표현 활동이 이루어지도록 한다.

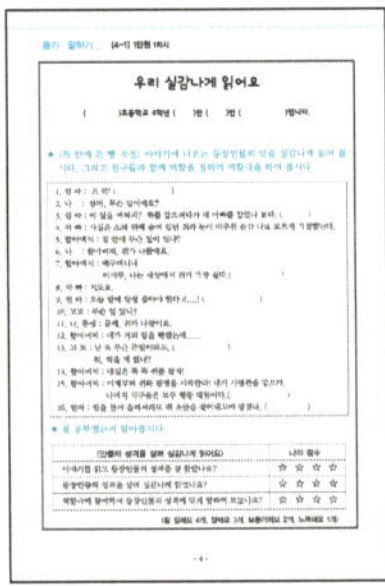

① 모둠내에서 등장인물의 수대로 역할을 나눈다.

② 연습 시간을 주어서 등장인물의 성격을 살려 글을 읽기 위해서는 어떻게 읽어야 하는지를 고민해 보도록 한다.

③ 등장인물의 성격에 유의하면서 「독 안에 든 빵 작전」을 읽는다.

④ 읽기가 다 끝난 다음에는 서로 역할을 바꾸어서 읽어본다.

[정리] 인물의 성격을 살려 「흥부와 놀부」 다시 읽어 보기

활동 목적

이번 차시에서 학습한 내용을 상기시키고, 인물의 성격을 살려 글을 읽으면 좋은 점이 무엇인지 알게 한다.

활동 방법

① TV화면으로 「흥부와 놀부」 이야기를 보여준다.

② 이야기에는 지문 내용을 삭제하여 인물의 성격을 살릴 수 있도록 지문의 내용을 어떻게 채울 것인지 생각하여 보게 한다.

③ 등장인물의 성격에 알맞은 목소리와 몸짓으로 「흥부와 놀부」 이야기를 읽어 본다.

흥부 : (   ) 제발 우리 아이들이 굶고 있으니 쌀 좀 꾸어주십시오.

놀부 : (   ) 네 놈에게 줄 쌀은 없으니 얼른 썩 저리 물러서거라.

흥부 : (   ) 형님, 우리가 그동안 함께 산 정이 있는데… 아주 적은 양
    이어도 괜찮습니다. 제발 부탁드립니다.

놀부 : (   ) 글쎄 네 놈에게 줄 쌀은 없다니까!! 여봐라, 어서 이놈을
    내쫓거라!

행복한 비밀 하나

 학습개요

1	시에서 반복되는 표현을 찾아봅시다.
2	반복되는 표현을 살려 시를 낭송하는 방법을 알아봅시다.
3	반복되는 표현을 살려 시를 낭송하여 봅시다.
4	인물의 성격을 살려 이야기를 실감 나게 읽는 방법을 알아봅시다.
5~6	인물의 성격을 살려 이야기를 실감 나게 읽어 봅시다.

| 동기유발 | ★ 이성 친구를 좋아한 경험 이야기해 보기 |

↓

| 학습문제 제시 | 인물의 성격을 살려 이야기를 실감 나게 읽어 봅시다. |

↓

| 활동 | ★ 내용 및 등장인물 성격 파악하기 – 도전 골든벨
★ 인형극 대본 만들기
★ 나무막대를 이용한 종이 인형 만들기
★ 「행복한 비밀 하나」 인형극 하기 |

↓

| 정리 | ★ 인형극 시연하고 느낀 점 말하여 보기 |

♥ 교과서 관련 활동 / ★ 추가 제시 활동

수업활동

[동기유발] 이성 친구를 좋아한 경험 이야기해 보기

활동 목적

　이번 차시의 제제글은 상대방을 좋아하는 마음과 상대방의 마음을 확인했을 때의 설레임을 바탕으로 이성 친구 간의 아름다운 우정을 주제로 하고 있다. 제재글의 주제와 비슷한 학습자의 경험을 상기시켜 문학작품의 내용을 이해하고 학습 목표를 달성하는데 도움을 줄 수 있다.

활동 방법

① 아무도 모르게 이성친구를 좋아한 경험이 있는지 물어본다.

② 상대방에게 자신의 마음을 들켰을 때의 경험을 말해보거나 혹은 이성을 좋아해 본 경험이 없는 학생의 경우에는 상상해서 발표해 볼 수 있도록 한다.

[학습문제 제시]

인물의 성격을 살려 이야기를 실감 나게 읽어 봅시다.

[활동 1] 내용 및 등장인물 성격 파악하기 – 도전 골든벨

활동 목적

　교과서에 제시된 질문만으로는 제재글의 내용을 정확하게 이해하는데 부족하므로 인물 사이에서 일어나는 주요 사건과 갈등을 중심으로 질문을 재구성한다. 단순한 질의·응답 형식에서 벗어나 재미있게 묻고 답하면서 이야기의 내용과 인물의 성격을 파악할 수 있는 골든벨 활동으로 실시해도 좋다.

활동 방법

– 교사는 미리 내용 파악을 위한 질문을 준비한다.(질문은 PPT자료로 제작하여 사용하면 좋다.)

– 타이머 등을 이용하여 정해진 시간 안에 답을 쓰고 정답을 맞혀 볼 수 있도록 한다. 활동 시에는 지나치게 소란스러워지지 않도록 한다.

– 내용 파악 질문이 끝나면 인물의 성격이 드러나 있는 부분을 찾아 교과서에 표시한다.

– 인물의 성격에 대해서 생각하여 보고, 등장인물의 성격을 살려 글을 읽으려면 어떻게 해야 하는지 모둠원들과 토의해 본다.

<문제예시>

① 언제, 어디에서 일어난 일인가요? (시간적 배경/공간적 배경 알기)

② 등장인물은 누구누구인가요? (등장인물 알기)

③ 화가 난 영미는 영만이에게 어떻게 하였나요? (사건 알기)

④ 민철이가 수첩을 영만이에게 뺏기지 않으려고 한 까닭은 무엇인가요? (사건알기)

⑤ 평소에 영미는 민철이를 어떻게 생각했나요? (인물 간의 관계 알기)

⑥ 성미에게 생긴 남모르는 비밀은 무엇인가요? (사건 알기)

부록 _ 7쪽

[활동 2] 인형극 대본 만들기

활동 목적

학생들이 책을 들고 등장인물이 말하는 순서대로 읽는 것은 긴장감이 떨어진다. 따라서 글 읽는 긴장감을 높이고, 글 속의 등장인물에게 더 집중할 수 있도록 인형극을 통한 학습 활동이 효과적이다. 목소리와 행동을 설명하는 지문을 완성하며 인물의 성격을 살려 글을 읽을 수 있는 방법에 대해서 좀더 많은 고민을 할 수 있다. 인형극은 직접 대사를 외워서 표현하는 역할극보다는 학습자의 부담감을 줄일 수 있다.

부록 _ 8쪽

활동 방법

① 이야기 속의 주요 장면을 정한다.

② 인물의 대화글을 대사로 만든다.

③ 인물의 행동이나 표정을 지문으로 완성한다.

여기서 잠깐

인형극 대본을 쓰는 활동이 학생들에게는 어려울 수 있으므로 대화글을 중심으로 인형극 대본을 만들 수 있도록 한다. 선생님이 일부 대본 틀을 제시하면 학생들의 이해를 높일 수 있다.

[활동 3] 나무막대를 이용한 종이 인형 만들기

활동 목적

인형 만들기는 학생들이 자신이 상상한 인물의 모습과 성격을 그림을 통해 형상화시키는데 도움을 준다. 또한 글을 읽거나 인형극을 할 때에 등장인물에게 좀 더 쉽게 몰입할 수 있다.

활동 방법

① 주요 등장인물인 성미, 민철, 영만의 성격을 중심으로 얼굴 표정을 그려 넣는다.

② 종이 인형이 잘 구부려지지 않도록 두꺼운 종이를 겹쳐 대어 붙인다.

③ 종이 인형 뒤에 나무 젓가락을 붙여 인형극에 활용할 수 있도록 한다.

[활동 4] 「행복한 비밀 하나」 인형극 하기

활동 방법

① 모둠내에서 등장인물의 수 만큼 인물의 역할을 나눈다.

② 등장인물의 성격을 살려 인형극 공연할 수 있도록 준비할 시간을 준다.

③ 「행복한 비밀 하나」를 학생들이 작성한 대본에 맞추어 시연한다.

④ 인형극 시연이 끝나면, 다른 모둠의 인형극 시연을 감상하면서 자신의 인형극
과 비교해 보도록 한다.

[정리] 인형극을 시연하고 느낀 점 말하여 보기

활동 목적

인형극을 시연한 후에 인물의 성격을 잘 드러내기 위해서는 어떻게 해야 되는지에
대해서 발표한다.

활동 방법

① 인형극 시연이 끝난 후에 서로의 느낀 점을 나눈다.

② 인물의 성격이 잘 드러나게 인형극을 시연한 학생이 누구인지 발표하고 왜 그
렇게 생각했는지 말해보게 한다.

4학년 1학기 7단원

넓은 세상 많은 이야기

듣기 · 말하기 · 쓰기

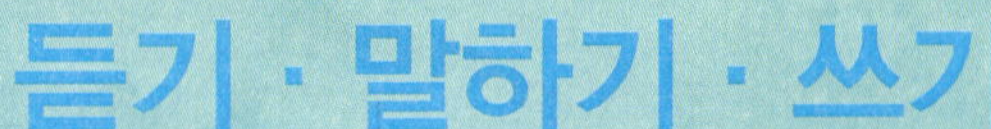

그림책은 글과 그림, 또는 그림만으로 만든 이야기책입니다. 글과 그림을 잘 어울리게 구성하여 나만의 그림책을 다양하게 만들어 봅시다.

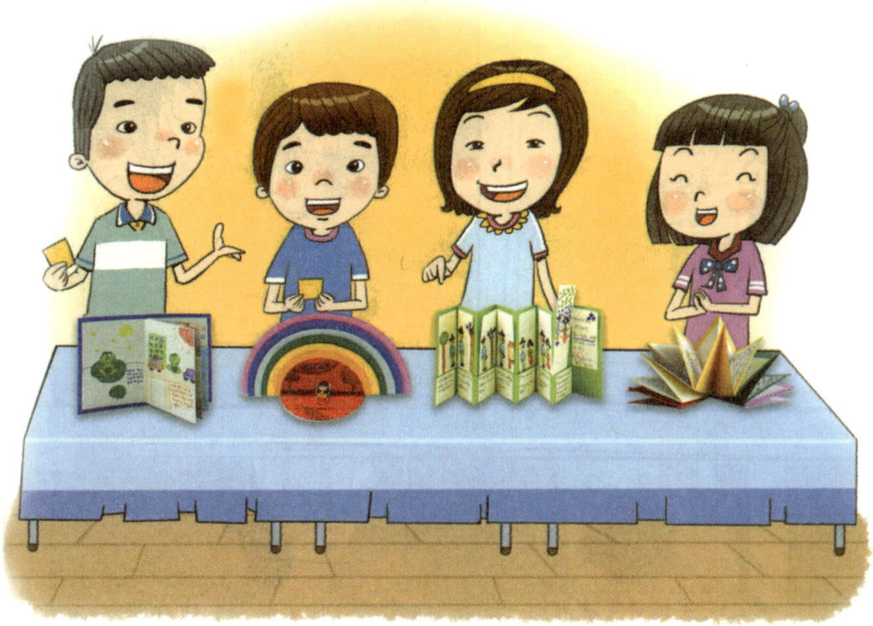

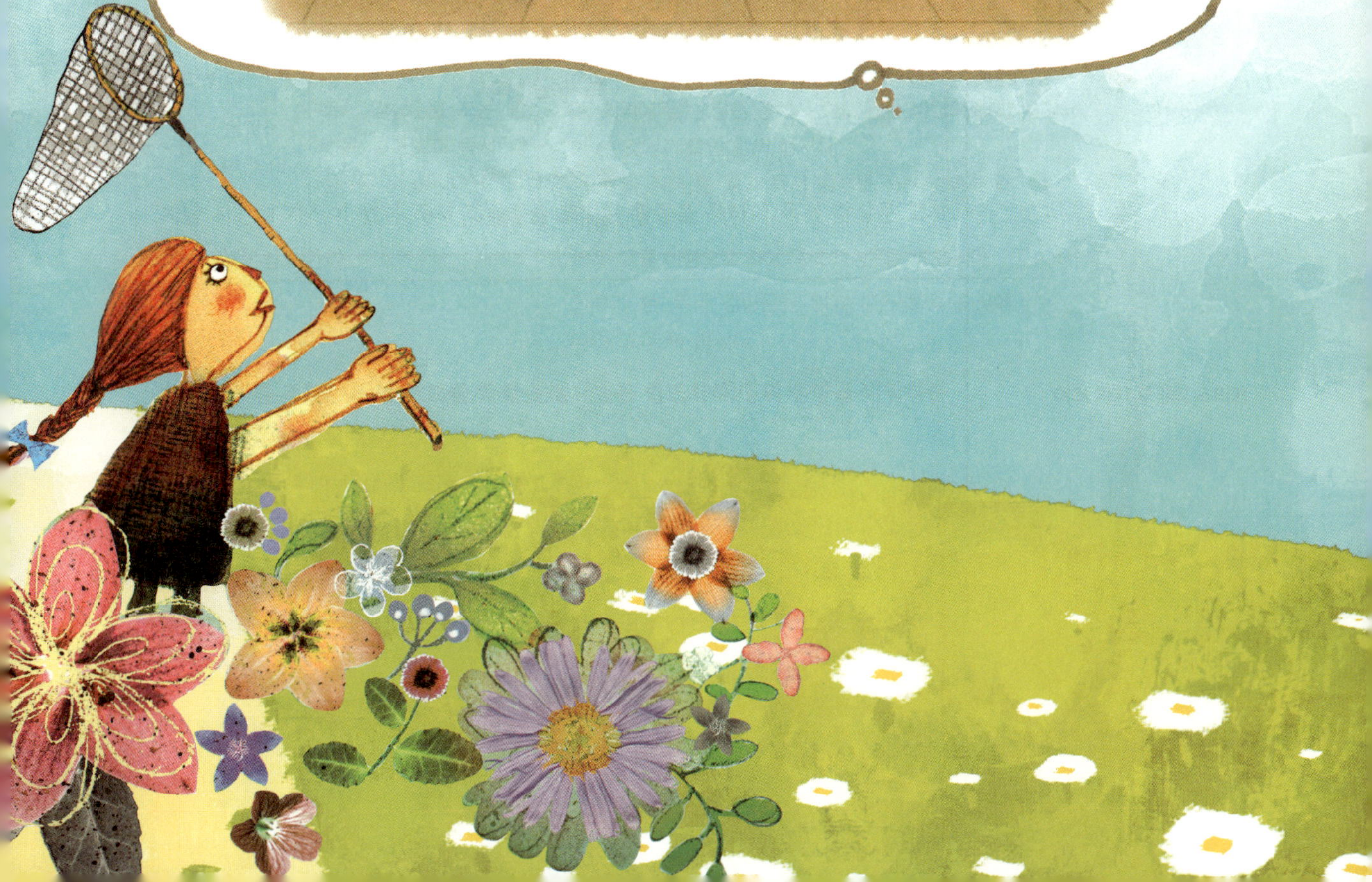

🏛 단원 소개

　이 단원의 성취 기준은 4학년 쓰기 영역의 '(4) 글과 그림이 잘 어울리게 그림책을 만든다.' 이다. 이 단원에서는 학년별 내용 요소의 예 중에서 글과 그림이 잘 어울리도록 그림책을 만들어 전시하는 사항에 중점을 두고 있다.

　따라서 이 단원은 학생들에게 친숙한 그림책 만들기를 통하여 전달하고자 하는 내용을 표현할 수 있는 능력을 기르는 데 목적이 있다. 이를 위하여 그림책을 감상하는 방법을 알고, 도서관에서 직접 그림책을 찾아 읽어 보는 활동을 통하여 그림책의 특징을 이해한다. 그리고 그림책 만드는 과정을 알고, 글과 그림이 잘 어울리도록 구성하여 나만의 그림책을 만들어 전시하는 창작과 소통활동을 한다.

　나만의 독창적인 그림책을 만들기 위하여 다음 사항에 중점을 둔다. 먼저 글과 그림으로 잘 어울리게 구성되는 그림책의 특징을 이해한다. 또한 창의적인 그림책의 내용을 꾸밀 수 있도록 그림책을 만들기의 과정을 알고 연습하도록 한다. 그런 다음 주제에 알맞은 책의 모양을 선택하여 글과 그림이 잘 어울리도록 그림책을 만들어야 한다.

🏛 제재 분석

　『길 아저씨 손 아저씨』는 각기 다른 두 장애를 가진 사람들이 서로 힘을 모아 어려운 일을 해결해 가는 과정을 그린 감동이 있는 이야기이다. 교과서에서는 앞이 보이지 않는 손 아저씨와 다리가 불편한 길 아저씨의 특징을 묘사한 그림과 글을 보고 학생들이 스스로 어울리는 글과 그림을 붙이는 활동을 통해 그림책의 구성을 이해하는데 도움을 주는 자료로 수록하였다.

🏛 교과서 단원 구성

차시	교과서 쪽수	차시 문제	교과서 학습활동
1	듣말쓰 117～123	그림책에 대하여 알아봅시다.	1. 그림책 표지의 **1**에 붙임 딱지를 붙이고, 어떤 내용의 그림책일지 말하여 봅시다. 2. 그림책의 **2**와 **3**에 붙임 딱지를 붙여 완성하고, 물음에 답하여 봅시다. 3. 『길 아저씨 손 아저씨』 그림책의 일부분입니다. 그림과 어울리는 글을 찾아 붙이고, 그림책의 내용을 완성하여 봅시다.

			4. 글과 어울리는 그림을 찾아 붙이고, 그림책의 내용을 완성하여 봅시다. 5. 글과 그림의 어울림을 생각하며 선생님께서 읽어 주시는 『길 아저씨 손 아저씨』를 들어 봅시다. 6. 그림책 『길 아저씨 손 아저씨』의 표지와 내용에서 내가 알게 된 것을 친구들에게 말하여 봅시다.
2	듣말쓰 124 ～ 125	학교 도서관에서 그림책을 찾아 읽고, 친구에게 소개하여 봅시다.	1. 학교 도서관에는 어떤 그림책이 있는지 찾아봅시다. 2. 내가 찾아 읽은 그림책을 정리하여 봅시다. 3. 마음에 드는 그림책을 읽고 친구들에게 소개하여 봅시다.
3	듣말쓰 126 ～ 129	그림책을 만드는 과정을 알아봅시다.	1. 그림책을 어떤 내용으로 어떻게 꾸밀지 생각하여 봅시다. 2. 그림책의 글과 그림을 어떻게 꾸밀지 생각하여 봅시다. 3. 그림책의 제목을 정하여 봅시다. 4. 그림책에 어울리는 책 모양을 정하여 봅시다. 5. 선생님을 따라 그림책을 꾸며 봅시다. 6. 완성한 그림책을 친구들에게 보여 줍시다.
4～5	듣말쓰 130 ～ 133	그림책을 만들어 봅시다.	1. 어떤 그림책을 만들지 생각하여 보고 직접 만들어 봅시다. 2. 그림책의 글과 그림을 어떤 내용으로 꾸밀지 계획하여 봅시다. 3. 그림책의 제목을 정하여 봅시다. 4. 내가 만들고 싶은 그림책의 모양을 골라 봅시다. 5. 선생님을 따라 그림책을 꾸며 봅시다. 6. 완성한 그림책을 읽고 부족한 점을 고쳐 써 봅시다.
6	듣말쓰 134 ～ 137	전시한 그림책을 감상하고 서로 칭찬하여 봅시다.	1. 승연이네 반처럼 교실에 그림책을 전시하여 봅시다. 2. 승연이네 반처럼 그림책을 감상하고, 칭찬하는 말을 써서 붙여 봅시다. 3. 내가 만든 그림책을 감상하고, 친구들이 써 준 칭찬 쪽지를 붙여 봅시다. 4. 친구들이 써 준 칭찬 쪽지를 읽어 봅시다.

길 아저씨 손 아저씨

학습개요

1	그림책에 대하여 알아봅시다.
2	학교 도서관에서 그림책을 찾아 읽고, 친구에게 소개하여 봅시다.
3	그림책을 만드는 과정을 알아봅시다.
4 ~ 5	그림책을 만들어 봅시다.
6	전시한 그림책을 감상하고 서로 칭찬하여 봅시다.

동기유발	★ 여러 그림책 표지 만나기

⬇

학습문제 제시	그림책에 대하여 알아봅시다.

⬇

활동	♥ 그림책 표지 자세히 살펴보기
	♥ 글과 그림의 역할 알기
	★ 그림책의 구성 원리 알기

⬇

정리	♥ 공부한 내용 확인하기

[심화활동] 다양한 형태의 그림책 만나기

♥ 교과서 관련 활동 / ★ 추가 제시 활동

[동기유발] 여러 그림책 표지 만나기

활동 목적

이 단원에서 공부하게 될 소재인 그림책에 대한 흥미를 유발하기 위하여 다양하고 재미있는 그림책 표지를 보여주도록 한다. 그림책 표지를 제시하기 전에 제목만 알려주고 내용을 상상해 보게 한 후 실물을 보여주면 보다 효과적이다.

활동 방법

학교 도서관에서 표지가 화려하고 재미있는 그림동화를 교사가 직접 준비하거나 그림동화 표지를 프로젝션 TV로 학생들에게 보여준 뒤 내용 상상하기, 느낌 발표하기 등의 활동을 한다.

〈그림동화 출처〉
줄무늬가 생겼어요 (데이빗 섀논 / 비룡소)
지각대장 존 (존 버닝햄 / 비룡소)
곰 인형 오토 (토미 웅거러 / 비룡소)
고함쟁이 엄마 (유타 바우어 / 비룡소)
다음엔 너야 (에른스트 얀들 / 비룡소)
고릴라 (앤서니 브라운 / 비룡소)
구름 나라 (존 버닝햄 / 비룡소)
종이 봉지 공주 (로버트 문치 / 비룡소)

그림책에 대하여 알아봅시다.

[활동 1] 그림책 표지 자세히 살펴보기

활동 목적

그림책의 표지가 어떻게 구성되어 있는지 살펴보고, 1차시에 배우게 될 그림책의 내용을 짐작해 보는 활동을 한다.

활동 방법

① 그림책 표지 **1**에 붙임 딱지를 붙이고, 어떤 내용인지 살펴본다.

(한 사람이 다른 한 사람을 업고 징검다리를 건너갑니다.)

② 그림책의 **2**와 **3**에 붙임 딱지를 붙여 완성하고 질문에 답한다.

– 제목은 무엇인가요?

(길아저씨 손아저씨입니다.)

– 글쓴이는 누구인가요?

(권정생 선생님입니다.)

– 그린 이는 누구인가요?

(김용철 선생님입니다.)

– 그림책의 표지를 보면 무엇을 알 수 있나요?

(제목, 글쓴이, 그린 이, 출판사를 알 수 있습니다.)

③ 그림책의 표지를 보면서 어떤 이야기일지 상상해 본다.

[활동 2] 글과 그림의 역할 알기

활동 목적

그림책은 글이 없거나 그림이 없으면 내용을 잘 나타내지 못하며, 글과 그림이 함께 이야기를 만들어간다는 것을 알도록 한다.

활동 방법

① 교과서 120쪽 『길 아저씨 손 아저씨』의 일부분을 살펴본다.

② 교과서 121쪽의 그림만 보고 내용을 살펴본다.

– 그림만 보고 어떤 내용인지 말할 수 있나요?

(어떤 아저씨가 눈을 감고 있습니다. 무엇을 찾는 것 같습니다.)

– 어떤 내용인지 잘 알 수 있나요?

(글이 없어서 답답합니다.)

– 191쪽 붙임 딱지를 붙여 자세한 내용을 알아봅시다.

(그림의 아저씨는 손 아저씨입니다. 손 아저씨는 눈이 보이지 않습니다. 손 아저씨의 부모님은 돌아가셨습니다.)

③ 교과서 122쪽의 첫 번째 그림의 글만 보고 내용을 살펴본다.

– 글만 읽고 어떤 내용인지 말할 수 있나요?

(길 아저씨가 방안에 앉아 울고 있습니다. 두 다리를 못 써서 밖에 나갈 수가 없습니다.)

– 길 아저씨가 어떤 모습으로 울고 있는지, 길 아저씨가 어떻게 생겼는지 알 수 있나요?

(그림이 없어서 알 수 없습니다.)

– 191쪽 붙임 딱지를 붙여 자세한 내용을 알아봅시다.

(이제 길 아저씨가 어떤 모습인지 보입니다.)

④ 글과 그림의 어울림을 생각하며 교과서 122~123쪽의 나머지 부분에도 붙임 딱지를 붙인다.

⑤ 120~123쪽 『길 아저씨 손 아저씨』를 다시 한번 천천히 읽으며 글과 그림의 역할을 생각해 본다.

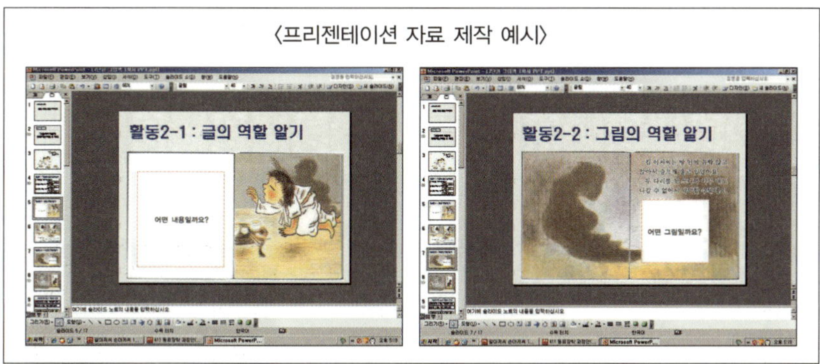

[활동 3] 그림책의 구성 원리 알기

활동 목적

동화책은 그림이 없어도 이야기 내용이 독자에게 전달되지만 그림책은 그림 없이 글만 제시된다면 의미가 변형되거나 전혀 전달되지 않을 수 있다. 그림책에서 그림을 단순한 삽화의 개념으로 인식하는 것을 방지하기 위하여 그림책과 동화책을 예를 들어 제시하고 차이점을 탐구하게 한다.

활동 방법

① 그림책 『괴물들이 사는 나라』의 한 장면을 제시하여 그림책에서는 글이 없거나

그림이 없으면 내용을 잘 나타내지 못함을 알도록 한다.

『괴물들이 사는 나라』	
글만 있는 경우	그림만 있는 경우
그 날 밤에 맥스는 늑대 옷을 입고 이런 장난을 했지.	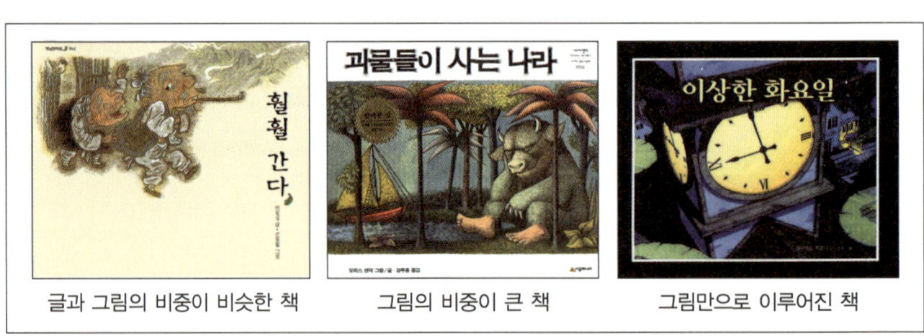

- 교사의 질문 : ‘이런 장난’ 이란 어떤 것을 얘기하는 것일까요?
- 학생의 대답 : 글만 보면 이해할 수 없어요. 그림을 함께 봐야만 맥스가 늑대 옷을 입고 책을 밟고 올라갔다는 것을 알 수 있어요.

여기서 잠깐

이 차시는 그림책의 지면을 구성하는 글과 그림의 상호 보완적 관계를 파악하는 데에 목적이 있으나, 그림책 가운데에는 글과 그림의 비중이 비슷한 책, 글이 거의 없고 그림의 비중이 큰 책, 글이 없이 그림만으로 이루어진 그림책도 있음을 안내하여 주면 좋겠다.

글과 그림의 비중이 비슷한 책	그림의 비중이 큰 책	그림만으로 이루어진 책

[정리] 공부한 내용 확인하기

- 그림책 표지를 보면 (제목), (글쓴이), (그린이), (출판사)를 알 수 있습니다.
- 그림책은 (글)과 (그림)이 함께 이야기를 만들어 갑니다.

[심화활동] 다양한 형태의 그림책 만나기

활동 목적

글과 그림으로만 이루어진 그림책에서 이제는 다양한 형식으로 그림책들이 개발되고 있다. 팝업북은 이미 학생들에게 친숙한 형태이지만 다시 한 번 제시하여 뒷 차시의 그림책을 만들어 보는 활동에 참고할 수 있도록 하고, 그 이외의 다양한 형태의 그림책을 안내하여 발상의 전환을 꾀할 수 있도록 한다.

활동 방법

다양한 형태의 그림책을 실물, 또는 사진자료의 형태로 제시한다.

구름빵 (백희나 / 한솔수북)

그림책 『구름빵』의 홍비네 가족을 손가락인형으로 만들었다. 배경, 소품들과 함께 거실, 부엌, 방, 욕실 네 공간이 팝업북으로 펼쳐진다. 여러 집안 물건들이 그려진 스티커가 들어 있다.

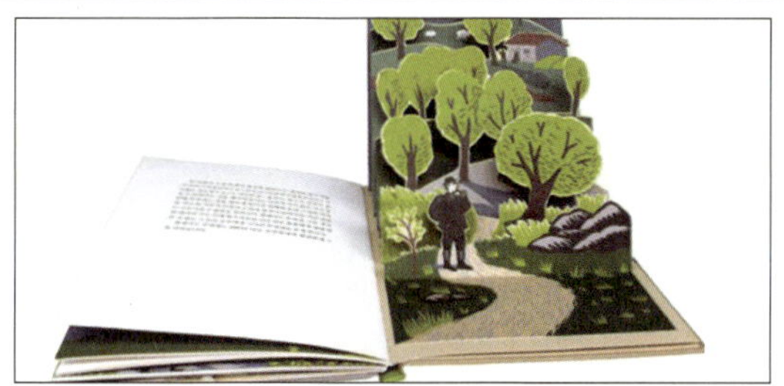

나무를 심은 사람 (장 지오노 / 두레 아이들)

소리 없이 사람들을 바꾸고 세상을 변화시키는 감동적인 이야기를 담은 팝업북이다.

학교 도서관에서 그림책 찾아 소개하기

학습개요

1	그림책에 대하여 알아봅시다.
2	학교 도서관에서 그림책을 찾아 읽고, 친구에게 소개하여 봅시다.
3	그림책을 만드는 과정을 알아봅시다.
4 ~ 5	그림책을 만들어 봅시다.
6	전시한 그림책을 감상하고 서로 칭찬하여 봅시다.

동기유발	★ 『나는 책이 좋아요』 함께 보기

⬇

학습문제 제시	학교 도서관에서 그림책을 찾아 읽고, 친구에게 소개하여 봅시다.

⬇

활동	♥ 학교 도서관에서 책 찾아보기
	★ 내가 찾은 그림책 정리하기

⬇

정리	★ 마음에 드는 그림책 친구에게 소개하기

[심화활동] 「나는(우리는) 책이 좋아요」 아코디언북 만들기

♥ 교과서 관련 활동 / ★ 추가 제시 활동

수업활동

[동기유발] 『나는 책이 좋아요』 함께 보기

활동 목적

앤서니 브라운의 『나는 책이 좋아요』는 다양한 종류의 책을 그림과 함께 소개하며 책을 좋아하는 주인공의 모습을 보여준다. 이번 차시 활동의 기본 틀이 이 책의 구성에서 나온 만큼 학생들과 함께 읽으며 흥미를 갖게 한다.

활동 방법

실물화상기 또는 프로젝션 TV를 통해 책을 모두 함께 읽는다.

나는 책이 좋아요
(앤서니 브라운 / 책그릇)

[학습문제 제시]

학교 도서관에서 그림책을 찾아 읽고, 친구에게 소개하여 봅시다.

[활동 1] 학교 도서관에서 책 찾아보기

교과서 124~125쪽을 보며 학교 도서관에서 다양한 종류의 그림책을 찾을 수 있음을 살펴보고 실제로 학교 도서관을 이용하여 친구들과 그림책을 찾아 읽는다.

[활동 2] 내가 찾은 그림책 정리하기

활동 목적

단순히 제목을 적고 출판사 등을 기록하는 교과서 활동에서 벗어나 학생들이 흥미를 가지고 적극적으로 참여할 수 있도록 앤서니 브라운의 『나는 책이 좋아요』를 활용한 학습지를 사용한다.

학습지에 '공룡에 대한 책도 좋고', '위인전도 좋아요'와 같이 책의 종류를 안내

하고 있기 때문에 학생들은 다양한 분야의 책에 관심을 갖고 읽게 된다.

활동 방법

마음에 드는 책을 골라 책을 소개하는 그림, 간단한 설명글, 지은이, 출판사 등을 기록한다. 부록의 학습활동지를 이용하여 마음에 드는 그림책을 기록한다. 그림과 내용에 관한 기록을 바탕으로 친구에게 소개하는 활동을 할 수 있다. 학습활동지의 틀 (총 3쪽)은 아래와 같다.

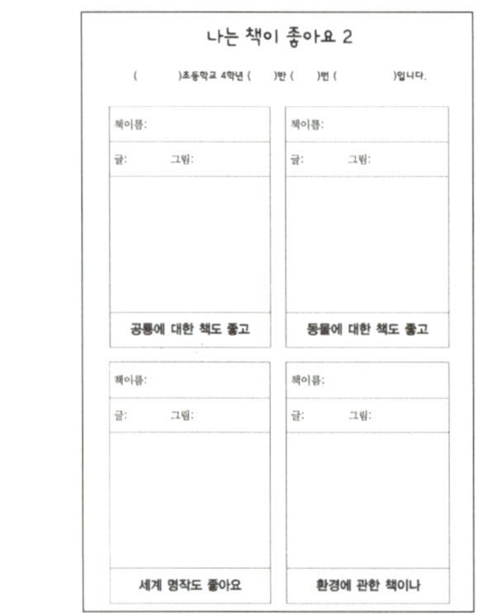

나는 책이 좋아요 2

(　　　)초등학교 4학년 (　　)반 (　　)번 (　　　　)입니다.

책이름:	책이름:
글:　　그림:	글:　　그림:
공룡에 대한 책도 좋고	동물에 대한 책도 좋고
책이름:	책이름:
글:　　그림:	글:　　그림:
세계 명작도 좋아요	환경에 관한 책이나

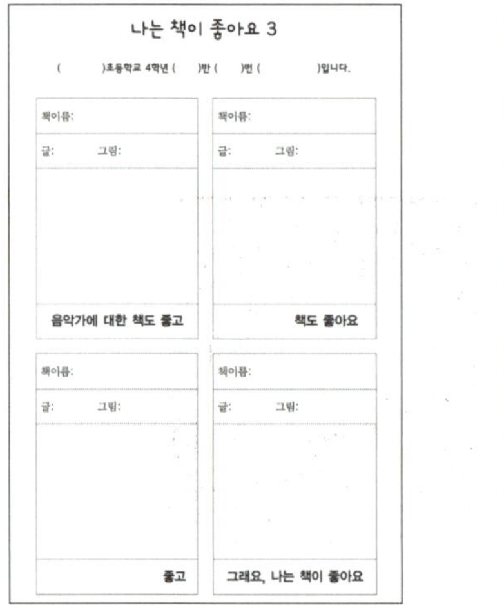

나는 책이 좋아요 3

(　　　)초등학교 4학년 (　　)반 (　　)번 (　　　　)입니다.

책이름:	책이름:
글:　　그림:	글:　　그림:
음악가에 대한 책도 좋고	책도 좋아요
책이름:	책이름:
글:　　그림:	글:　　그림:
좋고	그래요, 나는 책이 좋아요

[정리] 마음에 드는 그림책 친구에게 소개하기

내가 찾은 다양한 그림책 중 하나를 골라 친구에게 소개하는 말을 하거나 소개하는 쪽지(편지)를 써서 전달한다.

이런 활동도 있어요

[심화활동] 「나는(우리는) 책이 좋아요」 아코디언북 만들기

활동 목적

여러 가지 그림책을 기록한 후, 기록 결과를 모아 책의 형태로 묶으면 보다 오래 간직할 수 있다. 또한 돌려보기 등을 통해 많은 학생들이 다양한 그림책을 간접적으로 접할 수 있을 것이다. 개인이 자신의 기록을 모아 「나는 책이 좋아요」를 자신만의 책으로 꾸밀 수도 있고, 잘 된 기록들만 잘라서 모아 붙여 「우리는 책이 좋아요」를 만들 수 있다.

　　A4 용지의 학습활동지를 오려서 작은 카드로 만든다. 색지를 길게 이어 붙여 아코디언 형태로 접어 책 틀을 만들고 카드를 붙인다. 표지를 꾸미고 교실 한편에 전시를 해 놓는다.

그림책 만드는 과정 알아보기

 학습개요

1	그림책에 대하여 알아봅시다.
2	학교 도서관에서 그림책을 찾아 읽고, 친구에게 소개하여 봅시다.
3	그림책을 만드는 과정을 알아봅시다.
4～5	그림책을 만들어 봅시다.
6	전시한 그림책을 감상하고 서로 칭찬하여 봅시다.

동기유발	★ 학생들이 만든 그림책 보기

⬇

학습문제 제시	그림책을 만드는 과정을 알아봅시다.

⬇

활동	★ 글을 보고 그림 꾸미기 ★ 글과 그림 중 비어있는 곳 꾸며 채우기

⬇

정리	♥ 완성된 그림책 친구들에게 보여 주기

♥ 교과서 관련 활동 / ★ 추가 제시 활동

수업활동

[동기유발] 학생들이 만든 그림책 보기

활동 목적

다른 학생들이 만든 그림책을 보며 나만의 책을 만들고 싶다는 의욕을 높일 수 있다.

활동 방법

교과서 133쪽의 여러 책들과 인터넷을 통해 학생들의 다양한 메이킹 북 작품들을 보고 내가 만들고 싶은 책을 생각해 본다.

> **[학습문제 제시]**
> 그림책을 만드는 과정을 알아봅시다.

[활동 1] 글을 보고 그림 꾸미기

활동 목적

글을 창작해 내는 것에 부담을 가지는 학생들을 위하여 우선 글의 내용과 관련한 그림을 그려보는 활동을 한다. 학생들의 흥미를 끌만한 동화의 그림을 그려 한 권의 그림책을 완성하는 활동을 통해 학생들은 성취감을 느낄 수 있는 동시에 그림책을 만드는 것에 대한 부담을 줄일 수 있다.

활동 방법

교사가 재미있는 그림책을 한 권 골라 학생들에게 그림을 제시하지 않은 상태에서 이야기를 읽어 준다. 학생들은 이야기를 듣고 나서 짝과 함께 또는 개인별로 한 쪽 분량의 이야기를 받는다. 전체의 이야기 흐름을 잘 생각하며 그림책을 완성한다는 생각으로 글에 어울리는 그림을 그린다. 전체 활동 후 완성작을 모아 '우리 반 그림책'으로 묶어 모두가 볼 수 있도록 한다. 아래의 예시는 '늑대가 들려주는 아기돼지 삼형제 이야기'의 글을 바탕으로 학생들이 그림을 그린 작품이다.

늑대가 들려주는 아기돼지 삼형제 이야기
(존 세스카 / 보림)

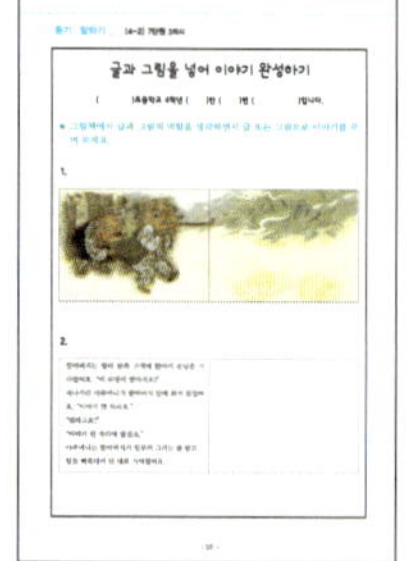

[활동 2] 글과 그림 중 비어있는 곳 꾸며 채우기

활동 목적

그림책의 그림과 글의 일부분을 비우고 학생들이 창의적으로 빈 곳을 채우게 한다. 이미 완성도와 작품성을 갖춘 그림동화를 활용하여 연습하므로 좋은 문학수업이 된다. 학생들은 그림책의 글과 그림의 역할을 쉽게 익히면서 재미있는 창작 활동을 할 수 있다.

활동 방법

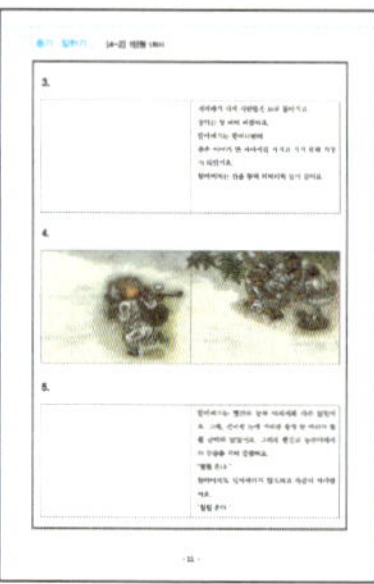

① 『훨훨 간다』(권정생, 국민서관)의 일부분을 활용한 학습지를 나누어 준다.

② 글이 있는 곳에는 그림을 그리고, 그림이 있는 곳에는 이야기를 지어 적는다.

③ 학습활동지의 1~5까지를 글 또는 그림을 채워 넣어 모두 완성한다.

④ 삼각기둥책 또는 족자책 등으로 정리하여 전시한다.

[정리] 완성된 그림책 친구들에게 보여 주기

「늑대가 들려주는 아기돼지 삼형제」의 글 보고 그림 꾸미기 한 것이나 「훨훨 간다」의 글과 그림 중 비어 있는 곳 꾸며 채우기 한 것을 교실에 전시하고 서로 잘된 점을 칭찬하여 준다.

※ 첨부된 학습지 이용 안내

① 학습활동지 1, 4는 그림만 주고, 그림으로 표현할 수 없는 것 또는 더 자세히 표현
   하고 싶은 내용을 글로 표현하게 한다.

② 학습활동지 2, 3, 5는 글만 주고, 글로 표현할 수 없는 것 또는 좀더 자세히 표현
   하고 싶은 것을 그림으로 표현하도록 한다.

③ 수업 활동 후에 각 장면을 색칠하고 오려서 삼각기둥책(입체)에 붙이기한 후 교실
   에 전시한다.

철철 간다 (권정생 / 국민서관)

글 또는 그림을 넣어 이야기 꾸미기

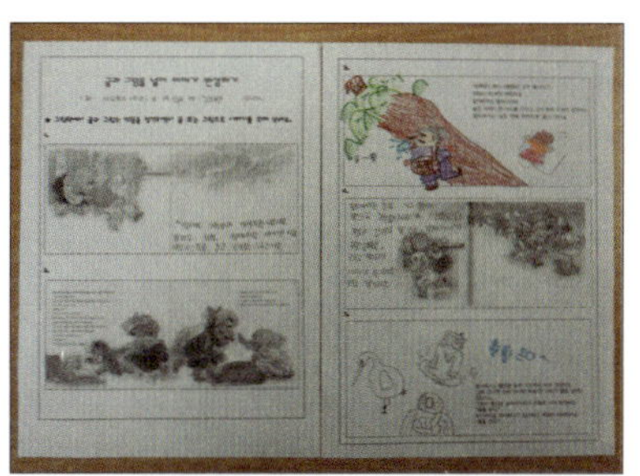

앞뒤 내용이 잘 연결되도록 글과 그림 완성하기

4절 색상지를 세로로 길게 자르고
6등분하여 접기

글과 그림 오려 붙이기

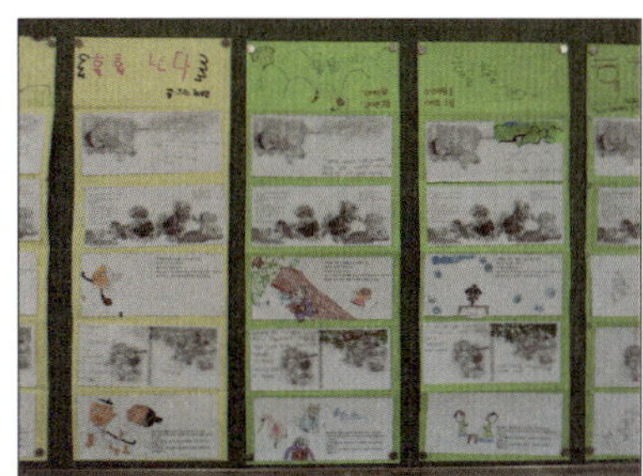

교실 게시판에 전시하기

삼각기둥 모양으로 세워서 전시하기

내가 꾸민 이야기 중 가장 잘 한 부분이 보
이도록 삼각기둥모양으로 말아서 접습니다.
이때 풀칠하지 않고 클립으로 고정합니다.

그림책 만들기

학습개요

1	그림책에 대하여 알아봅시다.
2	학교 도서관에서 그림책을 찾아 읽고, 친구에게 소개하여 봅시다.
3	그림책을 만드는 과정을 알아봅시다.
4~5	그림책을 만들어 봅시다.
6	전시한 그림책을 감상하고 서로 칭찬하여 봅시다.

동기유발	♥ 전시 학습 상기하기

↓

학습문제 제시	그림책을 만들어 봅시다.

↓

활동	♥ 쓸 거리 생각하기 ♥ 그림책의 글과 그림 계획하기 ♥ 그림책 모양 정하고 만들기

↓

정리	♥ 완성한 그림책 돌려 읽기 (교과서 130~133쪽에 자세한 활동 및 방법이 안내되어 있습니다.)

♥ 교과서 관련 활동 / ★ 추가 제시 활동

 **수업활동**

〈책을 만드는 여러 가지 방법 만나기〉

활동 목적

이번 차시에서 학생들은 자신만의 그림책을 만들게 된다. 생각을 펼치기 전에 여러 가지 그림책의 구성에 대한 열린 생각을 할 수 있다면 보다 다양한 이야기 형태를 창작할 수 있을 것이다.

활동 방법

다양한 자료를 활용하여 최대한 많은 방법을 알려주고 학생들이 그 중 선택하여 그림책을 만들 수 있도록 한다.

① 교사용 지도서

방법	특징
기본 접기 책 만들기 무지개 책 만들기 별 책 만들기	각 방법의 단계가 사진과 함께 자세하게 안내되어 있다.

② 꿀맛 닷컴

〉공부해요 〉교과자율학습 〉초·중 공통 책 만들기

방법		특징
두루마리 책	깃발 책	
딱지 책	블라인드 책	
접기 책	층층이 책	각 단계별로 학생들과 하나씩 직접 해볼 수 있
펼치는 책	깜짝 책	게 플래시 자료로 제공된다.
돌림판 책	맛있는 책	
아코디언 책	창문 책	

③ 참고하기 좋은 책 – 교사용 지도서에 안내

> 1. 『나만의 글 & 그림 완성하기』
>
> 폴 존슨 지음, 김현아 옮김 (2008) 아이북
>
> 2. 『멋진 내 책 만들기』
>
> 로렌 리디 글·그림 (2007) 미래 M&B
>
> 3. 『글쓰기가 술술~ 예쁜 책이 뚝딱~』
>
> Cherlyn Sunflower 지음, 박태호 옮김 (2006) 박이정

전시한 그림책 감상하기

학습개요

1	그림책에 대하여 알아봅시다.
2	학교 도서관에서 그림책을 찾아 읽고, 친구에게 소개하여 봅시다.
3	그림책을 만드는 과정을 알아봅시다.
4 ~ 5	그림책을 만들어 봅시다.
6	전시한 그림책을 감상하고 서로 칭찬하여 봅시다.

동기유발	♥ 전시회에 다녀온 경험 이야기 하기

↓

학습문제 제시	전시한 그림책을 감상하고 서로 칭찬하여 봅시다.

↓

활동	♥ 그림책 전시하기 ♥ 그림책 감상하기 ♥ 친구들의 그림책을 칭찬하는 카드 쓰기

↓

정리	♥ 친구의 그림책을 보고 칭찬 카드 주고 받기 (교과서 134~137쪽에 자세한 활동 및 방법이 안내되어 있습니다.)

♥ 교과서 관련 활동 / ★ 추가 제시 활동

수업활동

〈친구들의 그림책 보고 칭찬 카드 주고받기〉

활동 목적

수업 시간에 만든 그림책을 교실에 전시하고 학급 친구들의 작품을 비교하고 감상하는 활동이다. 친구들의 작품 중 잘 된 점을 찾아 평가할 수 있도록 칭찬 카드 학습활동지를 활용한다.

활동 방법

① 칭찬 도움말을 4개 적을 수 있는 A4크기의 학습활동지를 준비한다.

② 학습활동지를 학생 한 명당 1장씩 나누어준다.

③ 학생들은 학습활동지를 들고 친구들의 그림책을 감상한다.

④ 그림책을 감상하고 4명의 친구에게 칭찬하는 말을 적는다.

⑤ 감상이 끝나면 자리로 돌아와 학습활동지를 4개의 카드로 자른다.

⑥ 칭찬 카드를 해당 친구에게 전달한다.

________ 에게

나는 너의 작품이 참 훌륭하다고 생각해. 왜냐하면 ___________

____

____

_______ 가

________ 에게

나는 너의 작품이 참 훌륭하다고 생각해. 왜냐하면 ___________

____

____

_______ 가

________ 에게

나는 너의 작품이 참 훌륭하다고 생각해. 왜냐하면 ___________

____

____

_______ 가

________ 에게

나는 너의 작품이 참 훌륭하다고 생각해. 왜냐하면 ___________

____

____

_______ 가

부록 _ 14쪽

넓은 세상 많은 이야기

1차시   기행문의 특징에 대하여 알아보기

2~3차시   기행문에서 중요한 내용을 정리하는 방법 알아보기

4차시   기행문을 읽고 중요한 내용을 정리하여 보기

5~6차시   기행문을 읽고 글쓴이의 여행 경험에 대한

        내 생각이나 느낌을 표현하여 보기

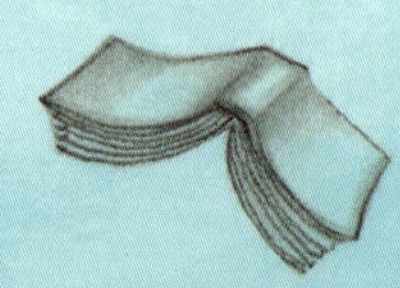

여행을 하면서 보고 듣고 생각하거나 느낀 것을 적은 글을 기행문이라고 합니다. 기행문을 읽으면 글쓴이의 여행 경험을 함께 느낄 수 있습니다. 글쓴이가 다닌 곳, 여행에서 보고 들은 것, 생각하거나 느낀 것을 확인하며 글을 읽어 봅시다.

　이 단원의 성취기준은 4학년 '읽기(4) 기행문을 읽고 여정과 감상을 정리한다.'로 기행문의 특징과 중요한 내용을 정리하는 방법, 기행문을 감상하는 방법을 학습하게 된다. 학생들은 기행문을 읽으며 새로운 곳에 대한 사실적인 정보와 지식을 찾고, 글쓴이의 생각이나 느낌을 음미하며 감성을 풍부하게 할 수 있다.

　기행문을 학습한 후에는 일기, 편지, 시, 안내문, 보고서 등 다양한 형식의 기행문을 더 찾아 읽을 기회를 제공하여 기행문에 대한 관심을 높일 수 있도록 한다. 학생들은 기행문을 통해 가보지 못한 곳을 간접적으로 여행하는 체험을 하며 세상을 바라보는 시야를 넓힐 수 있다. 또한 글쓴이와 자신의 생각과 느낌을 비교하며 사색의 정서를 경험하고 풍부한 감성을 기를 수 있다.

　본격적인 기행문 쓰기는 6학년 '쓰기(4) 여정, 견문, 감상이 잘 드러나게 기행문을 쓴다.' 에서 이루어지지만, 4학년 학생들의 수준에서 초보적인 기행문을 쓰기 활동을 함께 해도 좋을 것이다.

　「제주도에서」는 제주도의 주상절리대를 여행한 경험을 담은 기행문이다. 본래 편지 형식의 기행문이었으나, 교과서에 수록되면서 수필 형식으로 다듬어져 수록되었다. 기행문의 요소인 다닌 곳, 보고 들은 것, 생각하거나 느낀 것이 분명하게 드러나 있어 기행문의 특징을 이해하는 원리 학습을 하기에 적절한 제재글이다.

　「내 마음을 사로잡은 경주」는 경주 지역의 역사 유적지를 둘러본 경험을 일기 형식으로 쓴 기행문이다. 천마총, 첨성대, 불국사, 안압지, 국립경주박물관으로 이어지는 여정과 견문, 감상이 초등학생의 시점에서 알기 쉽게 서술되어 있다.

　「선암사」는 시 형식으로 쓰여진 기행문이다. '시' 라는 형식적 특성으로 인해 여정이 선암사 한 곳으로 집중되었고, 보고 들은 내용이 간결하고 생각이나 느낌은 함축되어 있다. 시를 읽고 선암사와 주변 모습의 풍경을 상상하면서 여행지의 분위기와 글쓴이의 경험을 살펴보는 것이 감상 관점으로 유용할 것이다.

　「만 권의 책만큼 값진 것」은 한비야의 『바람의 딸, 우리 땅에 서다』에 수록된 글로, 작가는 인도에서 만난 앤디 가족을 통해 여행이 지닌 참의미를 사색하고 있다. 한비야의 글에서는 여행지에서 만난 사람들과 그들의 문화를 따스하고 애정 어린 시선으로 바라보면서 자신의 모습을 성찰하고 삶의 방향을 찾아 가는 모습을 볼 수 있다. 한비야는 여행가이자 작가로 우리 나라는 물론 세계 여러 곳을 여행하고 『지도 밖으로 행군하라』, 『중국견문록』, 『바람의 딸 걸어서 지구 세바퀴 반 1, 2, 3』 등 여러 권의 책을 출간하였다.

차시	교과서 쪽수	차시 문제	교과서 학습활동
1	읽기 129~133	기행문의 특징에 대하여 알아봅시다.	1. 기행문에 나타나야 할 것을 생각하며 「제주도에서」를 읽어 봅시다. 2. 다른 색으로 쓴 부분에 주의하며 「제주도에서」를 다시 읽어 봅시다. 그리고 기행문에 들어가야 할 내용을 생각하며 〈보기〉에서 알맞은 말을 골라 ( )안에 써 넣어 봅시다.
2~3	읽기 134~139	기행문에서 중요한 내용을 정리하는 방법을 알아봅시다.	1. 글쓴이가 다닌 곳, 보고 들은 것, 생각하거나 느낀 것을 찾으며 「내 마음을 사로잡은 경주」를 읽어 봅시다. 2. 「내 마음을 사로 잡은 경주」를 읽고 중요한 내용을 정리하여 봅시다. 3. 기행문에서 중요한 내용을 정리하는 방법을 알아봅시다.
4	읽기 140~141	기행문을 읽고 중요한 내용을 정리하여 봅시다.	1. 글쓴이가 여행한 곳, 보고 들은 것, 생각하거나 느낀 것을 알아보며 「선암사」를 읽어 봅시다. 2. 「선암사」를 읽고 물음에 답하여 봅시다. 3. 글쓴이가 여행에서 무엇을 보고 듣고 느꼈을지 생각하며 「선암사」를 다시 읽어 봅시다. 4. 내가 여행한 곳에 대하여 친구들과 이야기를 나누고, 「선암사」처럼 시로 표현하여 봅시다.
5~6	읽기 142~147	기행문을 읽고 글쓴이의 여행 경험에 대한 내 생각이나 느낌을 표현하여 봅시다.	1. 여행이나 체험 학습을 하면서 어떤 사람들을 만났는지 생각하여 봅시다. 2. 글쓴이의 여행 경험을 생각하며 「만 권의 책만큼 값진 것」을 읽어 봅시다. 3. 「만 권의 책만큼 값진 것」을 읽고 물음에 답하여 봅시다. 4. 「만 권의 책만큼 값진 것」을 다시 읽고, 글쓴이의 여행 경험에 대한 내 생각이나 느낌을 말하여 봅시다. 5. 기행문은 여러 가지 형식으로 표현할 수 있습니다. 시, 일기, 편지 등 다양한 형식의 기행문을 비교하여 그 특징을 말하여 봅시다.

1차시

제주도에서

학습개요

1	기행문의 특징에 대하여 알아봅시다.
2 ~ 3	기행문에서 중요한 내용을 정리하는 방법을 알아봅시다.
4	기행문을 읽고 중요한 내용을 정리하여 봅시다.
5 ~ 6	기행문을 읽고 글쓴이의 여행 경험에 대한 내 생각이나 느낌을 표현하여 봅시다.

동기유발	★ 제주도와 관련된 옛이야기 들려주기

⬇

학습문제 제시	기행문의 특징에 대하여 알아봅시다.

⬇

활동	★ 내용 파악하기
	♥ 기행문에 들어가야 할 내용 알아보기
	★ 제주도의 숨은 보물 찾기
	★ 글쓴이와 함께 다양한 곳 여행하기

⬇

정리	★ 기행문에 들어가야 할 내용 확인하기

♥ 교과서 관련 활동 / ★ 추가 제시 활동

수업활동

[동기유발] 제주도와 관련된 옛이야기 들려주기

활동 목적

　1차시에 학생들이 읽을 글은 「제주도에서」로, 제주도의 아름다운 명소 중 주상절리대를 다녀와서 쓴 기행문이다. 제주도라는 지역과 관련하여 『설문대할망』이야기를 간단히 요약하여 들려주고, 이러한 이야기가 생겨난 배경은 제주도가 육지와 동떨어진 섬이라는 지리적 특징, 화산 활동으로 인해 형성된 독특한 지형적 특징에 있음을 떠올리도록 한다. 이를 통해 여행지에 대한 학생의 흥미와 기행문에 대한 관심을 고취시킬 수 있다.

설문대할망 (송재찬 지음 / 봄봄출판사)

활동 방법

> 　어디선가 큰 할머니가 남쪽 제주도에 건너왔다. 할망은 남해 바다 깊은 물도 겨우 무릎에 닿을 정도로 키가 매우 컸다.
>
> 　그때까지 제주도는 편평한 섬이었는데 할망이 앉아서 쉴 만한 산을 하나 만들기로 하고 넓은 치마폭에다 흙을 가득 퍼 담아 제주도 한 가운데 쌓았다. 그렇게 하여 한라산이 생겼다. 할망은 손으로 산꼭대기 흙을 퍼내어 앉기 좋게 만들었는데 그것이 백록담이다.
>
> 　할망은 제주도 사람에게 자신이 입을 옷을 한 벌 지어 주면 저 멀리 육지까지 다리를 놓아 주겠다고 했다. 그러나 할망이 너무 커서 옷감을 아무리 모아도 모자라 옷을 다 짓지 못하였다. 할망은 바닷물을 가르며 어디론가 사라졌다.

[학습문제 제시]

기행문의 특징에 대하여 알아봅시다.

[활동 1] 내용 파악하기

활동 목적

　학생들이 글을 읽고 내용을 잘 파악하였는지 알아보는 활동이다. 질문에 답하면서 스스로 글의 내용을 잘 이해하였는지 점검할 수 있다.

활동 방법

　① 승련이는 누구와 함께 여행을 떠났나요? (외삼촌과 함께 갔습니다.)

　② 승련이가 외삼촌과 간 곳은 어디인가요? (제주도입니다.)

　③ 승련이가 중문 관광 단지에서 본 것은 무엇인가요? (주상절리대입니다.)

④ 외삼촌이 승련이에게 설명해 준 것은 무엇인가요? (제주도는 2007년에 유네스코 세계 자연유산으로 기록되었습니다. 주상절리대는 아름답고 신비한 자연이 모습을 그대로 간직하고 있습니다.)

⑤ 승련이가 본 주상절리대의 모습은 어떠하였습니까? (육각형의 높은 돌기둥들이 긴 해안을 따라 세워져 깍아지른 듯한 절벽을 이루고 있었습니다.)

[활동 2] 기행문에 들어가야 할 내용 알아보기

활동 목적

글쓴이가 다닌 곳, 보고 들은 것, 생각하거나 느낀 점이 들어간 글이 기행문임을 알게 한다.

활동 방법

① 다른 색으로 쓴 부분에 유의하며 「제주도에서」를 다시 한번 읽는다.

② 글의 내용에 해당되는 것을 (보기)에서 골라 적는다.

③ 기행문에 들어가야 할 내용을 정리하여 다 함께 말해 본다.

④ 마인드맵을 이용하여 기행문의 내용을 정리할 수도 있다.

[활동 3] 제주도의 숨은 보물 찾기

부록 _ 15쪽

활동 목적

학생들이 글의 내용을 잘 이해했는지, 중요한 내용을 기억하고 있는지 확인해 보는 활동이다.

활동 방법

① 낱말밭이 들어 있는 학습활동지를 살펴본다.

② 학습활동지에 제시된 힌트를 읽고 답을 떠올린다.

③ 낱말밭의 글자들을 가로, 세로, 대각선으로 묶어 답을 찾아 표시한다.

④ 보물찾기가 끝난 후 기행문에 나타나야 할 내용, 기행문을 읽으면 좋은 점에 대해 발표할 수 있도록 한다.

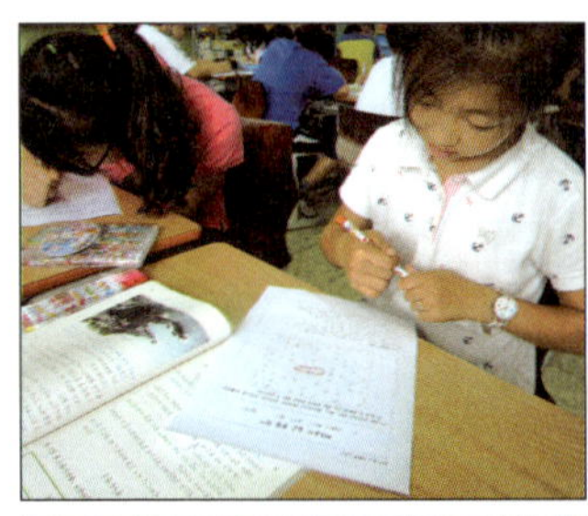

여기서 잠깐

문제를 해결하기 위한 시간을 정해 두고, 짝과 경쟁하여 더 많은 답을 찾는 사람이 이기는 놀이 활동으로 해도 좋다.

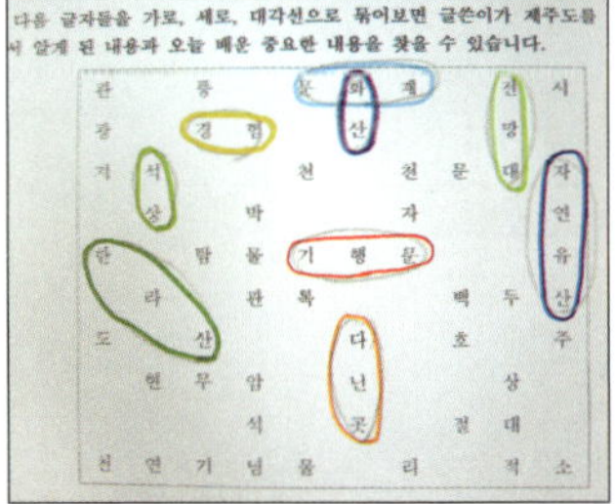

☆ 보물찾기 힌트

① 여행을 하면서 보고 듣고 생각하거나 느낀 것을 적은 글

② 기행문에 들어가야 할 내용으로 여행지에서 글쓴이가 머무른 장소

③ 기행문을 읽으면 글쓴이의 여행 □□을 함께 느낄 수 있어요.

④ 멀리 내다볼 수 있도록 높이 만든 대

⑤ 돌을 조각하여 만든 사람이나 동물의 형상

⑥ 제주도는 2007년 유네스코 세계 □□ □□ 으로 기록

⑦ 제주특별자치도 중앙에 있는 산. 정상에 백록담이 있음.

⑧ 특별한 보호가 필요하여 법률로 규정한 창조물이나 특이 현상

⑨ 용암이 흐르다가 식을 때에 다각형 기둥으로 굳어져 생긴 지형

[활동 4] 글쓴이와 함께 다양한 곳 여행하기

활동 목적

교과서에 수록된 기행문과 비슷한 형식의 기행문을 읽고 글쓴이가 다닌 곳, 보고 들은 것, 생각하거나 느낀 것을 찾아보는 활동을 통해 기행문의 특징을 잘 이해하고 있는지 확인해 보는 활동이다.

활동 방법

① 학습활동지에 제시된 글을 읽는다.

  - 활동지 1 : 「다채로운 모습의 설악산」

  - 활동지 2 : 「아름다운 바닷가, 동해안」

② 여행하면서 다닌 곳(여정)을 파악한다.

③ 여행지에서 보고 들은 것은 것, 생각하거나 느낀 점을 구별하며 색연필로 표시한다.

  (다닌 곳 – 초록색, 보고 들은 것 – 파란색, 생각하거나 느낀 것 – 빨간색)

④ 밑줄 그은 내용을 간추려 말하여 본다.

[정리] 기행문에 들어가야 할 내용 확인하기

기행문은 여행을 하면서 (   ), (   ), (   )을 적은 글입니다.

부록 _ 16쪽

부록 _ 17쪽

출처 : 『세상을 잘 알게 도와
    주는 기행문』
(심상우 외 / 어린른이)

내 마음을 사로잡은 경주

 학습개요

1	기행문의 특징에 대하여 알아봅시다.
2~3	기행문에서 중요한 내용을 정리하는 방법을 알아봅시다.
4	기행문을 읽고 중요한 내용을 정리하여 봅시다.
5~6	기행문을 읽고 글쓴이의 여행 경험에 대한 내 생각이나 느낌을 표현하여 봅시다.

| 동기유발 | ★ 경주를 주제로 한 그림책 소개하기 |
| | ★ 일기장 속 숨은 기행문 찾기 |

↓

| 학습문제 제시 | 기행문에서 중요한 내용을 정리하는 방법을 알아봅시다. |

↓

활동	★ 내용 파악하기
	★ 경주 여행 지도 완성하기
	★ 숨어 있는 보물을 찾아라
	★ 출발! 경주 역사 여행 (말판 놀이)

↓

| 정리 | ★ 배운 내용 확인하고 스스로 평가하기 |

[심화활동 1] 「내 마음을 사로잡은 경주」를 읽고, 삼각기둥탑 만들기
[심화활동 2] 「공주를 찾아서」를 읽고, 중요한 내용 정리하기

♥ 교과서 관련 활동 / ★ 추가 제시 활동

[동기유발 1] 경주를 주제로 한 그림책 소개하기

활동 목적

경주의 역사와 문화를 주제로 담은 그림책을 소개하며 본 차시에서 학습할 기행문에 대한 학생들의 흥미를 불러 일으킬 수 있다.

『천년의 도시 경주』는 경주의 찬란한 역사와 문화를 간결한 글과 정감어린 그림으로 담아낸 그림책이다. 이 책에서 비파를 연주하는 인물 토우와 여인상은 어린이들을 안내하는 길잡이의 역할을 하고 있다.

『천년의 황금도시 경주』는 국내 화가들이 그린 아름다운 경주의 모습과 그림에 얽힌 설화와 역사 이야기가 생생하게 담겨 있다.

활동 방법

① 학생들이 경주에 대해 얼마만큼 알고 있는지 질문한다.

- 경주에 대해 알고 있나요?
- 경주에 가 본 적이 있나요? / 언제, 누구와 경주에 갔었나요?
- 경주에서 본 것 중 기억이 남는 것을 말하여 봅시다.

② 그림책의 몇 장면을 보여주면서 경주에 대한 관심을 갖도록 한 후, 이번 차시에 배울 기행문이 경주를 다녀와서 쓴 글임을 소개한다.

여기서 잠깐

동기유발을 할 때는 첫 장면과 끝 장면 정도만 수업에 활용하도록 하고 수업이 끝난 후에 전체 내용을 읽도록 하는 것이 좋다. 천마도, 첨성대, 안압지의 모습을 담은 그림은 사진만큼이나 생생하면서 포근하고 정겨운 느낌을 준다.

[동기유발 2] 일기장 속 숨은 기행문 찾기

활동 목적

학생들이 자신의 일기장 속에서 가족 여행을 주제로 쓴 일기나 현장 체험 학습을 주제로 쓴 일기를 찾아보며 기행문이 낯설고 새로운 형식의 글이 아닌 친숙한 글임을 알도록 한다.

활동 방법

① 일기 중에서 가족 여행이나 현장 체험 학습을 주제로 쓴 일기를 찾는다.

② 내가 쓴 일기를 읽으며 보고 들은 것, 다닌 곳, 생각하거나 느낀 것을 자세히 썼는지 살펴본다.

③ 내가 다닌 곳을 소개하며 반 친구들에게 여행 경험을 발표하여 본다.

천년의 도시 경주 (한미경 / 웅진주니어)

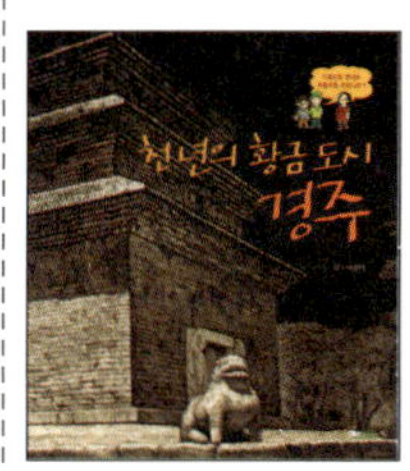

천년의 황금도시 경주 (이승미 / 해와나무)

기행문에서 중요한 내용을 정리하는 방법을 알아봅시다.

[활동 1] 내용 파악하기

활동 목적

학생들이 글을 읽고 내용을 잘 파악하였는지 알아보는 활동이다. 질문에 답하면서 스스로 글의 내용을 잘 이해하였는지 점검할 수 있다.

활동 방법

① 글쓴이는 가족과 누구와 어디로 여행을 갔나요?

(가족과 경주로 여행을 갔습니다.)

② 언제 여행을 하였나요?

(7월 17일과 7월 18일 이틀 동안 여행했습니다.)

③ 글쓴이가 첫날 간 곳은 어디어디인가요?

(천마총, 첨성대, 불국사, 석굴암을 갔습니다.)

④ 글쓴이가 둘째 날 간 곳은 어디어디인가요?

(안압지, 국립민속박물관입니다.)

부록 _ 18쪽

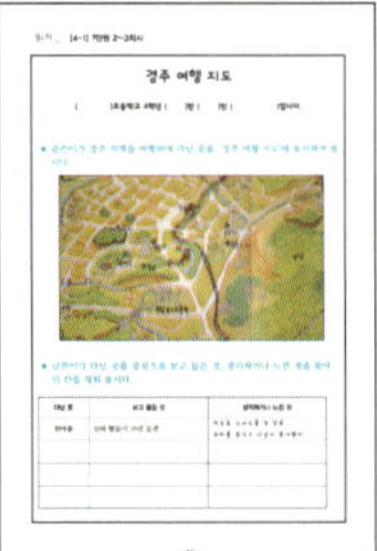

지도출처 :
『신나는 교과서 체험학습』
(국립경주박물관, 스쿨김영
사)

[활동 2] 경주 여행 지도 완성하기

활동 목적

교과서 [활동 2]는 글쓴이가 다닌 곳을 중심으로 보고 들은 것, 생각하거나 느낀 것을 정리하는 활동이다. 좀더 활동의 재미를 느끼게 하기 위해서 경주 지역 그림 지도에 글쓴이가 다닌 곳을 화살표로 표시해 보도록 한다.

활동 목적

① 경주 여행지도 활동지를 나누어 준다.

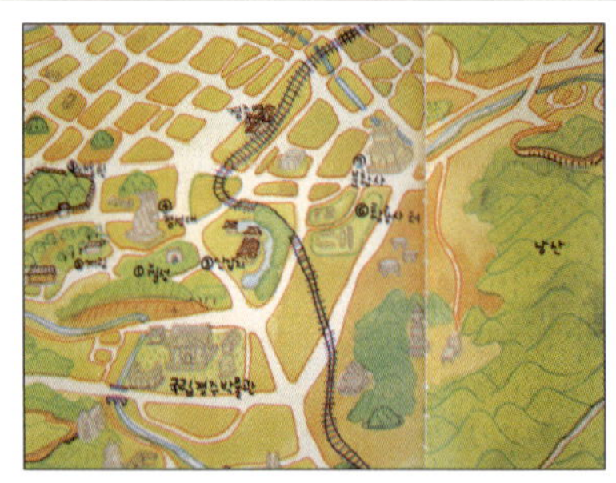

경주여행지도

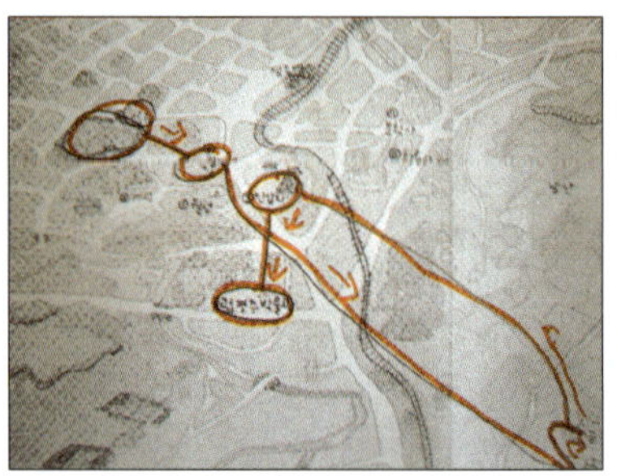

학생 활동 결과물

② 여행지도에 글쓴이가 여행한 경로를 따라 화살표를 그려 본다.

③ 표의 빈 칸에 글쓴이 다닌 곳, 보고 들은 내용, 생각하거나 느낀 내용을 정리한다.

다닌 곳	보고 들은 것	생각하거나 느낀 것
천마총	신라 왕들이 쓰던 물건	하늘로 날아오를 것 같은 천마를 본다는 사실이 즐거웠다.
첨성대	옛날 신라의 천문 관측대	옛날 사람들이 정말 슬기로웠다.
불국사	석가탑, 다보탑 아사달과 아사녀의 전설	탑의 선이 부드럽고 아름다웠다. 사랑을 이루지 못한 아사달과 아사녀의 전설이 안타까웠다.
석굴암	석굴암 본존불상 석굴암은 문무대왕릉과 연결된다고 함	돌부처의 인자한 미소가 사람의 마음을 한없이 평화롭게 만든다.
국립경주박물관	성덕대왕신종 경주의 유물들	신라 문화의 위대함과 아름다움이 느껴졌다.

[활동 3] 숨어 있는 보물을 찾아라

활동 목적

부록 _ 19쪽

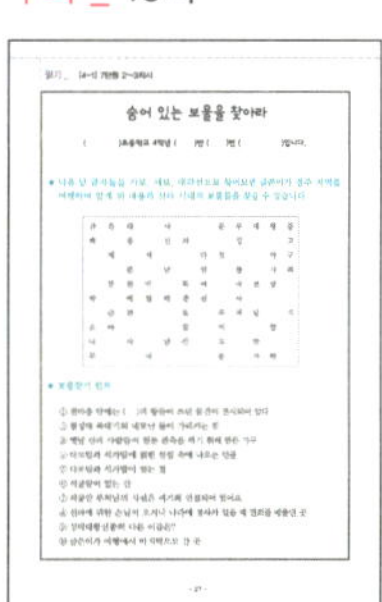

학생들이 글의 내용을 얼마나 잘 이해하고 기억하고 있는지 확인하고 기행문 읽기의 재미를 더하기 위한 활동이다.

활동 방법

① 문제를 읽고 낱말밭에 섞여 있는 글자를 조합하여 글의 내용과 관련 있는 낱말을 찾는다.

② 정해진 시간 동안 더 많은 답을 찾아낸 학생이 승리하는 놀이 활동으로 진행할 수도 있다.

낱말 찾기 활동 모습

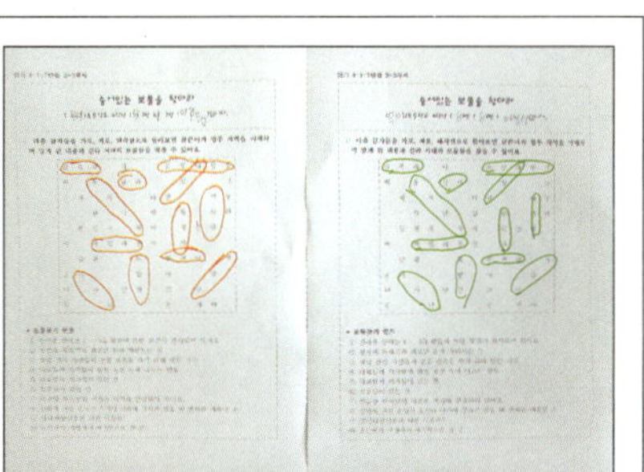
정답 비교하고 확인하기

☆ 보물찾기 힌트

① 천마총 안에는 (   )의 왕들이 쓰던 물건이 전시되어 있어요.

② 첨성대 꼭대기의 네모난 돌이 가리키는 것

③ 옛날 신라 사람들이 천문 관측을 하기 위해 만든 기구

④ 다보탑과 석가탑에 얽힌 전설 속에 나오는 인물

⑤ 다보탑과 석가탑이 있는 절

⑥ 석굴암이 있는 산 글쓴이가 석굴 속에서 본 것

⑦ 석굴암 부처님의 시선은 여기와 연결되어 있어요.

⑧ 신라에 귀한 손님이 오거나 나라에 경사가 있을 때 연회를 베풀던 곳

⑨ 성덕대왕신종의 다른 이름은?

⑩ 글쓴이가 여행에서 마지막으로 간 곳

[활동 4] 출발! 경주 역사 여행 (말판 놀이)

부록 _ 20쪽

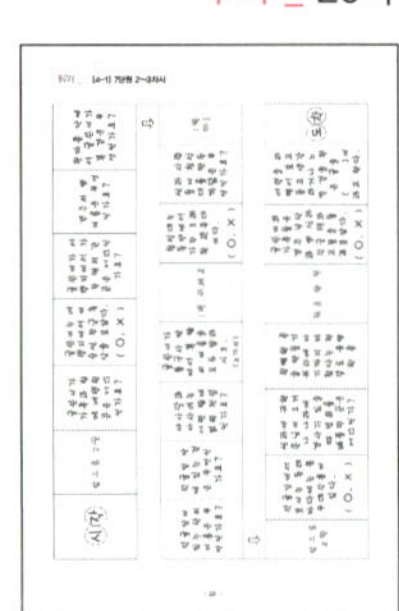

활동 목적

말판 놀이 활동을 통해 글의 내용을 잘 기억하고 있는지 학생 스스로 확인할 수 있다. 또한 놀이 활동을 통해 중요한 내용을 쉽게 익히고 오래 기억할 수 있다.

활동 방법

〈놀이 방법〉

① 모둠의 2명이 한 편이 되어 가위바위보로 순서를 정한다.

② 주사위를 던져 홀수가 나오면 한 칸, 짝수가 나오면 두 칸 앞으로 말을 옮기고 질문에 답한다.

③ 답을 하지 못할 경우 원래 있던 자리로 돌아간다.

④ 도착 지점에 먼저 도착한 팀이 승리한다.

⑤ 놀이의 규칙을 지키며 즐겁게 참여한다.

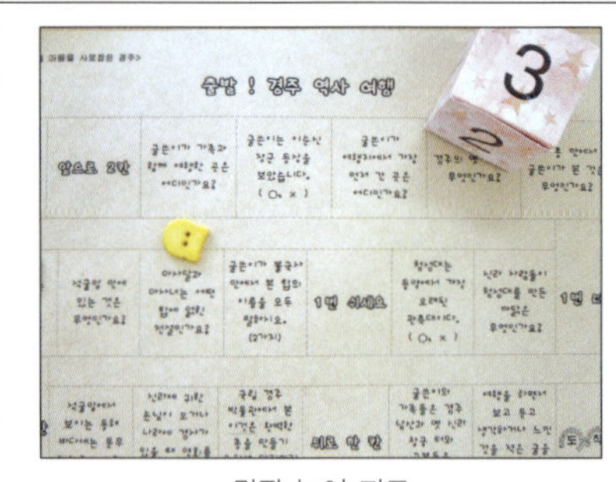

말판 놀이 자료

말판 놀이 활동 모습

[정리] 배운 내용 확인하고 스스로 평가하기

① 기행문에서 중요한 내용을 정리하는 방법을 확인한다

② 활동하면서 새롭게 알게 된 점, 느낀 점을 발표한다.

③ 학습 활동에 열심히 참여하였는지 스스로 평가한다.

<잘 공부했는지 알아보기>

이름 : (   )

평가 내용	매우잘해요	잘해요	보통이에요	노력해요
• 기행문에서 중요한 내용을 정리하는 방법을 알고 있습니다.				
• 기행문에서 중요한 내용을 찾아 잘 정리하였습니다.				
• 놀이 활동에 열심히 참여하였습니다.				

[심화자료 1] 「내 마음을 사로잡은 경주」 읽고, 삼각기둥 탑 만들기

활동 목적

「내 마음을 사로잡은 경주」를 제재글로 한 2~3차시 수업을 '책 만들기' 활동을 중심으로 진행하는 수업이다. 책 만들기라는 큰 흐름 안에 차시 학습 목표를 도달할 수 있는 구체적인 안내와 모둠 협동 활동이 이루어지고, 자기 평가와 작품 전시까지 겸할 수 있다.

활동 방법

① 삼각기둥 유니트 만들기

　– 4절 디자이너스지를 짧은 쪽에서 4등분한다.

　– 자른 종이를 4면 아코디언 모양으로 접는다.

　– 이 중 3면에 여행 지도, 여행 쪽지, 자기평가표를 붙인다. (부록 자료 활용)

부록 _ 21쪽

유의점 _ 삼각기둥을 만들 종이와 여행 지도, 여행 쪽지 자기평가표는 수업활동 전에 미리 잘라 준비해 둔다.

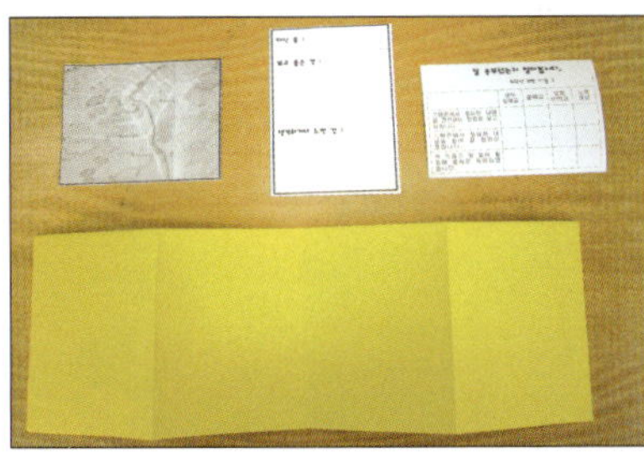

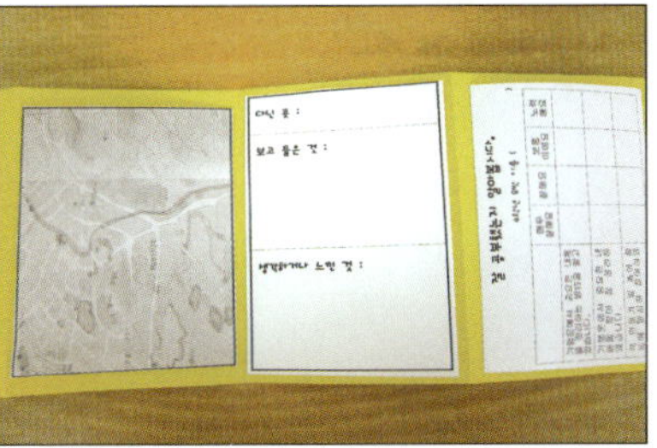

② 여행 지도 완성하기

- 여행 지도에 글쓴이가 다닌 곳을 동그라미로 표시하고, 여행한 순서를 화살표로 표시하면서 글쓴이가 여행지에서 다닌 곳을 확인한다.
- 다닌 곳 : 천마총 - 첨성대 - 불국사 - 석굴암 - 국립경주박물관

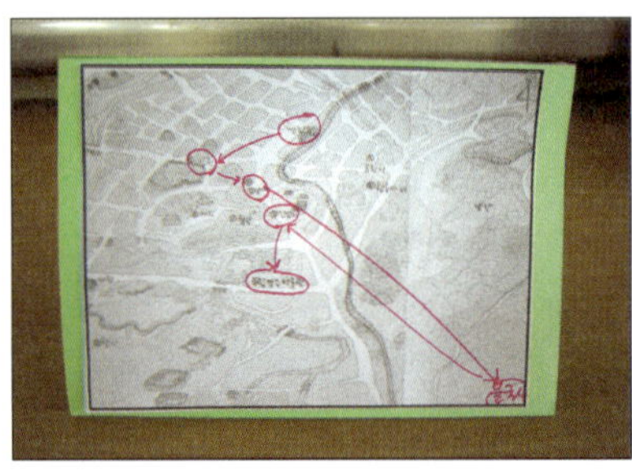
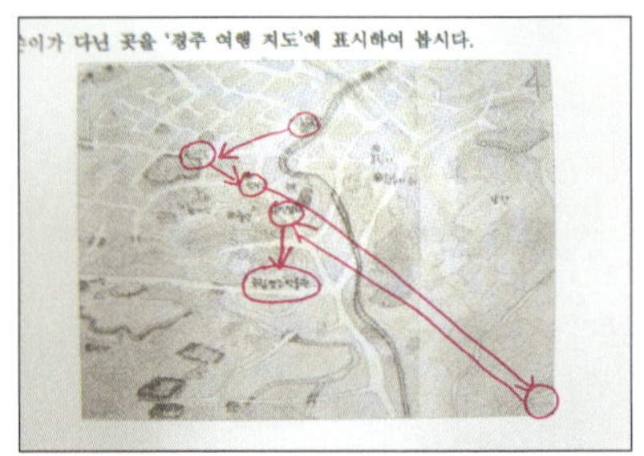

③ 여행 쪽지에 중요한 내용 정리하기

- 교과서를 다시 한번 읽고, 글쓴이가 다닌 곳은 초록색, 보고 들은 것은 파란색, 생각하거나 느낀 것은 빨간색 색연필로 밑줄을 긋는다.
- 모둠원은 서로 장소가 겹치지 않도록 글쓴이가 다닌 곳 중의 하나를 골라 여행 쪽지에 중요한 내용을 정리하여 쓴다.
- 정리가 끝나면 모둠원들이 만든 삼각기둥 책을 다닌 순서대로 세우고, 보고 들은 것과 생각하거나 느낀 것을 잘 정리했는지 서로 점검한다.

④ 자기평가 활동하기

- '여행 지도 완성하기'와 '여행 쪽지에 정리하기' 활동을 하며 기행문에서 중요한 내용을 정리하는 방법을 알고 잘 정리하였는지 스스로 평가한다.

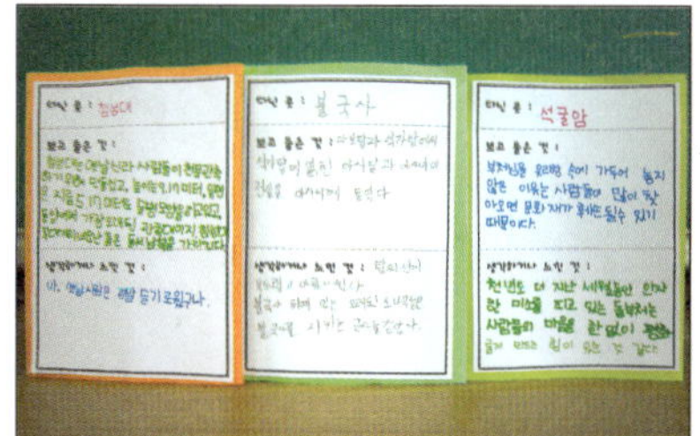 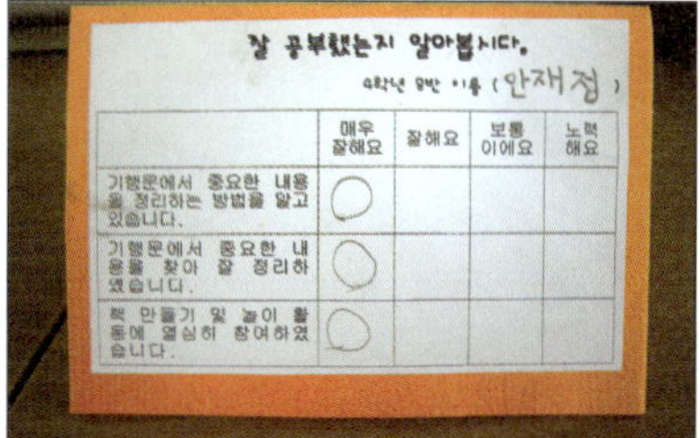

⑤ 삼각기둥 탑 완성하고 교실에 전시하기

- 삼각기둥 유니트를 1개 더 활용하여 제목을 꾸민다.

- 여행 쪽지를 붙인 면이 보이도록 하여 6개의 유니트를 합쳐 삼각기둥 탑을 만든다.

  (이때 풀칠을 하지 않고 클립을 활용하여 고정시킨다.)

- 삼각기둥 탑을 일렬로 전시하거나 층층이 쌓을 수도 있다.

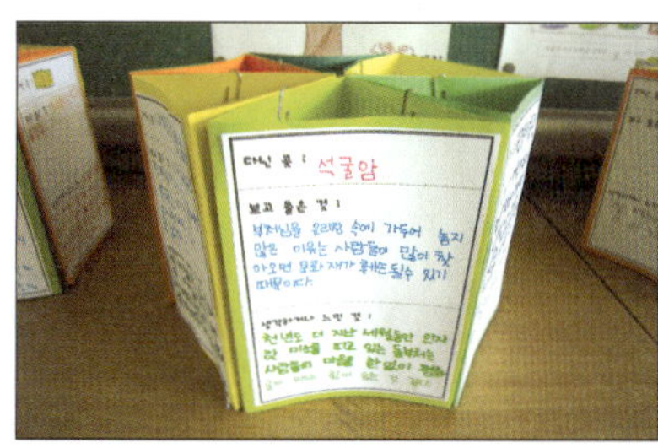 

[심화자료 2] 「공주를 찾아서」를 읽고, 중요한 내용 정리하기

활동 목적

2~3차시에 읽은 「내 마음을 사로잡은 경주」와 같이 우리나라의 옛 도읍지를 여행하고 쓴 기행문이 있다. 7차 읽기 교과서 5학년 2학기 둘째마당 〈더 나아가기〉 부분에 수록되었던 「공주를 찾아서」라는 글이다. 이 글은 백제 문화의 옛 자취를 초등학생의 시각으로 서술하였고, 기행문의 요소인 여정, 견문, 감상이 뚜렷하게 나타나있어 심화 활동 자료로 활용하였다.

활동 방법

① 제제글은 별책의 학습활동지에 수록

② 글쓴이가 다닌 곳, 보고 들은 것, 생각하거나 느낀 것을 찾으며 「공주를 찾아서」를 읽는다.

③ 글을 읽은 후, 〈표〉에 보고 들은 내용, 생각하거나 느낀 내용을 정리한다.

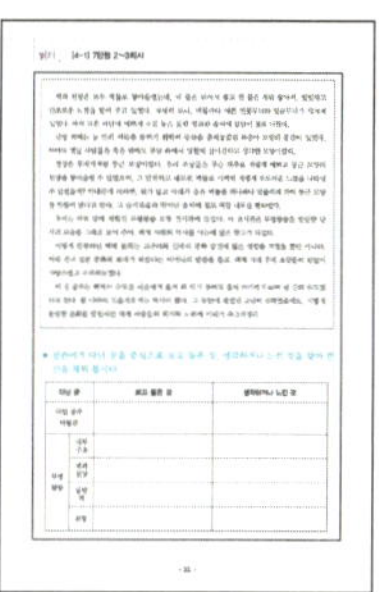

다닌 곳		보고 들은 것	생각하거나 느낀 것
국립공주박물관		공주 주변 지역 유물, 무령왕과 왕비의 유물, 무령왕릉 모형, 왕과 왕비의 금제 장식 등	왕과 왕비의 금제 관식이 참으로 우아하고 섬세하였다. 옛날 궁전에서 금관을 쓰고 위엄 있게 앉았을 왕과 왕비의 모습을 상상하여 보았다.
무령왕릉	고분의 모습	산중턱에 네 개의 고분이 보이고, 산자락에 있는 세 개의 고분 중 가장 큰 것이 무령왕릉이다.	
	내부 구조	왕과 왕비의 관을 두었던 널방과 널길로 되어 있다.	살아있는 사람이 무덤으로 들어간다고 생각하니 이상한 느낌이 들었다.
	벽과 천장	• 벽돌을 세 줄은 뉘어서 쌓고 한 줄은 세워서 쌓았다. • 벽돌마다 연꽃무늬와 빗금무늬가 새겨져 있었다.	고운 비단에 예쁘게 수를 놓은 듯한 정교한 솜씨에 감탄이 절로 나왔다.
	널방 벽	등잔을 올려놓았던 복숭아 모양의 공간이 있었다.	옛날 사람들은 죽은 뒤에도 무덤 속에서 영원히 살아간다고 생각하였던 모양이다.
	천장	천장은 무지개처럼 둥근 모양이었다. 안내문에 의하면 위가 넓고 아래가 좁은 벽돌을 하나하나 맞물리게 하여 둥근 모양을 만들어냈다고 한다.	그 슬기로움과 뛰어난 솜씨에 절로 혀를 내두를 뻔하였다.

어린이를 위한 기행문

<table>
<tr>
<td>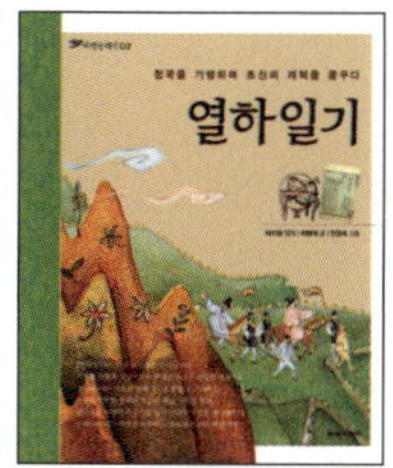
열하일기
(박지원 원작, 이명애 글 /
파란클래식)</td>
<td>박지원의 『열하일기』를 아이들의 눈높이에 맞춰 엮은 책이다. 이 작품은 조선의 실학자인 박지원의 청나라 기행문으로, 조선이 보다 발전하고 풍요로워지길 바라는 마음으로 저술하였다. 1부는 박지원의 일대기를 포함하여 『열하일기』와 관련된 다양한 정보를 담았으며, 2부는 『열하일기』에서 중요하고도 흥미있는 부분만을 골라 수록하였다. 곳곳에 관련 사진과 그림이 소개되었다.</td>
</tr>
<tr>
<td>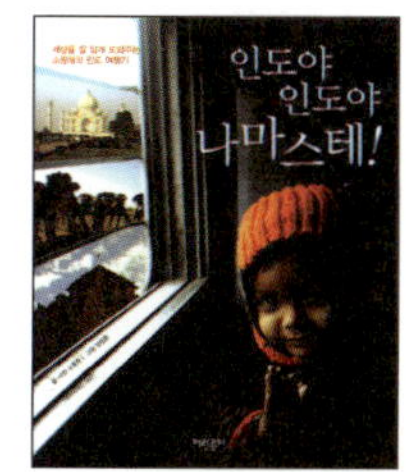
인도야 인도야 나마스테!
(소중애 / 어린른이)</td>
<td>『인도야 인도야 나마스테!』는 동화 작가 소중애의 인도 여행담이다. 총 68편의 에피소드로 구성되어 있으며, 작가의 경쾌하면서도 진솔한 필체에서 여행의 유쾌함과 여행을 통한 깨달음을 느낄 수 있다. 인도의 자연 환경, 생활모습, 역사와 문화 등이 생생하게 담겨 있다.</td>
</tr>
<tr>
<td>
세상을 잘 알게 도와주는 기행문
(심상우, 김해원, 박영란 / 어린른이)</td>
<td>국내외에 역사 유적지, 자연 경관이 수려한 곳을 여행하고 쓴 기행문을 모은 책이다. 수필, 일기, 편지, 안내문, 보고문 등 다양한 형식의 기행문을 만날 수 있다. 초등학교 중학년 이상의 학생이라면 어렵지 않게 읽을 수 있으며 기행문에 대한 충분한 감상은 물론 기행문 쓰기의 모범글로 활용하기 좋은 책이다.</td>
</tr>
<tr>
<td>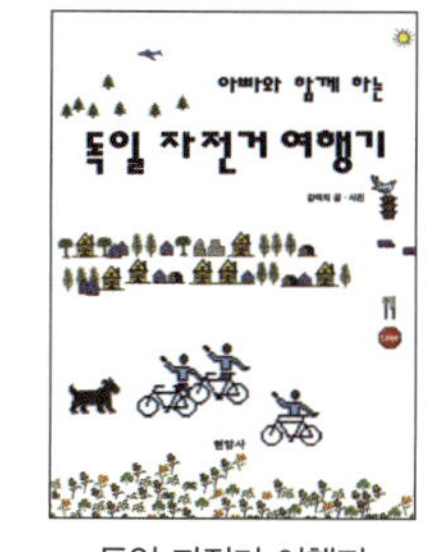
독일 자전거 여행지
(강덕치 / 현암사)</td>
<td>독일에 사는 나루와 나단이가 아버지와 두 번에 걸쳐서 자전거로 독일 여행을 하면서 겪은 일을 쓴 이야기다. 독일의 풍물을 알 수 있고, 세 사람이 여행하며 우정과 믿음을 쌓아 가는 과정을 느낄 수 있다. 세 부자는 세상 사람은 모두 형제 자매와 같다는 생각을 가지고 세계 평화와 환경 보호를 위해 노력한다.</td>
</tr>
</table>

선암사

 학습개요

1	기행문의 특징에 대하여 알아봅시다.
2 ~ 3	기행문에서 중요한 내용을 정리하는 방법을 알아봅시다.
4	기행문을 읽고 중요한 내용을 정리하여 봅시다.
5 ~ 6	기행문을 읽고 글쓴이의 여행 경험에 대한 내 생각이나 느낌을 표현하여 봅시다.

동기유발	★ '기차를 타고' 동요 부르며 마음 열기
학습문제 제시	기행문을 읽고 중요한 내용을 정리하여 봅시다.
활동	♥ 내용 파악하기 ★ 글쓴이가 여행에서 보고 듣고 느낀 것 찾기 ★ 내가 여행한 곳 '시'로 표현하기
정리	★ 친구의 시와 나의 시 비교 감상하기

[심화활동] 기행문을 시로 바꿔 표현해 보기

♥ 교과서 관련 활동 / ★ 추가 제시 활동

수업활동

[동기유발] '기차를 타고' 동요 부르며 마음 열기

활동 목적

여행의 설레임과 즐거움을 흥겨운 가락과 노랫말로 표현한 동요 '기차를 타고'를 들려주며 학습 동기를 유발한다.

활동 방법

① 노랫말에서 느껴지는 분위기를 말하여 본다.

(기차를 타고 여행을 하는 설레임이 느껴집니다. 새로운 세상에 대한 호기심이 드러납니다. 등)

② 기차를 타고 여행한 경험을 친구들과 함께 이야기해 본다.

기차를 타고 신나게 달려가 보자
높은 산도 지나고 넓은 들도 지나고
푸른 산을 지날 때엔 산새를 찾고
넓은 바다 지날 때엔 물새와 놀고

설레임을 가득 안고 달려가 보자
새로운 세상이 자꾸 자꾸 보인다

기차 타고 신나게 달려가 보자
높은 산도 지나고 넓은 들도 지나고

따뜻한 마음을 서로 나누면
처음 만난 옆사람도 정다운 이웃

즐거움을 가득 안고 달려가 보자
아름다운 세상이 자꾸 자꾸 보인다

[학습문제 제시]
기행문을 읽고 중요한 내용을 정리하여 봅시다.

[활동 1] 내용 파악하기

활동 목적

학생들이 글을 읽고 내용을 잘 파악하였는지 알아보는 활동이다. 질문에 답하면서 글의 내용을 잘 이해하였는지 점검한다.

활동 방법

① 시에서 말하는 사람이 여행한 곳은 어디인가요?

(선암사입니다.)

② 선암사까지 어떻게 갔나요?

(기차입니다. 아무리 작은 역에도 서는 통일호입니다.)

③ 선암사에서 무엇을 보았나요?

(소나무, 뒷간, 단청, 돌담)

④ 글쓴이가 선암사를 다녀오면서 느낀 것은 무엇인가요?

(느린 기차를 타고 간 선암사는 옛 것 그대로의 풍경을 간직하고 있고, 글쓴이는 이러한
여행에서 다정하고 포근함을 느끼고 있습니다.)

[활동 2] 글쓴이가 여행에서 보고 듣고 느낀 것 찾기

활동 목적

「선암사」는 시의 형식을 빌어 표현된 기행문이기 때문에 내용이 압축되고 간결하
게 표현되어 있다. 따라서 시의 화자가 보고 들은 내용을 학생 독자가 이미지로 형상
화하고 느낌을 구체화 하도록 돕는 활동이 필요하다.

활동 방법

선암사의 풍경들을 시의 화자가 어떻게 표현하였는지 살펴보고 각 장면을 이미지
로 떠올려 보며 그 느낌을 구체화하여 본다.

선암사 풍경(본 것)	시인의 표현	시에 대한 독자의 느낌
소나무	누워서 크는 소나무	오래된 절에서 볼 수 있는 특이한 모양의 소나무를 표현한 것 같다.
뒷간	맡이 뻥 뚫려 엉덩이가 시원해지는 뒷간	불편한 재래식 화장실을 시원하다고 표현한 점이 재미있다.
단청	제 빛깔을 잃을 단청	단청의 색이 변했다는 것으로 보아 오랜 세월을 견뎌온 선운사의 멋이 느껴진다.
돌담	절집을 다정하게 감싸고 있는 야트막한 돌담	포근하고 정겨운 느낌이 든다.

부록 _ 24쪽

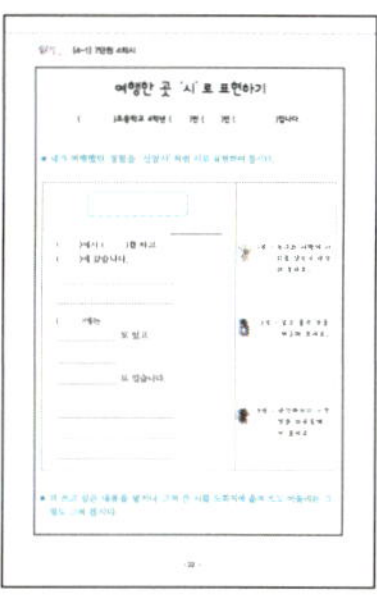

[활동 3] 내가 여행한 곳 '시'로 표현하기

활동 목적

여행하면서 보고 듣고 느낀 것을 시로 표현한 작품을 감상하였으므로, 다음 단계로 자신의 여행 경험을 시로 표현해 보는 활동을 해 본다.

활동 방법

① 학생 각자의 여행 경험, 즉 여행하면서 다닌 곳, 보고 들은 것, 생각하거나 느낀 것을 떠올린다.

② 여행한 경험이 부족하거나 여행 경험이 잘 떠오르지 않을 경우, 4학년이 되어 반 학생들이 함께 갔던 현장 체험 학습 경험을 떠올려 보도록 한다.

③ 시의 1연은 누구와 어떻게 어디로 갔는지 쓴다.

시의 2연은 보고 들은 것을 떠올려 쓴다.

시의 3연은 생각하거나 느낀 것을 자유롭게 쓴다.

④ 시를 바꾸어 읽고 다닌 곳, 보고 들은 것, 생각하거나 느낀 것을 잘 표현한 친구를 칭찬한다.

⑤ 더 쓰고 싶은 내용을 넣거나 고쳐 쓴 시를 도화지에 옮겨 쓰고 어울리는 그림을 그린다.

여기서 잠깐

학습활동지는 교과서에 수록된 '선암사'를 흉내내어 써 보도록 한 것이다. 학습활동지에는 기행문에 나타나야 할 내용들이 빠지지 않도록 하기 위해 1, 2, 3연에 쓸 내용을 안내하였으나, 시의 형식에 구애받지 않고 학생들이 자유롭게 쓰도록 해도 좋다.

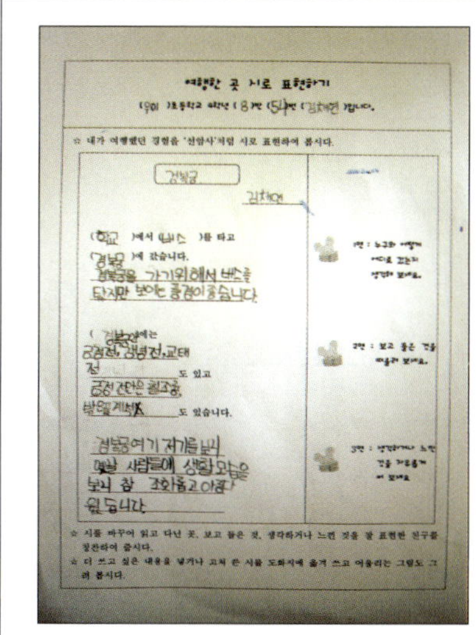

학생작품 1 〈경복궁 / 김채연〉

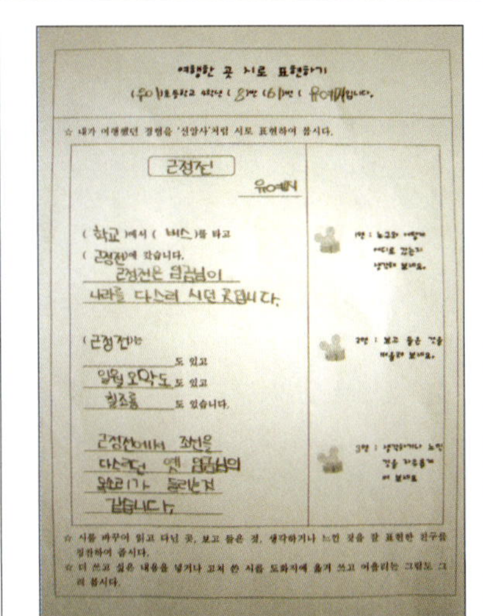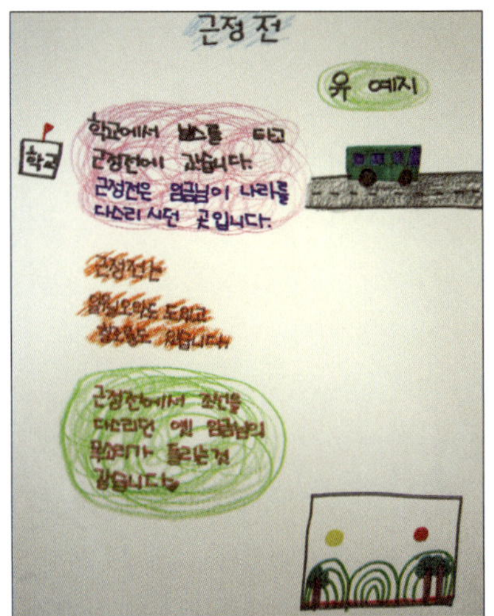

학생작품 2 〈근정전 / 유예지〉

[정리] 친구의 시와 나의 시 비교 감상하기

〈자기평가표〉	
이름 : ( )	
잘 공부했는지 알아봅시다	점수
여행하면서 다닌 곳이 잘 드러나 있나요?	☆ ☆ ☆ ☆
여행 경험(보고 들은 것, 생각하거나 느낀 것)이 잘 드러나 있나요?	☆ ☆ ☆ ☆
여행한 경험을 시의 형식에 맞게 썼나요?	☆ ☆ ☆ ☆

(참 잘해요 별 4개, 잘해요 별 3개, 보통이에요 별 2개, 노력해요 별 1개)

 이런 활동도 있어요

[심화활동] 기행문을 시로 바꿔 표현해 보기

　1차시에 배운 「제주도에서」와 2~3차시에 배운 「내 마음을 사로잡은 경주」 두 편의 기행문을 시로 바꾸어 표현해 본다.

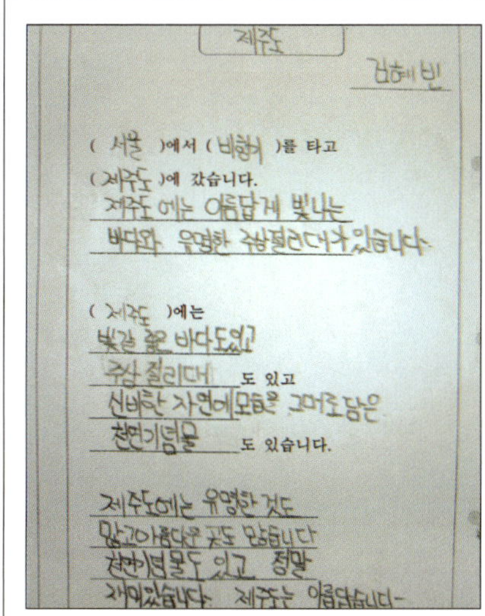

〈제주도에서 / 김혜빈〉

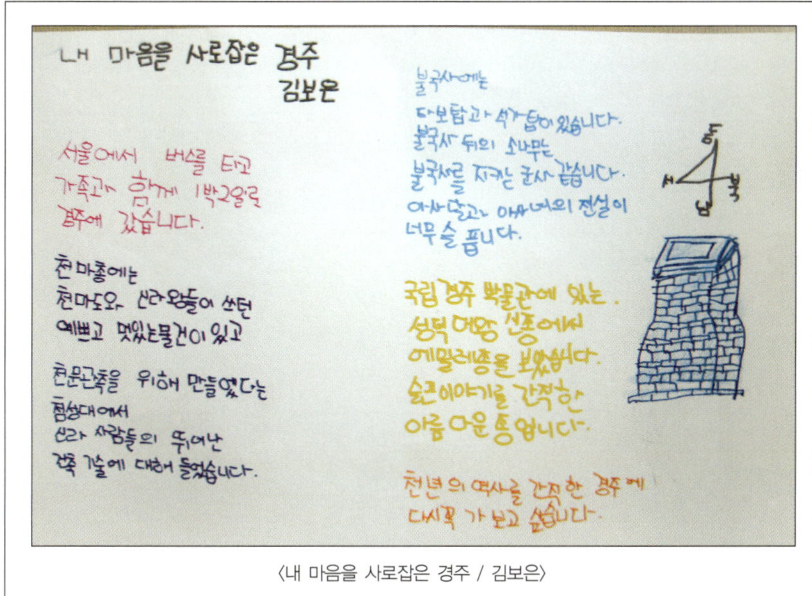

〈내 마음을 사로잡은 경주 / 김보은〉

만 권의 책 만큼 값진 것

학습개요

1	기행문의 특징에 대하여 알아봅시다.
2~3	기행문에서 중요한 내용을 정리하는 방법을 알아봅시다.
4	기행문을 읽고 중요한 내용을 정리하여 봅시다.
5~6	기행문을 읽고 글쓴이의 여행 경험에 대한 내 생각이나 느낌을 표현하여 봅시다.

동기유발
★ 여행을 주제로 한 그림책 소개하기
★ 인도 기행문 소개하기

↓

학습문제 제시 기행문을 읽고 글쓴이의 여행 경험에 대한 내 생각이나 느낌을 표현하여 봅시다.

↓

활동
♥ 내용 파악하기
♥ 글쓴이의 여행 경험과 생각을 찾고, 내 생각이나 느낌 말하여 보기
♥ 수필, 일기, 시, 편지 등 다양한 형식의 기행문 비교하기

↓

정리 ★ '여행'에 관한 명언 만들어 보기

[심화활동] 박지원의 『열하일기』를 읽고, 글쓴이의 여행 경험에 대한 내 생각이나 느낌 말하기

♥ 교과서 관련 활동 / ★ 추가 제시 활동

수업활동

[동기유발 1] 여행을 주제로 한 그림책 소개하기

활동 목적

여행을 소재로 한 그림책을 보여주면서 여행에 대한 학생들의 경험을 이끌어낼 수 있다.

활동 방법

① 그림책의 몇 장면을 보고 주인공인 '아델'과 '사이먼'이 어느 나라를 여행하고 있는지 맞혀 본다.

② 나의 여행 경험(여행했던 곳, 같이 간 사람, 보고 들은 것, 생각하거나 느낀 것 등)을 간단하게 발표해 본다.

③ 그림책 속 주인공들처럼 다른 나라를 여행한다면 여행하고 싶은 곳은 어디인지, 그리고 여행을 한다면 누구와 같이 가고 싶은지, 어떤 물건을 가져고 싶은지 자유롭게 발표해 본다.

아델과 사이먼 (바바라 매클린톡 / 배틀북)

[동기유발 2] 인도 기행문 소개하기

활동 목적

교과서 수록글에 등장하는 여행지 '인도'와 관련지어 동화 작가 소중애의 인도 여행기 『인도야 인도야 나마스테!』를 소개한다. 여행지에 대한 학생들의 흥미를 고취시킬 수 있다.

활동 방법

① 인도의 생활, 문화, 종교, 자연환경을 엿볼 수 있는 부분들을 학생들에게 읽어 준다. 작가 특유의 재치있는 표현과 익살스러운 문체가 글을 읽는 재미를 더한다.

② 책 안에 수록된 사진들 – 인도의 사람들, 음식, 거리 풍경, 웅장한 신전, 사막과 낙타의 모습 등을 실물화상기를 이용하여 보여준다.

아델과 사이먼, 미국에 가다!
(바바라 매클린톡 / 배틀북)

여기서 잠깐

여기 소개한 책 외에 인도와 관련된 사진 자료나 동영상 자료를 수집하여 동기유발 자료로 활용하면 좋을 것이다.

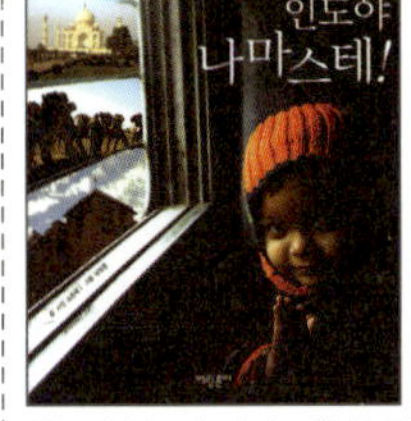

인도야 인도야 나마스테! (소중애 / 어린른이)

[학습문제 제시]

기행문을 읽고 글쓴이의 여행 경험에 대한 내 생각이나 느낌을 표현하여 봅시다.

[활동 1] 내용 파악하기

활동 목적

글을 읽고 내용을 잘 파악하였는지 알아보는 활동이다. 질문에 답하면서 글의 내용을 잘 이해하였는지 점검한다.

활동 방법

① 글쓴이가 인도를 여행할 때 만난 가족은 누구누구입니까?

　(어머니와 아버지, 열 살짜리 남자아이 앤디, 여덟 살짜리 여자 아이 제시카입니다.)

② 앤디 가족이 여행한 나라들은 어디어디입니까?

　(타이, 베트남, 중국, 티베트, 네팔입니다.)

③ 글쓴이와 앤디 가족이 하는 여행은 어떤 여행입니까?

　(그곳에 사는 사람처럼 먹고 자고 이동하는, 경비가 적게 드는 여행을 하고 있습니다.)

④ 글쓴이가 앤디와 제시카에게 놀란 것은 무엇입니까?

　(앤디와 제시카의 독립심과 인내심입니다. 아이들은 자기 짐을 스스로 지고 다녔습니다.

　콩나물 시루같은 열차를 타고 서서 가는데도 짜증을 내지 않았습니다.)

⑤ 글쓴이는 여행에 대해 어떻게 생각하고 있습니까?

　(여행은 많이 부딪히고 보고 느끼고 수많은 사람을 만나면서 스스로 깨닫는 학습 시간이다.)

[활동 2] 글쓴이의 여행 경험과 생각을 찾고, 내 생각이나 느낌 말하여 보기

부록 _ 25쪽

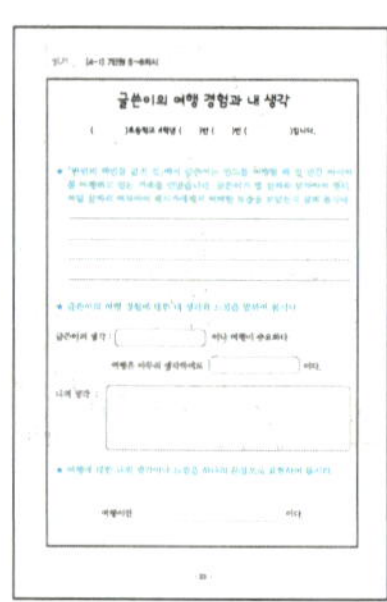

활동 목적

글쓴이가 여행 경험을 통해 얻게 된 즐거움이나 깨달음을 독자가 간접 체험하고 글쓴이와 소통하는 과정이다.

활동 방법

① 제재글을 다시 한번 읽고, 글쓴이의 생각이 중요하게 드러나 있는 부분을 찾아 밑줄을 그어본다.

② 글쓴이가 여행을 통해 어떤 깨달음이나 교훈을 얻고 있는지 살핀다.

③ 글쓴이의 생각에 대한 나의 생각과 의견을 친구들과 말하여 본다.

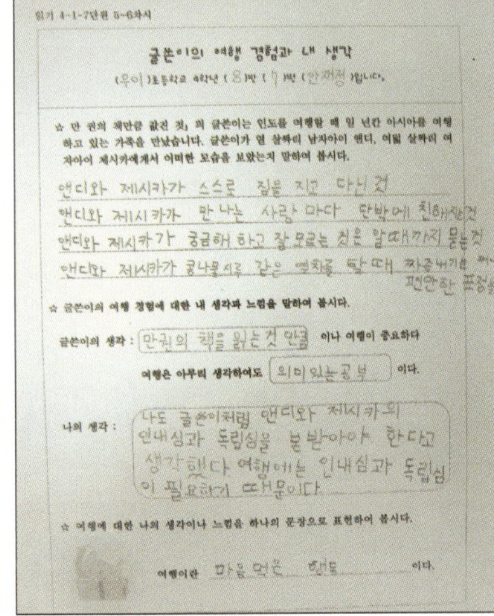
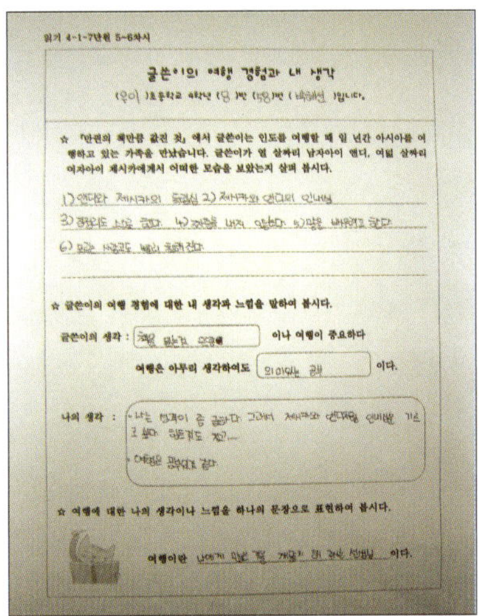

부록 _ 26, 27쪽

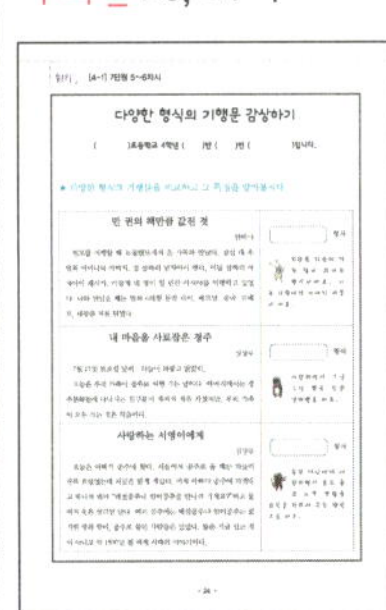
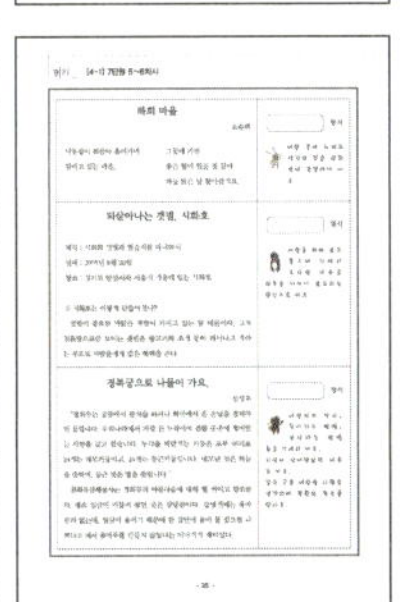

[활동 3] 수필, 일기, 시, 편지 등 다양한 형식의 기행문 비교하기

활동 목적

기행문이 수필, 일기, 시, 편지, 보고서, 안내문 등 다양한 형식으로 표현될 수 있음을 알고 그 특징을 비교하는 활동이다.

활동 방법

① 참고 자료의 기행문을 인용하여 학습활동지로 제시한다.

② 다양한 형식의 기행문을 살펴보고 특징을 비교한다.

③ 여행 경험을 다양한 형식으로 표현할 수 있음을 안다.

〈글의 형식에 따른 기행문의 특징〉

공통점		글쓴이가 여행을 하며 다닌 곳, 보고 들은 것, 생각하거나 느낀 점이 들어 있다.
차이점	생활문	기행문 가운데 가장 많이 쓰이는 형식으로 아무런 제약이나 특별한 형식이 없이 쓰는 글이다. 여행한 시간과 장소의 변화에 따라 쓰는 것이 좋으며, 생각하거나 느낀 점을 가장 잘 표현할 수 있다.
	일기	기행문의 형식 중 자신의 생각과 느낌을 가장 많이 담을 수 있는 형식이다. 날짜, 날씨, 느낌을 반드시 넣는다. 일기는 남에게 보여주기 위한 글이 아니지만 일기 형식의 기행문은 다른 사람이 보면서 여행지의 모습과 느낌을 공감하기 위한 글이다.
	시	다닌 곳, 보고 들은 내용, 느낌이나 생각이 행과 연을 갖춘 시의 구조 속에 간결하게 압축되어 표현되어 있다.
	편지	여행지에서 보고 들은 것, 느낌이나 생각 등을 가족이나 친구 등 특정한 사람에게 전하는 형식으로 쓴 글이다.
	보고서	여행지에서 보고 들으며 자세히 조사한 내용을 항목을 나누어 보고서의 형식으로 쓴다.
	안내문	자신이 안내 받았던 내용과 함께 여행지의 역사, 찾아가는 방법, 감상하는 방법을 자세히 쓴다. 같은 곳을 여행할 사람을 생각하며 정확한 정보를 담는다.

[정리] '여행'에 관한 명언 만들어 보기

 기행문을 읽으며 여행이 주는 즐거움과 가치를 생각해 보는 시간을 갖는다. 그리고 자신의 여행 경험을 글로 기록하는 일의 소중함을 깨닫는 기회가 되도록 한다.

여행이란 ＿＿＿＿＿＿＿＿＿＿＿＿＿＿＿＿＿＿＿＿＿＿＿이다.

〈학생 활동 예시〉

· **여행이란 재미있는 책이다.**

 (여행을 하면 즐겁고 많은 것을 알게 해 주기 때문에)

· **여행이란 선생님이다.**

 (나에게 많은 것을 깨닫게 해 주기 때문에)

· **여행이란 새로운 세계로 가는 멋진 모험이다.**

 (새로운 것을 보고 들을 수 있기 때문에)

· 여행이란 소중한 추억이다.

(여행을 하면 많은 사람을 만나고 좋은 기억을 가질 수 있기 때문에)

 이런 활동도 있어요

[심화활동] 박지원의 『열하일기』를 읽고, 글쓴이의 여행 경험에 대한 내 생각과 느낌 말하기

활동 목적

박지원의 『열하일기』는 연암 박지원이 청나라 황제의 생일 축하를 위한 사신단 일행으로 청나라에 다녀온 뒤 쓴 일기 형식의 기행문이다. 『열하일기』는 단순히 중국의 아름다운 경치를 묘사하거나 풍습을 그대로 쓴 것이 아니라 새로운 문물과 제도에 대한 연암의 세심한 관찰과 사상이 담겨 있다. 여행 과정 속에 나타난 연암의 생각을 이해하고 나의 생각을 덧붙여 보는 것이 『열하일기』를 읽는 즐거움이 될 것이다.

활동 방법

① 열하일기의 일부분을 학습활동지에 수록하여 제시한다.
② 중요한 내용(여정, 견문, 감상)을 찾으며 글을 읽도록 한다.
③ 글 속에 연암 박지원의 생각이 드러난 부분을 정리한다.
④ 연암의 생각에 대하여 친구들과 함께 의견을 나누어 본다.

부록 _ 28쪽

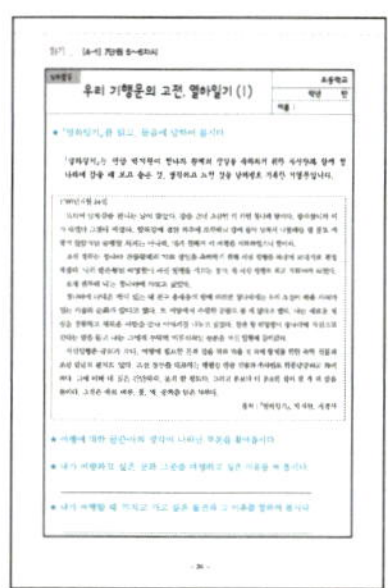

부록 _ 29쪽

감동이 머무는 곳

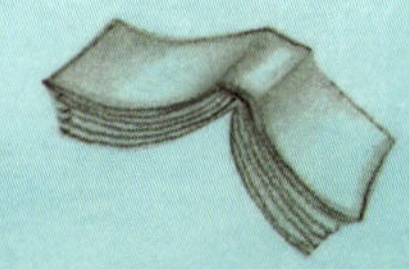

글쓴이가 이야기에서 말하고자 하는 의도나 삶에 대한 자세를 '주제'라고 합니다. 줄거리, 주요 인물의 말과 행동을 생각하며 이야기를 듣고 주제를 파악하여 봅시다.

🏫 단원 소개

　이 단원은 이야기를 듣고 주제를 파악하는 것이 핵심이다. 주제를 파악하는 과정을 '줄거리(이야기의 흐름) – 인물의 말과 행동 – 주제' 순으로 제시하고 있다. 교과서 활동을 통해 학생들은 사건 전개의 흐름을 파악하고 등장인물의 말과 행동에 담긴 의미를 찾으며 글쓴이가 이야기에서 말하고자 하는 의도나 삶의 자세를 찾는 활동을 하게 된다.

　이에 본 교재는 학생들이 주제를 쉽게 파악하도록 하는 데 초점을 두고 제작되었다. 학생들은 줄거리 파악, 장면에서 인물의 말과 행동을 어려워한다. 줄거리 파악을 잘 할 수 있는 방법, 주제를 찾는 활동 등을 다양하게 제시하였다.

　더불어 교과서 이야기만으로는 주제를 파악하는 목표에 도달하기 힘들다고 판단하여, 이 단원에서 사용할 만한 여러 가지 이야기와 다양한 매체들을 제시하였다. 이때 최대한 인물과 사건의 구성 요소가 분명하고 주제가 선명하게 드러나는 교훈적인 이야기를 대상으로 하였다.

🏫 제재 분석

　「덕진 다리」는 전라남도 영암 지방에 전해 내려오는 전설로 우리 옛이야기의 교훈인 인과응보와 권선징악이라는 주제를 색다르게 제시하고 있다. 무조건 나쁜 일을 하면 벌을 받고 착한 일을 하면 복을 받는 것이 아니라 다른 사람의 복으로 다시 새로운 삶을 살면서 나의 복을 쌓아갈 수 있는 방법이 무엇인지, 주변 사람들과는 어떻게 살아야하는지를 보여주는 이야기이다.

🏫 교과서 단원 구성

차시	교과서 쪽수	차시 문제	교과서 학습활동
1	듣말쓰 5~7	이야기의 주제에 대하여 알아봅시다.	1. 그림1과 그림2를 보고, 내가 알고 있는 이야기의 내용을 친구들에게 말하여 봅시다. 그리고 이야기에 대한 내 생각이나 느낌에 어울리는 붙임 딱지를 붙여 봅시다. 2. 「꿈을 심는 노인」을 듣고 물음에 답하여 봅시다. 3. 「꿈을 심는 노인」을 다시 듣고 주제를 말하여 봅시다.
2~3	듣말쓰 8~13	이야기를 듣고 주제를 파악하는 방법을 알아봅시다.	1. 「금덩이보다 소중한 것」을 듣고, 이야기의 장면에 어울리는 붙임 딱지를 붙여 봅시다. 그리고 이야기의 줄거리를 말하여 봅시다. 2. 「금덩이보다 소중한 것」을 다시 듣고, 젊은이를 중심으로 그림에 어울리는 말과 행동을 써 봅시다. 3. 이야기의 줄거리, 주요 인물의 말과 행동에 대한 내 생각이나 느낌을 바탕으로 하여 「금덩이보다 소중한 것」의 주제를 말하여 봅시다. 4. '1~3'을 바탕으로 하여 「가난한 청년과 천년 묵은 지네」를 듣고 주제를 생각하여 봅시다. 그리고 주제를 파악하는 방법을 이야기하여 봅시다. 5. 이야기를 듣고 주제를 파악하는 방법을 차례대로 써 봅시다.
4	듣말쓰 14~17	이야기를 듣고 주제를 파악하여 봅시다.	1. 어떤 일이 일어날지 생각하며 「덕진 다리」를 들어봅시다. 2. 「덕진 다리」에서 기억에 남는 장면을 중심으로 하여 줄거리를 말하여 봅시다. 3. 「덕진 다리」를 다시 듣고, 주요 인물을 한 사람 정하여 봅시다. 그리고 기억에 남는 장면에 어울리는 인물의 말과 행동을 이야기의 흐름에 따라 써 봅시다. 4. 이야기의 줄거리, 주요 인물의 말과 행동에 대한 내 생각이나 느낌을 바탕으로 하여 「덕진 다리」의 주제를 써 봅시다. 5. 「덕진 다리」의 주제에 대하여 친구들과 이야기하여 봅시다.
5~6	듣말쓰 18~21	주제를 파악하며 이야기를 들어 봅시다.	1. 친구들이 다양한 방법으로 들려주는 이야기를 들어 봅시다. 2. 친구들이 들려준 이야기 중에서 하나를 골라 보기와 같이 주요 인물의 말과 행동을 적고, 내 생각이나 느낌을 바탕으로 하여 주제를 써 봅시다. 3. 친구들이 들려준 이야기 중에서 하나를 골라 주제에 대하여 이야기해 봅시다.

꿈을 심는 노인

학습개요

1	이야기의 주제에 대하여 알아봅시다.
2 ~ 3	이야기를 듣고 주제를 파악하는 방법을 알아봅시다.
4	이야기를 듣고 주제를 파악하여 봅시다.
5 ~ 6	주제를 파악하며 이야기를 들어 봅시다.

동기유발	★ 다섯 고개 ★ 나의 미래를 키워라!

↓

학습문제 제시	이야기의 주제에 대하여 알아봅시다.

↓

활동	♥ 내용 파악하기 ★ 등장인물이 되어 일기 쓰기 ★ 주제를 찾아라!

↓

정리	★ '주제'를 내 손안에! ★ 그림 조각 맞추기

♥ 교과서 관련 활동 / ★ 추가 제시 활동

[동기유발 1] 다섯 고개

활동 목적

학생들이 잘 알고 있는 이야기를 다섯 고개 문제로 제시한다. 이야기를 상기시키면서 주제의 개념에 접근한다. 즉 다섯 고개의 힌트 중에서 글쓴이가 말하려고 하는 의도와 관련된 힌트를 찾아보게 하고 그것이 주제임을 안내하는 것이다.

활동 방법

이야기의 제목을 알아맞히도록 힌트를 5단계에 걸쳐 제공한다.

(예) 흥부와 놀부

1단계 – 인물 힌트 (남자 2명이 주인공이다.)

2단계 – 행동 힌트 (쓱싹쓱싹~ 박을 탄다.)

3단계 – 인물의 말 힌트 ("형님~ 밥 좀 주쇼~")

4단계 – 중심 사건 힌트 (제비의 다리를 고쳐주었다.)

5단계 – 주제 힌트 (착하게 살면 복을 받는다.)

여기서 잠깐

플래시를 이용하면 더 재미나게 게임 분위기를 유도할 수 있다.

초등교사 커뮤니티 사이트 '인디스쿨'에 들어가면 플래시 자료를 이용할 수 있다.

[동기유발 2] 나의 미래를 키워라!

활동 목적

제재글에 대한 흥미를 유발시키고 어려울 수 있는 글에 대한 이해력을 높이기 위한 활동이다. 다양한 답이 나올 수 있도록 하고, 창의적인 답을 존중한다.

활동 방법

판서를 하며 반 전체 마인드맵을 완성한다. 가운데에 '나의 미래'를 쓰고 20년 뒤 나의 미래를 위하여 내가 지금 해야할 일이나 투자하고 싶은 것들을 발표시킨다.

　답안을 살펴보며 긴 시간이 필요로 하는 것들을 짚어주고 설명하여 제재글과의 연관성을 높인다.

> **[학습문제 제시]**
> 이야기의 주제에 대하여 알아봅시다.

[활동 1] 내용 파악하기

　① '꿈을 심는 노인' 에 나오는 인물은 누구누구입니까?

　② 젊은이의 생각은 어떻게 바뀌었을까요?

　③ 노인은 백 년을 보고 무엇을 기른다고 하였습니까?

[활동 2] 등장인물이 되어 일기 쓰기

부록 _ 30쪽

활동 목적

　등장인물이 왜 그렇게 했는지, 그 때의 느낌이 어땠는지를 자신의 것으로 수용하여 주제 파악이 용이하도록 한다. 등장인물이 쓴 일기를 통하여 작품 상황을 폭넓게 이해할 수 있다.

활동 방법

　학습활동지를 이용한다. 등장인물이 쓴 일기를 읽으면서, 빈 부분을 채워 넣는다.

[활동 3] 주제를 찾아라!

부록 _ 31쪽

활동 목적

　주제에 대한 개념을 익힌 뒤 다양하면서도 친근한 이야기를 통해 주제를 찾는 연습을 하도록 한다.

활동 방법

　학습활동지를 통하여 잘 알고 있던 이야기의 제목과 인물의 말이나 행동, 주제를 연결해 본다. 간단한 활동이지만 앞으로 정할 이야기의 주제를 찾는 디딤돌 역할을 하는 활동이다.

[정리 1] 주제를 내 손 안에!

활동 목적

　아직 주제에 대한 개념이 어려운 학생들을 위하여 고안한 활동이다. 주제가 명확하고 쉬운 이야기글을 대상으로 주제의 범위에 대하여 학습함으로써 이야기의 주제를 찾는 데 도움을 주고자 한다.

활동 방법

'꿈을 심는 노인'을 비롯한 다른 이야기들의 주제에 대하여 생각해보는 시간을 갖는다. 학습활동지를 이용하여 주제의 범주에 맞는 적절한 내용을 찾아 선긋기 한다.

[정리 2] 그림 조각 맞추기

활동 목적

퍼즐 조각처럼 흩어져 있는 그림 조각을 맞추게 하면서 흥미롭게 학습 내용을 정리할 수 있도록 한다.

활동 방법

학습활동지의 그림 조각을 미리 잘라서 모둠별로 나누어 준다. 그림 조각을 맞춰서 완성한 그림에 나타난 '주제'의 뜻을 먼저 크게 읽는 모둠이 이기는 놀이이다.

여기서 잠깐

교사가 미리 조각을 잘라서 나누어 주면 시간을 절약할 수 있고, 학습 효과를 높일 수 있다.

부록 _ 32쪽

부록 _ 33쪽

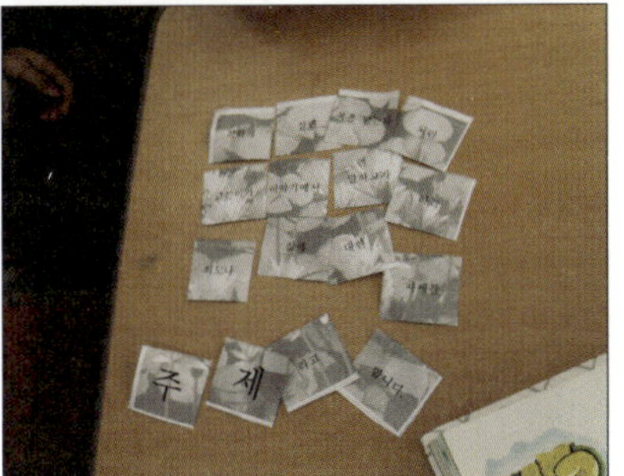

금덩이보다 소중한 것, 천년 묵은 지네

학습개요

1	이야기의 주제에 대하여 알아봅시다.
2 ~ 3	**이야기를 듣고 주제를 파악하는 방법을 알아봅시다.**
4	이야기를 듣고 주제를 파악하여 봅시다.
5 ~ 6	주제를 파악하며 이야기를 들어 봅시다.

동기유발	★ 마인드맵
	★ 나에게 '금'이 있다면

⬇

학습문제 제시	이야기를 듣고 주제를 파악하는 방법을 알아봅시다.

⬇

활동	★ 내용 파악하기
	♥ 줄거리 파악하기
	♥ 인물 탐구하기
	♥ 이야기 상상하기
	♥ 줄 맞춰라!
	♥ 등장인물 인터뷰하기

⬇

정리	★ O, X 퀴즈

[심화활동 1] 나의 보물 [심화활동 2] 찾아라! 쏙쏙! [심화활동 3] 줄거리 예측하기

♥ 교과서 관련 활동 / ★ 추가 제시 활동

[동기유발 1] 마인드맵

활동 목적

제재글에 나오는 소중한 것에 대한 본인 혹은 친구들의 생각을 미리 이야기함으로써 제재글에 대한 흥미를 고취시킨다.

활동 방법

칠판 한 가운데 '나에게 가장 소중한 것' 이라고 쓴 뒤, 돌아가며 이야기를 하도록 한다. 이때 사람, 물건, 추상적인 것 등 교사가 적절히 분류를 하면 더 좋겠다.

여기서 잠깐

'아이엠 그라운드' 게임의 4박자에 맞추어 브레인스토밍 형식으로 진행할 수도 있다.

[동기유발 2] 나에게 '금'이 있다면

활동 목적

제재글에 대한 호기심을 유발한다.

활동 방법

① 아래 예시와 같이 칸을 나누고 둘레에 있는 사다리꼴 모양에 각각 1, 2, 3, 4라고 적는다.

② A라는 모둠원이 나에게 아주 넉넉할 만큼의 금(혹은 돈)이 생긴다면 무엇을 하고 싶은지 이야기를 한다.

③ 그 의견에 동의하는 모둠원은 손을 든다.

④ 종이에 동의하는 모둠원의 수와 종이에 쓰여진 수가 같은 칸에 그 의견을 적는다.

⑤ 가장 많은 동의를 이끌어 낸 의견(4에 쓰여있는 의견) 중 하나를 선택하여 가운데의 네모칸에 적고 발표한다.

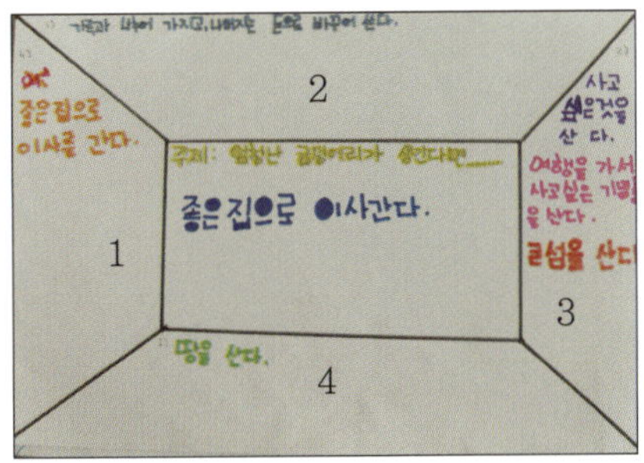

이야기를 듣고 주제를 파악하는 방법을 알아봅시다.

[활동 1] 내용 파악하기

① 젊은이가 처음에 소중하게 여긴 것은 무엇입니까?

② 젊은이는 어떻게 금을 가지게 되었습니까?

③ 나중에 젊은이가 금덩이보다 소중하게 여긴 것은 무엇입니까?

부록 _ 34쪽

[활동 2] 줄거리 파악하기

활동 목적

주제를 찾기 위한 첫 번째 단계로 줄거리를 파악하는 것이다. 이에 이야기의 흐름에 따라 줄거리를 학생 스스로 간추려 보게 하는 것이 목적이다.

활동 방법

① 교과서 삽화를 재구성한 학습활동지를 사용한다.

② 삽화를 보며 떠올릴 수 있는 핵심 단어를 찾는다.

③ 핵심 단어를 이용하여 삽화의 내용을 한 문장으로 간추린다.

④ 간추린 문장을 이어서 말하면 줄거리가 된다.

부록 _ 35쪽

[활동 3] 인물 탐구하기

활동 목적

줄거리를 찾은 후에 등장인물의 말과 행동을 살펴보는 활동이다. 등장인물에 대하여 조금 더 자세하게 탐구하여 보고 이를 토대로 주제에 접근해 가도록 한다.

활동 방법

① 학습활동지를 이용한다.

② 내가 선택한 등장인물을 가운데에 쓰고, 그 인물을 집중적으로 탐구한다.

③ 인물이 한 말과 행동을 이야기의 흐름대로 쓰고, 그 때 다른 인물들의 생각, 배경지식 등도 찾아 쓰도록 한다.

④ 학습활동지를 다 한 뒤 모둠원끼리 비교한다.

⑤ 등장인물을 누구를 설정하는지, 혹은 말과 행동 어디에 핵심을 두는지에 따라 주제가 달라짐을 인식시킨다.

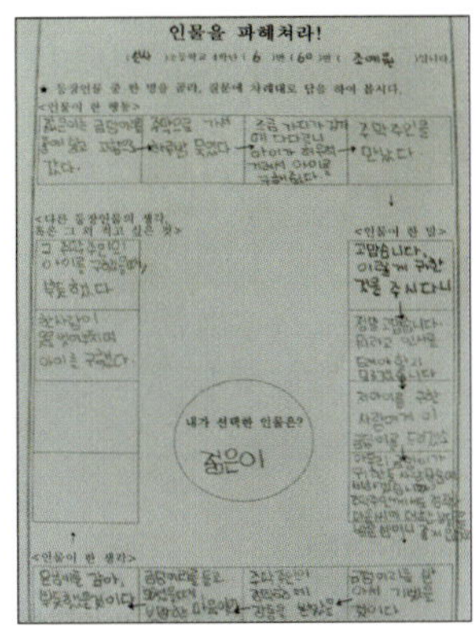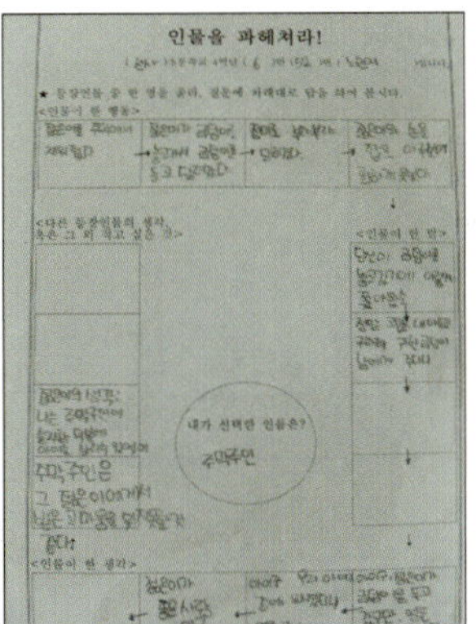

「금덩이보다 소중한 것」을 기준으로 고안한 활동이며 젊은이, 주막 주인을 대상으로 인물 탐구를 할 수 있다. 「가난한 청년과 천년 묵은 지네」의 경우 청년으로 선택하여야 주제를 이끌어내기 쉽다.

[활동 4] 이야기 상상하기

활동 목적

「가난한 청년과 천년 묵은 지네」를 듣기 전 활동으로 그림을 통하여 이야기의 내용을 예측해 보는 활동이다.

활동 방법

이야기 장면 중 하나의 일부만 보여주고, 어떤 이야기일지 상상하여 말하게 한다. Proshow와 같은 프로그램을 이용하면 좋다.

[활동 5] 줄 맞춰라!

활동 목적

교과서의 장면을 보고 무작정 줄거리를 말하는 것은 학생들에게 부담을 주며 또한 이야기가 길어 모든 내용을 기억하는 것도 무리일 수 있다. 줄거리를 떠올리는데 도움을 주고 순서가 틀려도 수정이 가능한 그림 카드 자료를 활용한다.

부록 _ 36쪽

활동 방법

① 교과서 삽화를 활용하여 그림 카드로 제작한 활동지를 나누어 준다.

② 그림 카드를 오려 이야기의 흐름에 맞게 배열한다.

③ 이야기의 장면과 어울리는 내용을 한 문장으로 쓴다.

④ 5개의 그림 카드의 문장을 연결하여 줄거리를 완성한다.

⑤ 줄거리를 완성한 뒤 재빨리 ‘Finish!’를 외친다.

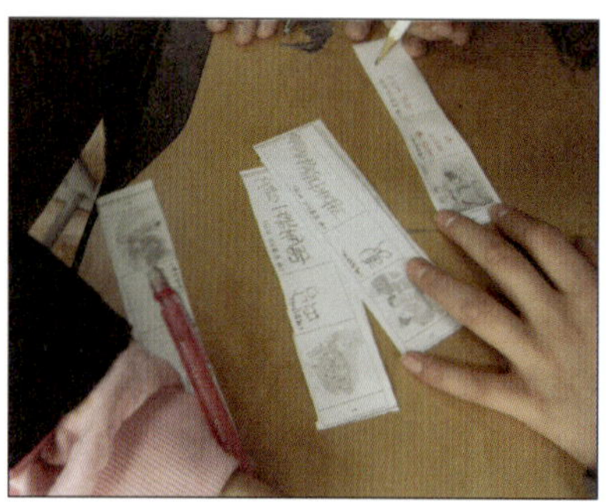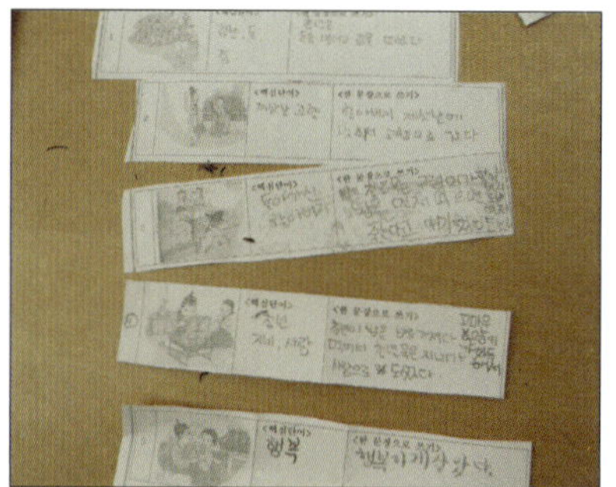

① 모둠원의 수에 따라 그림 카드의 수를 조정할 수도 있다.

② 한 문장으로 쓴 것을 읽었을 때 핵심 내용이 빠진다거나 줄거리나 매끄럽게 이
  어지지 않으면 다시 하도록 한다.

③ 교사가 그림 카드를 미리 잘라 준비하면 시간 절약을 할 수 있다.

④ 문장 쓰기가 잘 안된다고 판단될 경우 이야기를 한번 더 들려준다.

[활동 6] 등장인물 인터뷰하기

활동 목적

주제를 찾기 위한 인물 파악하기의 방법으로 인터뷰 활동을 한다. 인터뷰를 통해
인물의 말과 행동을 심층적으로 분석하면서 주제에 접근할 수 있다.

활동 방법

처음에는 등장인물을 젊은이로 설정하여 인터뷰한다. 소년이 물에 빠졌을 때 어떤
말을 했는지, 어떤 행동을 했는지 왜 그러한 말과 행동을 했는지 질문한다. 젊은이를
다 했으면 다른 인물을 설정하여 인터뷰한다.

여기서 잠깐

① 전 활동에서 사용한 그림 카드의 장면을 이용하면 인터뷰하기가 훨씬 용이하다.

② 마이크 모형을 준비하면 인터뷰하는 느낌을 훨씬 살릴 수 있다.

[정리] O, X 퀴즈

활동 목적

주제를 파악하는 방법을 알고 있는지 확인하고, 정리하기 위한 퀴즈를 낸다.

① 주제를 파악하기 위해서는 줄거리를 알아야 합니다.(O)

② 내가 생각나는 부분만 알면 주제를 알 수 있습니다.(X)

③ 생각이나 느낌을 바탕으로 주제를 파악할 수 있습니다.(O)

④ 주제를 알기 위하여 주요 인물의 말과 행동을 살펴봅니다.(O)

 이런 활동도 있어요

[심화활동 1] 나의 보물

「금덩이보다 소중한 것」과 연계하여 지도할 수 있는 활동이다. 세상에는 여러 가지 '소중한 것' 들이 있다. 이들의 순위를 생각해보는 활동으로 모든 것이 나름대로 소중한 가치가 있고 중요하다는 것을 깨닫게 하도록 한다.

① 가족, 돈, 생명, 사랑, 자연, 평화, 자유 등의 가치를 종이에 쓴 뒤 오린다. 이때 각각의 가치에 어울리는 간단한 그림을 그려 오리면 더 좋다.

② 자신이 중요하다고 생각되는 순위에 따라 일렬로 배열을 한다.

 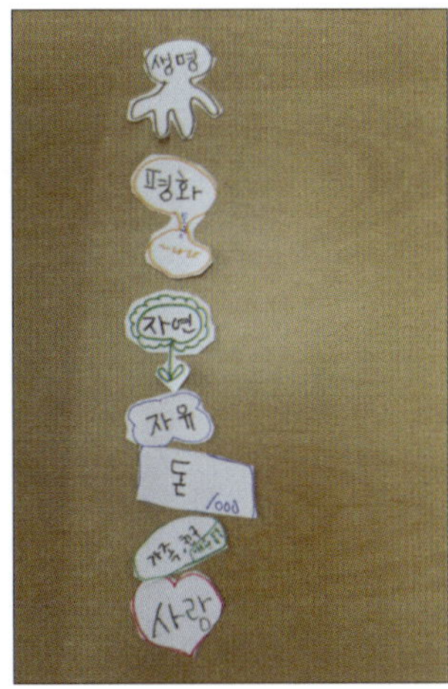

③ 뒤에서부터 하나씩 없애면서 그 가치가 세상에서 사라지면 어떤 일이 일어날지 이야기한다. 이 활동을 통하여 일렬로 배열하는 것은 옳지 않음을 인식시킨다.

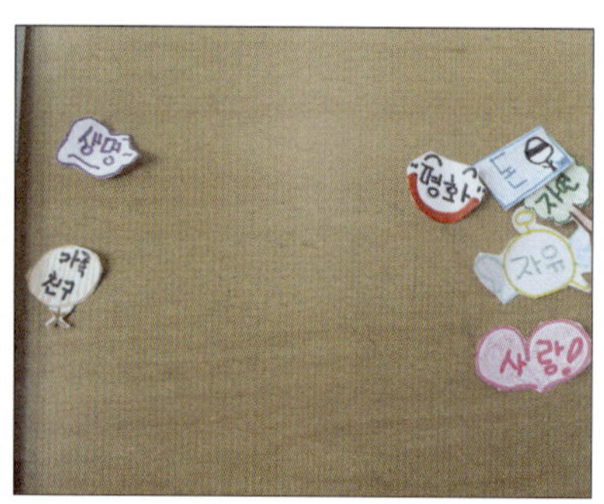

④ 이번에는 원 모양으로 배열을 한다. 이 배열은 적절한지 발표한다.

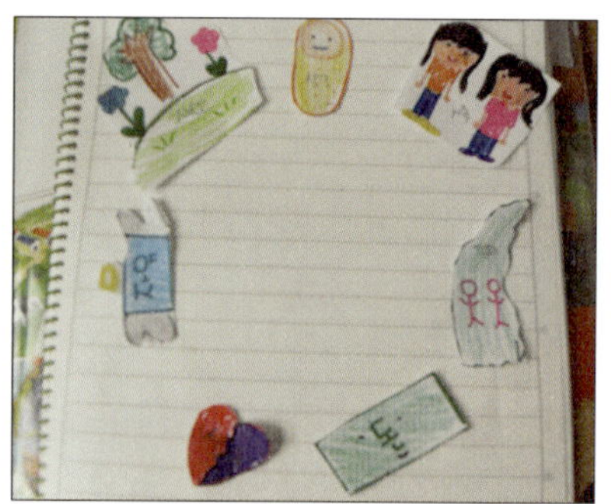

⑤ 자신이 원하는 모양으로 배열을 한 뒤, 그 이유를 쓴다.

부록 _ 37쪽

[심화활동 2] 찾아라! 쏙쏙!

줄거리를 잘 찾기 위하여 중심 생각 찾기 지도를 병행하면 효율적이다. 부록의 학습활동지를 활용한다.

[심화활동 3] 줄거리 예측하기

활동 목적

　들기 전 활동으로 줄거리를 미리 상상하는 예측 전략 중 하나이다. 간단한 이런 활동만으로도 학생들은 제재글에 대한 호기심이 들어 수업에 더 집중할 수 있다. 또한 창의력을 계발하는 데 도움을 준다.

활동 방법

　핵심 단어를 교사가 제공한다. 단어를 연결하여 하나의 줄거리를 완성하여 쓴다. 후에 이야기를 들은 후 다시 고쳐서 줄거리를 최종 완성한다.

부록 _ 38쪽

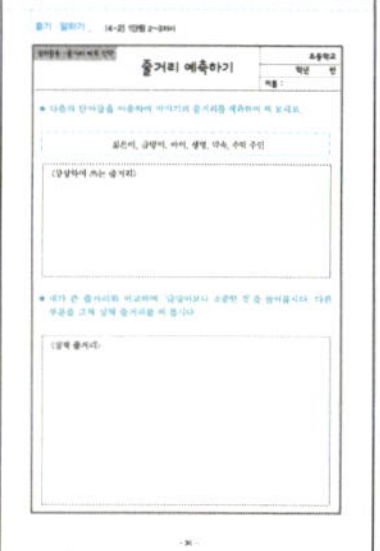

 참고 자료

1. 중심 생각 찾기 지도

　중심 생각이란 필자가 전체 글에서 말하고자 하는 무엇을 말하며, 일반적으로 중심 생각 파악하기는 '문단의 중심 생각 파악하기' 와 '글 전체의 중심 생각 파악하기' 로 나누어진다. 후자의 경우 곧 주제 파악이라고 말할 수 있다.

　중심 생각 파악하기의 원리는 '1. 문단의 구성 원리를 알려준다. 2. 중심 생각이 제시된 위치를 알려준다. 3. 표지어에 주의를 기울이도록 한다. 4. 중요한 내용에 밑줄을 긋거나 문단이나 글 전체에서 관계 잇는 것끼리 서로 연결해 보는 활동을 강조한다. 5. 글 구조도를 만들어 본다.' 같은 것들이 있다.

　구체적인 지도 방법으로 '손 그리기', '중심 생각 수레바퀴' 활동 등이 있다.

　① '손 그리기' 활동

　학습자에게 손의 윤곽을 그리게 하고 손바닥의 가운데에는 '중심 생각' 이라 적고 손가락에는 '세부 사실' 이라 적도록 한다. 그런 후 학습자들은 문단을 읽고, 중심 생각을 선정하여 손바닥에 적고 손가락에는 세부 사항들을 적어간다.

　② '수레바퀴' 활동

　손 그리기 활동과 유사하나 제시되지 않은 중심 생각을 찾기 위한 활동이다. 즉 수레바퀴 살에는 나머지 문장들로 채운 뒤, 중앙에는 세부 사항들이 뒷받침해주는 관계를 파악하여 중심 생각을 적는다.

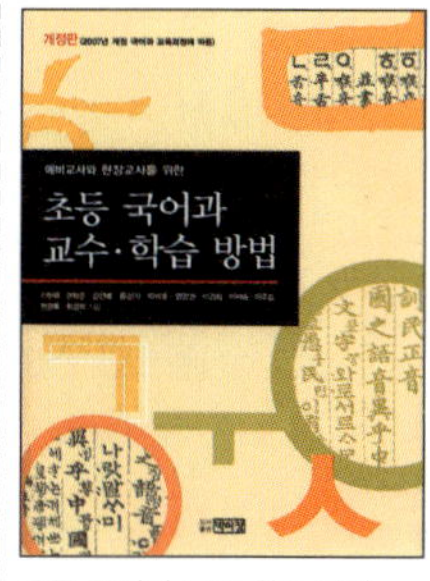

초등 국어과 교수 학습 방법
(신헌재 / 박이정)

이야기 피라미드

이야기 글에 적용하기에 적당하며 이야기 내용을 한 눈에 파악할 수 있고 이야기 구조를 이해하는 데 유용한 방법이다.

1. (　　　)

인물의 이름 (한 단어)

2. (　　　)(　　　)

인물의 성격을 나타내는 두 단어

3. (　　)(　　)(　　)

배경을 나타내는 세 단어

4. (　　)(　　)(　　)(　　)

인물이 겪는 문제점을 나타내는 네 단어

5. (　　)(　　)(　　)(　　)(　　)

하나의 사건을 기술하는 다섯 단어

6. (　　)(　　)(　　)(　　)(　　)(　　)

또 다른 사건을 기술하는 여섯 단어

7. (　　)(　　)(　　)(　　)(　　)(　　)(　　)

주제를 기술하는 일곱 단어

8. (　　)(　　)(　　)(　　)(　　)(　　)(　　)(　　)

문제 해결 과정을 기술하는 여덟 단어

이런 책도 있어요

중학년에서 이야기의 주제를 파악하는 활동을 할 때 인물과 사건의 구성 요소가 분명하고 사건이 비교적 순차적으로 진행되며 주제가 선명한 이야기를 선정하여 지도해야 한다. 대부분의 옛이야기는 이러한 조건들을 만족한다. 출판사마다 옛이야기 시리즈가 많이 나오는 데 그 중 몇 가지만 소개하겠다.

■ 시공주니어, 네버랜드 옛이야기 그림책 시리즈

우리 옛이야기 30권, 세계 옛이야기 20권으로 이루어져 있다. 신화와 전설이 아닌 민담을 위주로 줄거리를 훼손하지 않으면서 옛이야기의 원형을 최대한 살리기 위하여 노력한 것이 보인다. 입말체를 사용하고 말의 반복을 살려 옛이야기만의 특성과 재미를 느낄 수 있다. 이 시리즈의 장점은 책마다 맨 뒷장에 책에 대한 해석이 있어 각 이야기에 대한 배경과 시대상을 이해하는 데 도움을 준다.

■ 보리, 옛이야기 보따리 시리즈

보리출판사에 나온 옛이야기 시리즈 중 서정오 선생님이 소개하신 시리즈가 추천할만 하다. 총 10권으로 아이들 눈높이에 잘 맞고, 말투를 살려 구수하고 맛깔스럽게 문장처리가 되어 있다. 서정오 선생님은 입말을 살려 '들려주는 문학'으로서 옛이야기를 살린 작가라는 평가를 받았으며, 교육현장에 있었던 경험을 바탕으로 여러 출판사에서 옛이야기 시리즈를 많이 썼다.

■ 웅진, 호롱불 옛이야기 시리즈

이야기의 구성이 기존에 알려진 이야기의 앞이나 뒤 부분을 더 발굴하여 흥미롭게 되어 있고 원본에 충실하다. 부모 길잡이 책이 있어 좀 더 효과적으로 지도할 수 있는 장점이 있다. 또한 CD자료가 입말체를 생생하게 구현하였고 수묵화의 느낌을 아주 다채롭게 살렸다. 다만 책의 내용이나 그림이 저학년에게는 어울리지 않을 수 있다.

■ 보림, 옛이야기 까치호랑이 시리즈

우리 민족의 다양한 감정과 가치관, 해학과 풍자, 삶의 교훈 등을 상상력을 키울 수 있도록 구성되어 있다. 다만 전통적인 느낌을 주는 화법에만 머무르지 않고 동양화, 수채화, 입체 일러스트, 페이퍼 컷 등 다양한 표현 기법으로 우리 정서를 담고 있다.

덕진 다리

 학습개요

1	이야기의 주제에 대하여 알아봅시다.
2 ~ 3	이야기를 듣고 주제를 파악하는 방법을 알아봅시다.
4	이야기를 듣고 주제를 파악하여 봅시다.
5 ~ 6	주제를 파악하며 이야기를 들어 봅시다.

동기유발	★ '저승사자' 브레인스토밍
	★ 숨겨진 단어를 찾아라!
	★ 제목만 봐도 난 알아!

↓

| 학습문제 제시 | 이야기를 듣고 주제를 파악하여 봅시다. |

↓

활동	★ 사건 징검다리 (내용 파악하기)
	★ 주제 찾기
	♥ 표어 만들기

↓

| 정리 | ♥ 나는야 주제 찾기 왕! |
| | ♥ '덕진 다리' 다시 듣기 |

[심화활동 1] 광고 보고 주제 찾기

[심화활동 2] 나의 저승창고 엿보기

[심화활동 3] 나만의 이야기

♥ 교과서 관련 활동 / ★ 추가 제시 활동

 수업활동

[동기유발 1] '저승사자' 브레인스토밍

활동 목적

제재글에 나오는 저승사자에 대한 브레인스토밍을 통하여 호기심을 유발하고, 수업의 집중력을 높인다.

활동 방법

포스트 잇을 하나씩 나누어 준 뒤 저승사자 단어만 듣고 떠오르는 것을 그림이나 글로 표현한 뒤, 모두 모아서 붙인다.

여기서 잠깐

① 나무 모양의 종이에 과일 모양의 종이를 붙이는 브레인스토밍 전용판을 만들면 1년 내내 유용하다.

② 떠오르는 것을 동작으로 표현하는 활동으로 대체할 수도 있다. 재료 준비하는 시간을 절약할 수 있다.

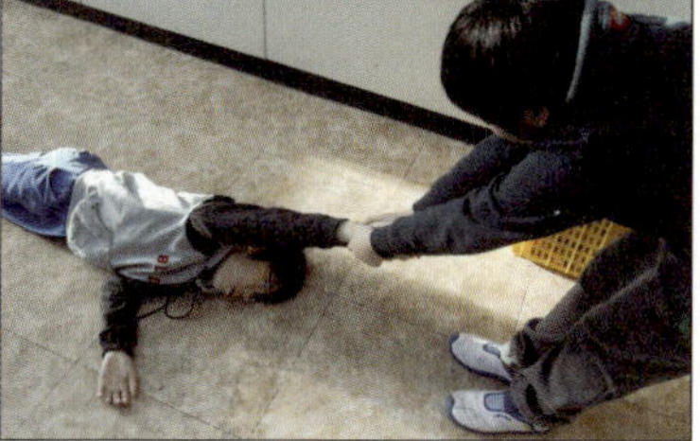

염라대왕에게 끌려가는 모습을 표현

[동기유발 2-1] 숨겨진 단어를 찾아라!

활동 목적

간단한 게임을 통하여 제재글의 중심소재 및 제목을 이끌어내어 학습에 대한 흥미를 높인다.

플래시 프로그램을 이용하여 섞여진 글자 속에서 '덕진 다리'를 찾아낸다.

교과서를 펼치기 전에 게임을 진행하여야 한다.

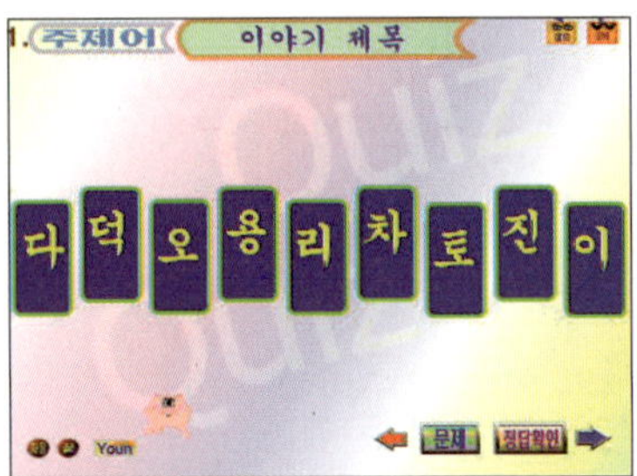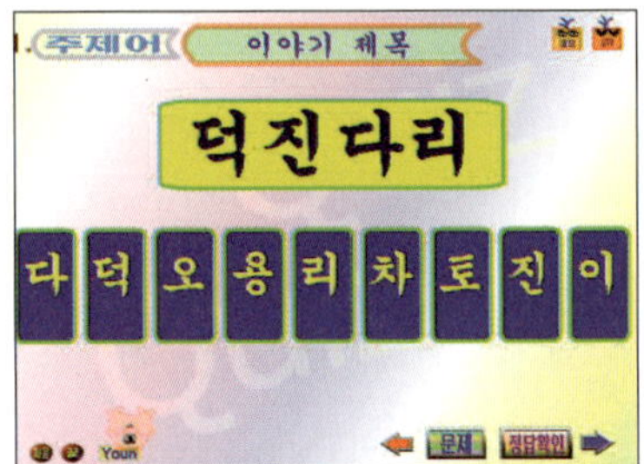

[동기유발 2-2] 숨겨진 단어를 찾아라!

TV 예능프로그램에서 하고 있는 퀴즈 형식을 차용하였다. 단어 중 한 음절을 빈 칸으로 제시한다. 그 빈 칸에 들어가는 단어를 이어서 이야기하면 '덕진 다리'가 되도록 한다.

? 수궁	덕
? 수성찬	진
사 ? 리	다
개나 ?	리

PPT 자료로 제시를 하는 것이 좋으나, 준비가 되지 않을 경우 판서도 가능하다.

[동기유발 3] 제목만 봐도 난 알아!

제목을 통한 예측하기 활동을 하여 학습에 대한 집중도를 높인다.

제목인 '덕진 다리'를 말해 준 뒤 어떤 내용일지 줄거리를 발표하게 한다.

[학습문제 제시]
이야기를 듣고 주제를 파악하여 봅시다.

[활동 1] 사건 징검다리 (내용 파악하기)

활동 목적

내용 파악을 제대로 했는지 점검을 하는 동시에 사건의 흐름을 이해하기 위한 것이다. 이 놀이를 통해 사건의 전개 과정을 파악하여 내용에 대한 이해를 높이고, 주제를 찾는데 도움을 주도록 한다.

활동 방법

학습활동지를 이용한다. 1번부터 출발하여 사건의 전개 순서대로 건너간다. 다 건너 뒤, 괄호 안에 자신이 건넌 징검다리의 번호를 순서대로 쓴다.

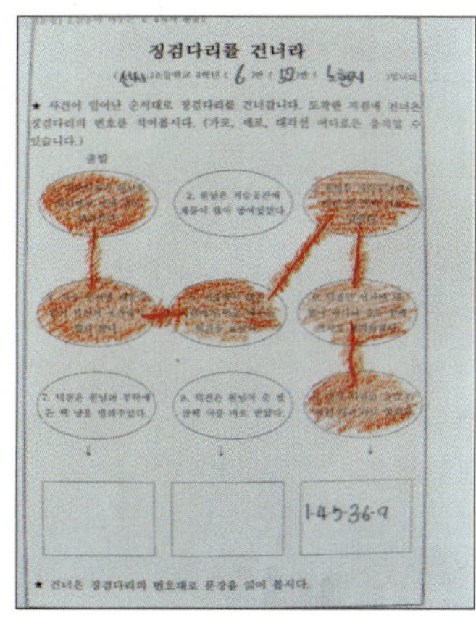

[활동 2-1] 주제 찾기 ①

활동 목적

전 차시까지 학습한 내용은 줄거리를 찾은 뒤, 기억에 남는 인물의 말과 행동에서 주제를 찾는 것이다. 이야기 자료의 분량이 많고 줄거리 및 인물의 말과 행동을 파악하기 쉽지 않으므로 이를 보완할 수 있는 학습 활동 자료를 활용한다.

활동 방법

① 학습활동지의 삽화를 보고 핵심 단어를 찾아본다.

② 핵심 단어를 이용하여 삽화의 내용을 한 문장으로 간추려 쓴다.

③ 삽화의 말 풍선과 빈칸에 등장인물의 말과 행동을 쓴다.

④ 한 문장으로 쓴 내용과 등장인물의 말과 행동을 연결하여 전체 이야기의 내용을 간추려 말한다.

⑤ 「덕진 다리」의 주제를 찾고 발표해 본다.

여기서 잠깐

주인공을 누구를 택하냐에 따라 주제가 달라짐을 인식시킨다.

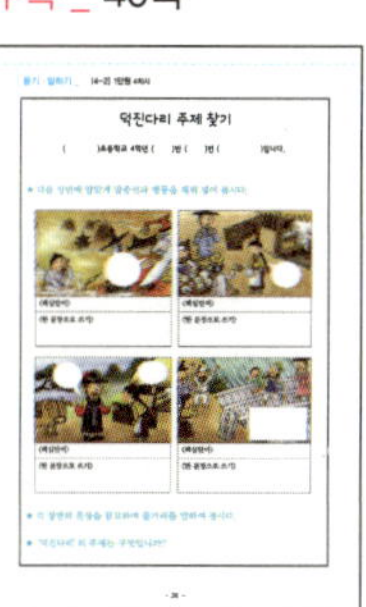

활동 목적

이야기의 주제를 모둠원이 함께 협동하여 찾는 활동이다. 줄거리나 인물의 말, 행동이 잘 기억나지 않을 때 모둠원끼리 서로 도울 수 있고 주제에 대해 함께 의논할 수 있다.

활동 방법

① 모둠원이 돌아가며 한 문장씩 이어쓰기를 하여 줄거리를 완성한다.

② 기억 남는 장면에 밑줄을 긋는다.

③ 밑줄 그은 장면에서 해당하는 인물의 말과 행동을 다른 종이에 써서 붙인다.

④ 쓴 내용을 바탕으로 주제를 찾는다.

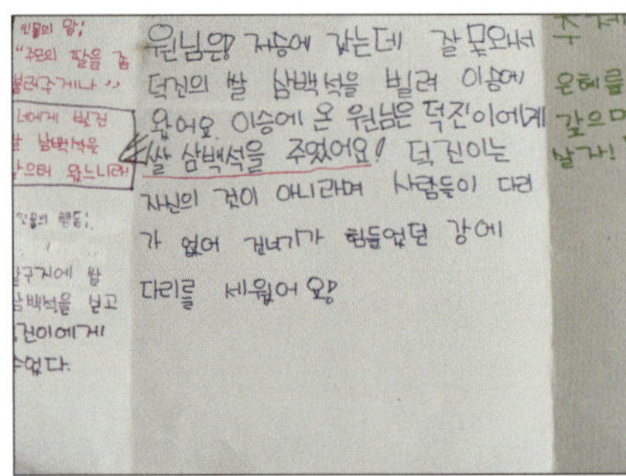
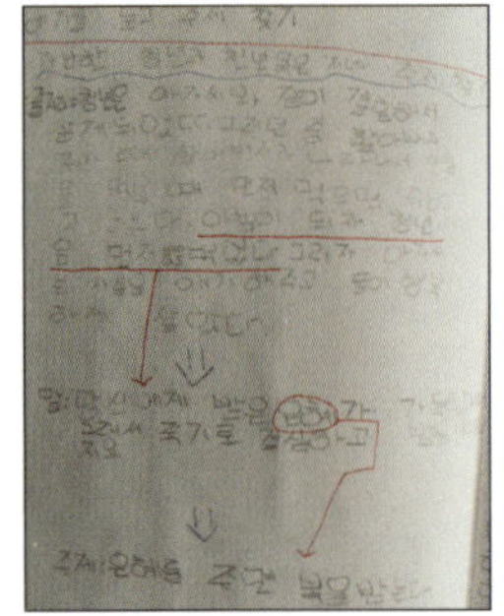

[활동 3] 표어 만들기

활동 목적

주제를 내면화시키기 위한 활동이면서 주제를 조금 더 오래 기억에 남도록 하는 방안이다.

활동 방법

알맞은 주제를 찾은 뒤, 주제가 가장 잘 드러나게 표어를 만든다.

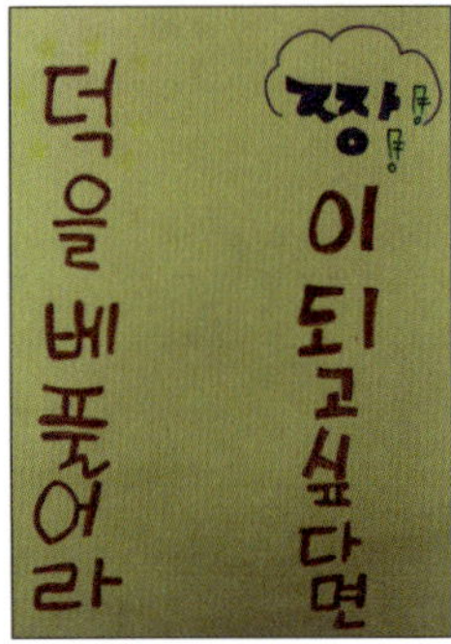

부록 _ 41쪽

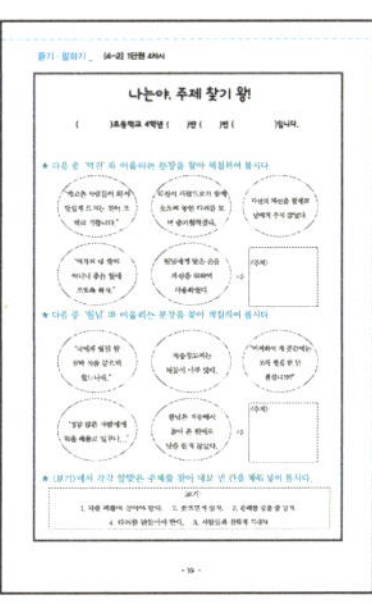

[정리 1] 나는야, 주제 찾기 왕!

활동 목적

같은 이야기라도 어떤 일물에 초점을 맞추느냐에 따라 주제가 달라질 수 있음을 아는 활동이다.

활동 방법

학습활동지에서 각 인물에 맞는 말과 행동을 찾고 중심 인물에 따른 주제의 차이를 비교해 본다.

[정리 2] '덕진 다리' 다시 듣기

활동 목적

오늘 배운 내용을 복습하며 자연스럽게 내면화할 수 있는 시간을 제공한다.

활동 방법

이야기의 줄거리, 등장인물의 말과 행동, 주제를 상기하며 다시 듣는다.

 **이런 활동도 있어요**

[심화활동 1] 광고 보고 주제 찾기

활동 목적

우리 일상 생활에서 주제를 찾으며 주의 깊게 봐야 하는 것이 많음을 깨닫는 한편, 다양한 경험을 통하여 주제 찾기에 익숙해질 수 있도록 한다.

활동 방법

공익 광고와 같이 주제가 분명하게 드러나는 것을 보여준다. 광고에서 인상 깊은 장면이나 대사(나레이션) 등에 대해 이야기 나눈 뒤, 그 광고의 주제를 찾는다.

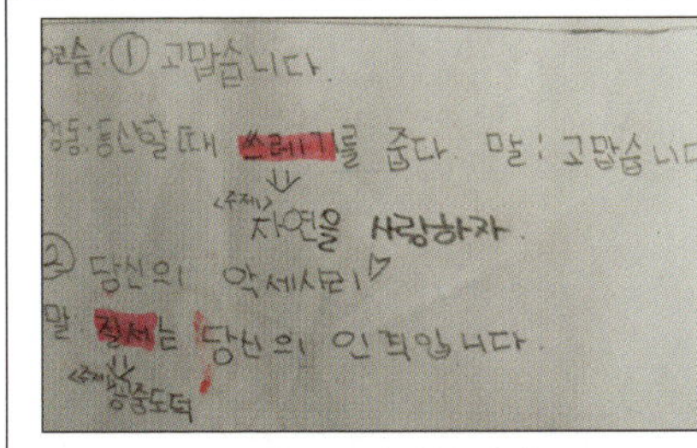

공익광고 중 '고맙습니다'

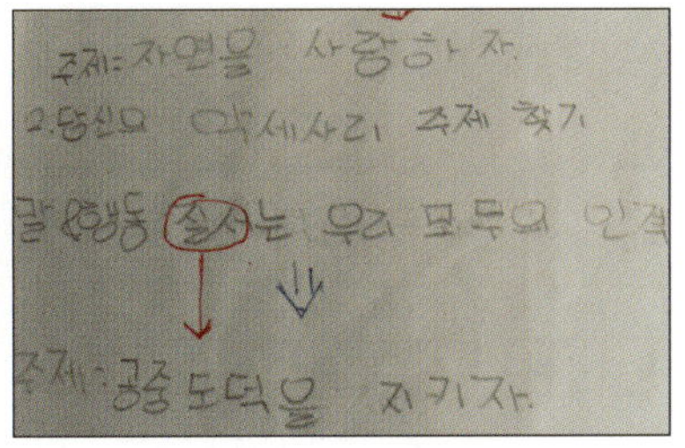

'당신의 액세서리' 편을 본 뒤

부록 _ 42쪽

[심화활동 2] 나의 저승창고 엿보기

활동 목적

제재글과 관련하여 자신의 삶을 생각해보는 시간을 갖는다.

활동 방법

지금 내가 저승을 갈 수 있다면 나의 저승창고에는 무엇이 있을지 생각해 본다. 간단하게 발표만 할 수도 있고, 필요시 학습활동지를 이용하면 된다.

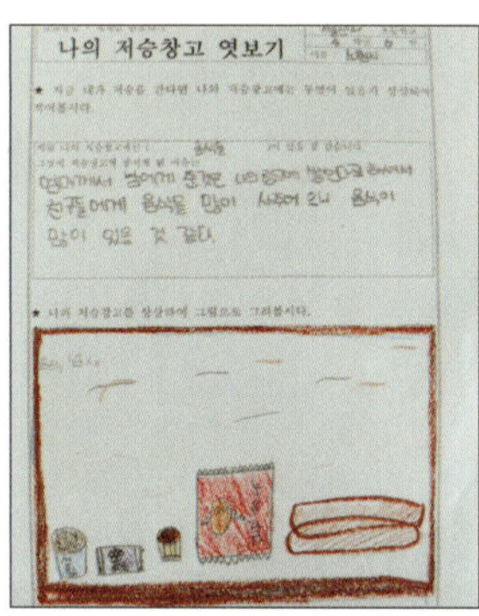

부록 _ 43쪽

[심화활동 3] 나만의 이야기

활동 목적

이야기에 대한 다각적인 분석과 이해력을 바탕으로 한다. 상상력을 발휘하여 부분적인 창작 활동을 해 보도록 한다.

활동 방법

'원님이 저승에서 돌아온 뒤 약속을 지키지 않고 덕진에게 돈을 갚지 않는다면?' 이란 물음으로 이야기를 만들어낸다. 학습활동지를 이용한다.

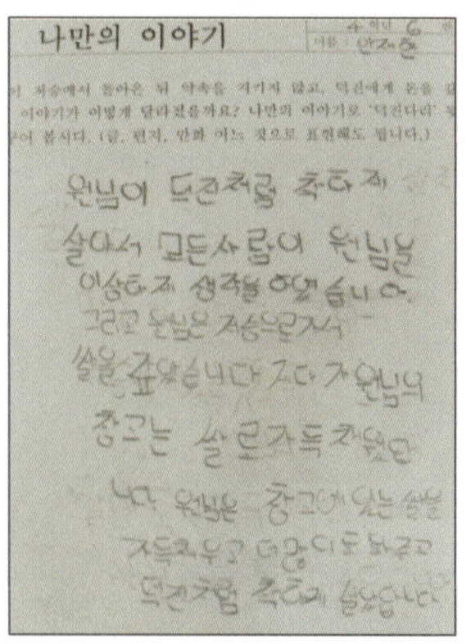

저승에 있는 곳간
(서정오 홍우정 / 한림출판사)

한림출판사 옛이야기 시리즈에 속해 있는 책 중에 하나이다. 등장인물들의 표정 삽화가 세밀하고 친근감 있게 표현되었다.

이야기 듣기

 학습개요

1	이야기의 주제에 대하여 알아봅시다.
2 ~ 3	이야기를 듣고 주제를 파악하는 방법을 알아봅시다.
4	이야기를 듣고 주제를 파악하여 봅시다.
5 ~ 6	**주제를 파악하며 이야기를 들어 봅시다.**

| 동기유발 | ★ 아이엠그라운드 게임하기
 ★ 공통점을 찾아라! |

⬇

| 학습문제 제시 | 주제를 파악하며 이야기를 들어 봅시다. |

⬇

| 활동 | ★ 주제 찾기
 ★ 그림으로 나타내는 주제
 ★ 내 맘대로 쓰는 이야기
 ★ 낚시퀴즈! |

⬇

| 정리 | ★ 자기평가 및 상호평가 |

[심화활동 1] 도서관 수업하기
[심화활동 2] 나는 동화작가

♥ 교과서 관련 활동 / ★ 추가 제시 활동

[동기유발 1] 아이엠그라운드 게임하기

활동 목적

많은 이야기를 생각해내는 것이 핵심이다. 게임 활동을 통해 친구들에게 어떤 이야기를 들려줄 것인지 상기시키게 된다.

활동 방법

4박자 박수리듬(무릎 – 손뼉치기 – 왼쪽 엄지 – 오른쪽 엄지)에 맞추어 '이야기 제목 이름대기'로 게임을 진행하면 된다.

여기서 잠깐

빙고 게임으로 바꾸어 진행할 수도 있다.

[동기유발 2] 공통점을 찾아라!

활동 목적

선수학습 확인을 하는 것이 가장 큰 목적이다. 뿐만 아니라 본 차시에서 이야기를 떠올려 친구들에게 들려주어야 하므로, 여러 이야기의 제목을 상기 할 수 있는 활동이 필요하다.

활동 방법

주제가 같은 이야기 2~3개를 주고 공통점이 무엇인지 물어 본다.

(예) · 혹부리영감, 흥부놀부 – 욕심을 부리지 말자

· 신데렐라, 콩쥐팥쥐 – 착하게 살자

[학습문제 제시]
주제를 파악하며 이야기를 들어 봅시다.

[활동 1] 주제 찾기

활동 목적

같은 이야기이지만 주제가 달라질 수 있으며, 그 까닭이 무엇인지 확실하게 이해하는 활동이다.

활동 방법

① 같은 이야기를 듣고 교과서 19쪽을 참고하여 주제를 찾는다.

② 비슷한 주제를 쓴 친구들끼리 모여 주제를 찾게 된 과정을 이야기 나눈다.

③ 그 과정에서 주요 인물을 누구를 택했는지가 중요하다는 것을 발견하게 한다.

④ 다른 주제를 쓴 친구들끼리 모둠 구성을 새로 하여 이야기의 주제에 대하여 이야기를 나눈다.

⑤ 주제를 바꾼다면 어떤 것으로 하면 좋을지 까닭을 생각하여 보고, 마음에 드는 주제에 스티커를 준다.

여기서 잠깐

5번 활동을 하게 될 경우 상호평가가 가능하다.

부록 _ 44쪽

[활동 2] 그림으로 나타내는 주제

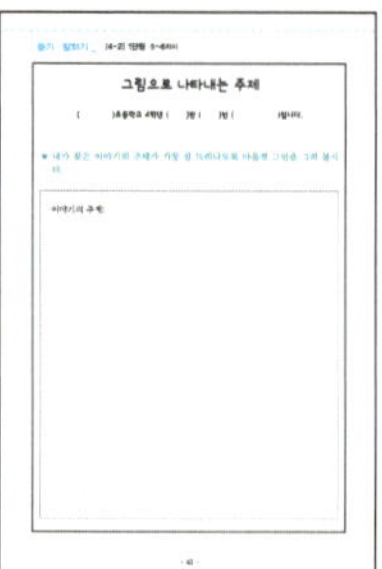

활동 목적

주제를 한 문장으로 나타내는 것에 대한 부담감을 줄이고, 다양한 방법으로 표현할 수 있다는 것을 깨닫게 하는 활동이다. 교과서 삽화를 따라 그리는 것이 아니라 주제를 글이 아닌 그림으로 표현하는 것이다.

활동 방법

학습활동지를 이용하여 내가 친구에게 들은 이야기를 바탕으로 주제가 가장 잘 드러나게 그린다.

여기서 잠깐

① 그림 대신 동시 짓기와 같은 활동을 할 수도 있다.

② 미술시간이 아니므로 색칠하는 데 중점을 두지 않는다.

부록 _ 45쪽

[활동 3] 내 맘대로 쓰는 이야기

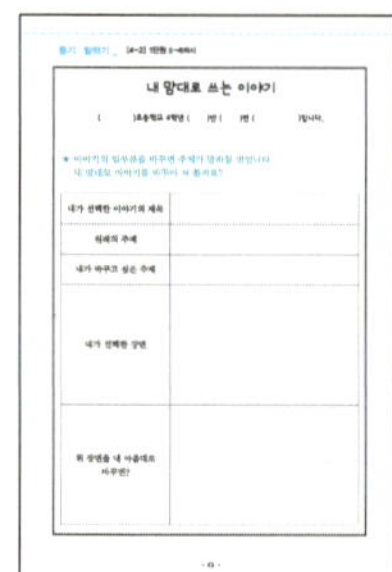

활동 목적

주어진 이야기를 듣고 주제를 찾아내는 게 핵심이었다면 이번 활동은 반대로 해 보는 것이다. 다만 처음부터 다 이야기를 지어서 쓰는 것은 시간이 오래 걸리고 오히려 부담이 될 수 있으므로 일부분만 바꾸어 쓰는 것이다. 이를 통하여 주제에 대하여 얼마나 이해를 했는지도 평가할 수 있다.

활동 방법

〈내 마음대로 이야기 바꿔쓰기〉

① 내가 알고 있는 이야기 중 하나 선택하기

② 원래의 주제를 한 문장으로 써 보기

③ 주제를 어떻게 바꾸고 싶은지 생각하기

④ 원래의 주제와 관련이 있는 이야기의 한 장면 요약하기

⑤ '④' 의 장면을 새로 바꾼 주제에 맞게 고쳐쓰기

[활동 4] 낚시퀴즈!

활동 목적

'주제'에 대한 명확한 개념을 확립하고 정리하는 시간이 되도록 한다. 지금까지 배운 내용을 바탕으로 자신이 읽었던 책들의 주제에 대하여 생각해보는 계기를 마련해 줄 수 있다.

활동 방법

각각 자신이 읽었던 책 중 하나를 골라 종이에 주제를 적는다. 그 종이를 바구니에 넣고 낚시를 하듯 하나를 고른다. 이 주제를 가진 책 제목을 알아맞히면 된다. 주제를 써서 넣을 때 너무 알려지지 않은 책은 피하도록 한다.

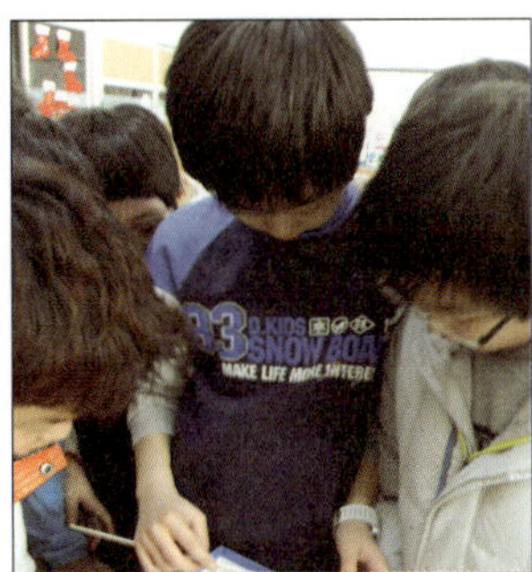

[정리] 자기평가 및 상호평가

활동 목적

이 단원의 학습을 통해 주제를 잘 찾을 수 있었는지 평가해보는 시간을 갖고, 학습 목표 도달을 확인하도록 한다.

- 이야기를 듣고 줄거리를 잘 간추릴 수 있었나요?
- 이야기를 듣고 등장인물이 한 말과 행동을 찾을 수 있었나요?
- 이야기의 줄거리와 등장인물의 말과 행동을 바탕으로 주제를 찾을 수 있었나요?

 이런 활동도 있어요

[심화활동 1] 도서관 수업하기

도서관에서 여러 가지의 이야기를 찾아 읽고, 같은 주제의 책끼리 분류해 보도록 한다. (마인드맵이나 메이킹북 활동을 함께 한다.)

[심화활동 2] 나는 동화작가

  주제를 학생들에게 제시한다. 그 주제가 가장 잘 드러나는 이야기를 꾸미도록 한다. 이야기로 꾸미는 것이 부담이 된다고 느낄 경우, 학생들이 쉽다고 느끼는 만화그리기 활동 등으로 대체하여도 좋겠다. 더 큰 효과를 원한다면 미리 주제를 정하여 그에 걸맞는 간단한 그림책이나 애니메이션을 보여주어 동기화시키도록 한다. 학습자의 수준에 따라 활동 전 미리 보여주는 것보다 활동이 끝난 후 보여주는 것이 효율적일 수 있다.

참고자료

분류	책이름	지은이	출판사
친구문제 (집단따돌림)	학교 가기 싫어요	고정욱	느낌표
	내 짝꿍 최영대	채인선	재미마주
	문제아	박기범	창작과 비평사
외모에 대한 열등감 극복	종이봉지공주	로버트 먼치	비룡소
	가방 들어주는 아이	고정욱	사계절
	암소 로자의 살빼기 작전	크리스텔 데무아노	사계절
가족 사랑	아주 특별한 우리 형	고정욱	대교출판
	오른발 왼발	토미 드 파올라	비룡소
자존감과 정체성	틀려도 괜찮아	마키타 신지	토토북
	마당을 나온 암탉	황선미	사계절
	행복한 청소부	모니카 페트	풀빛
	날고싶지 않은 독수리	제임스 애그레이	풀빛
협동심	무지개 물고기	마르쿠스 피스터	시공주니어
	손 큰 할머니의 만두 만들기	이억배, 채인선	재미마주
	개구리네 한솥밥	백석	보림

이런 책도 있어요

  참고 자료에 소개한 책 중 주제가 명확하게 잘 드러나고 수업 시간에 활용하기 좋은 책을 소개한다.

 **내 짝궁 최영대** (채인선 / 재미마주)	엄마가 없어 더럽고 지저분하며 말까지 없어 반 친구들에게 따돌림을 당하는 주인공을 통하여 우리 사회에서 큰 문제거리가 되고 있는 따돌림에 대한 생각을 할 수 있도록 하는 작품이다.
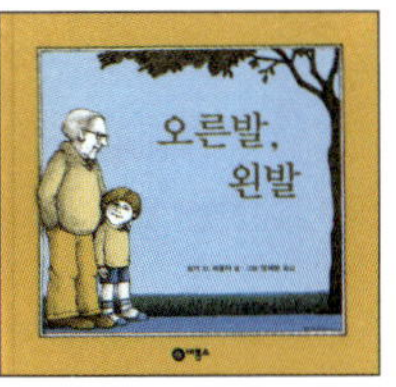 **오른발 왼발** (토미드파올라 / 비룡소)	병에 걸린 할아버지를 손자가 보살펴주는 내용을 통하여 가족간의 따뜻한 사랑을 보여준다. 이야기 구조가 단순하지만 따뜻한 느낌의 삽화와 간결한 묘사로 주제를 충분하게 보여주고 있다.
 **마당을 나온 암탉** (황선미 / 사계절)	주인공이 자신이 지닌 꿈을 위하여 불안한 현실을 꿋꿋하게 이겨내가는 과정을 보여주고 있다. 자존감과 정체성이라는 기본 주제와 더불어 인생을 어떻게 살아야 하는지, 삶과 죽음까지도 아우르는 폭넓은 주제를 담고 있다. 최근 애니메이션으로도 제작되어 학생들에게 원작과 비교하는 재미도 줄 수 있다.

감동이 머무는 곳

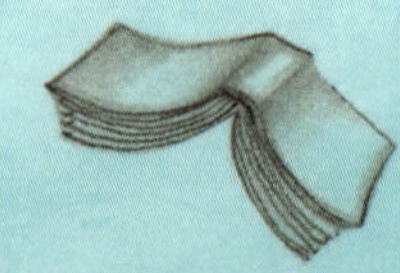

이 시의 분위기는 정말 포근해.
엄마와 아기가 등장하는 이야기는 시와 어떤 점이 다를까?
시의 분위기와 이야기의 구성 요소를 생각하며 읽어 봅시다.

🏫 단원 소개

　본 단원은 문학 작품의 전체적인 분위기나 구조를 파악하고 작품에 대한 이해를 높여, 시나 이야기와 같은 문학 작품의 수용 능력을 향상시키는데 목적이 있다. 문학 작품을 제대로 수용하고 감상하기 위해서는 문학 작품의 장르적 특성을 나타내는 문학적 장치, 즉 문학적 지식에 대한 이해가 필요하다. 시에 대한 기초적인 문학적 지식은 운율과 이미지이고, 이야기에 대한 기초적인 문학적 지식은 배경, 인물, 사건이다. 이 단원은 이들 요소를 통하여 어떻게 작품을 이해할 것이지를 파악하는 데 지도의 중점을 둔다.

　이 단원은 이러한 성취 목표를 통하여 학생들로 하여금 일상에서 쉽게 접할 수 있는 이야기나 좋아하는 시를 찾아 읽게 하고, 읽은 작품에 대하여 의사소통 활동을 하는 데 도움을 주어 문학 작품의 수용 및 감상 능력을 기르게 한다.

🏫 제재 분석

　이 단원의 제재는 시 3편 「가을 그림 그리기」, 「걱정 마」, 「바다」와 창작 동화 『고양이야, 미안해!』이다.

　「가을 그림 그리기」는 계절의 변화에 따른 자연의 변화와 아름다움을 정서적으로 느낄 수 있으며 시각적 이미지의 시어를 통해 한 폭의 그림과 같은 이미지를 연상하기에 좋은 시이다.

　「걱정 마」는 다문화 가정을 소재로 한 시로 1, 2, 3연에서 묘사되고 있는 외국인 엄마는 6연에서 묘사되고 있는 아카시나무, 달맞이꽃, 개망초와 같은 이미지로 비추어지고 있으며 이 땅에 뿌리 내리고 적응해 온 우리의 꽃임을 암시하고 있다. 이러한 시적 암시는 다문화 가정이 우리 사회에 뿌리를 내리고 함께 살아가야하는 정겨운 이웃이라는 주제 의식을 나타낸다.

　「바다」는 바다의 이미지를 엄마나 아빠의 모습에 빗대어 표현하고 있다. 바다의 이미지를 재발견하고 시의 분위기를 시각적으로 형상화하여 표현하는 활동을 이끌어 낸 후 느낌을 살려 낭송하도록 한다.

　『고양이야, 미안해!』는 길에 버려진 아기 고양이를 보고 갈등하는 어린 소녀의 모습을 현실감 있게 잘 표현한 단편 동화이다. 이야기 속에서 배경, 인물 요소가 어떻게 바뀌는지 찾고 사건을 간추리는 활동을 하며 작품을 이해하도록 한다.

교과서 단원 구성

차시	교과서 쪽수	차시 문제	교과서 학습활동
1	읽기 5~7	시를 읽으며 느껴지는 분위기에 대하여 알아봅시다.	1. 시의 분위기를 느끼며 「가을 그림 그리기」를 읽어 봅시다. 2. 「가을 그림 그리기」를 읽고 느껴지는 분위기 알아봅시다. 3. 가을의 분위기를 살려 「가을 그림 그리기」를 다시 읽어 봅시다.
2	읽기 8~9	분위기를 살려 시를 읽어 봅시다.	1. 분위기를 느끼며 「걱정 마」를 읽어 봅시다. 2. 「걱정 마」를 읽고 물음에 답하여 봅시다. 3. 시의 분위기에 알맞게 「걱정 마」를 낭송하여 봅시다.
3	읽기 10~11	시를 읽고 느껴지는 분위기를 표현하여 봅시다.	1. 분위기를 어떻게 표현할지 생각하며 「바다」를 읽어 봅시다. 2. 「바다」를 읽고 물음에 답하여 봅시다. 3. 「바다」를 다시 읽고 시의 분위기에 알맞게 표현하여 봅시다. 4. 「바다」를 읽고 분위기에 알맞게 그림으로 표현하여 봅시다. 그리고 친구들 앞에서 낭송하여 봅시다.
4	읽기 12~15	이야기의 구성 요소에 대하여 알아봅시다.	1. 언제, 어디에서, 누가 어떤 일을 겪었는지 생각하며 「고양이야, 미안해」를 읽어 봅시다. 2. 「고양이야, 미안해」를 읽고 〈보기〉에서 알맞은 말을 골라 이야기를 완성하여 봅시다. 3. 이야기를 구성하는 요소가 무엇인지 알아봅시다.
5~6	읽기 16~23	이야기의 구성 요소를 생각하며 글을 읽어 봅시다.	1. 은선이가 어디서 누구를 만나 어떤 일이 벌어지는지 살펴보며 「고양이야, 미안해」를 계속 읽어 봅시다. 2. 「고양이야, 미안해」를 읽고 물음에 답하며 봅시다. 3. 「고양이야, 미안해」에서 배경, 인물, 사건을 정리하고 이야기를 간추려 봅시다.

가을 그림 그리기

학습개요

1	시를 읽으며 느껴지는 분위기에 대하여 알아봅시다.
2	분위기를 살려 시를 읽어 봅시다.
3	시를 읽고 느껴지는 분위기를 표현하여 봅시다.
4	이야기의 구성 요소에 대하여 알아봅시다.
5 ～ 6	이야기의 구성 요소를 생각하며 글을 읽어 봅시다.

동기유발	♥ '가을' 하면 떠오르는 것을 오감으로 표현하기

⬇

학습문제 제시	시를 읽으며 느껴지는 분위기에 대하여 알아봅시다.

⬇

활동	♥ 시 읽어 보기 – 따라 읽기, 점층적으로 읽기 ★ 시를 읽고 느껴지는 분위기 표현하기 ★ 분위기를 살려 시 읽기

⬇

정리	★ 시의 분위기를 어떻게 알 수 있는지 정리하기

♥ 교과서 관련 활동 / ★ 추가 제시 활동

수업활동

[동기유발] '가을' 하면 떠오르는 것을 오감으로 표현하기

활동 목적

시의 제재인 '가을'에 대해 떠오르는 시각적, 청각적, 촉각적, 미각적, 후각적 이미지를 표현해 봄으로써 분위기에 대하여 체험하도록 한다.

활동 방법

'가을'에 대하여 떠오르는 것들을 생각해 봅시다.

① 떠오르는 사물이나 장면을 몸짓이나 말로 표현해 봅시다.

- 노랗게 빨갛게 든 단풍, 가을하늘, 허수아비, 황금 들녘 등

② 떠오르는 소리를 직접 표현해 봅시다.

- 익은 벼가 바람에 흔들리는 소리, 참새 쫓아내는 소리 등

③ 떠오르는 냄새를 표정이나 말로 표현해 봅시다.

- 과일의 달콤한 향기, 햇곡식으로 지은 밥 냄새 등

④ 떠오르는 촉감을 몸짓이나 말로 표현해 봅시다.

- 선선한 가을 바람, 햇과일의 촉감, 밤송이의 촉감 등

⑤ 떠오르는 맛을 표정이나 말로 표현해 봅시다.

- 햇과일, 햇곡식의 맛 등

[학습문제 제시]

시를 읽으며 느껴지는 분위기에 대하여 알아봅시다.

[활동 1] 시 읽어 보기 – 따라 읽기, 점층적으로 읽기

활동 목적

시 수업에서 필수적인 활동인 시낭송을 역동적으로 구성하여 어린이들이 시에 대한 재미를 느낄 수 있도록 한다.

활동 방법

① 따라 읽기 : 한 명의 어린이가 일어서서 한 연씩 읽으면 나머지 어린이들이 따라 읽는 방법

② 점층으로 읽기 : 분단 또는 모둠별로 첫 번째 연은 1분단이, 두 번째 연은 1분단과 2분단이, 세 번째 연은 1분단과 2분단과 3분단이 함께 소리가 점층적으로 커지도록 낭송하는 방법

[활동 2] 시를 읽고 느껴지는 분위기 표현하기

　시를 읽고 난 후 떠오르는 장면이나 느낌을 색깔이나 몸짓, 언어로 표현해 봄으로써 시의 분위기를 익히도록 한다.

활동 방법

　① 색종이 한 벌을 준비하고 시와 비슷한 느낌의 색깔 고르고 이유 말하기

　② 시를 읽고 떠오르는 장면이나 느낌을 몸짓으로 나타내기

　③ 시를 읽고 떠오르는 장면이나 느낌을 말로 표현하기

[활동 3] 분위기를 살려 시 읽기

준비물 _ 봄, 여름, 겨울의 분위기
　　　　가 잘 드러난 시

활동 목적

　시의 분위기에 따른 시 낭송의 차이점을 체험하기 위하여 제재인 '가을' 외에 봄, 여름, 겨울의 대표적인 시를 제시하고, 시의 분위기를 살려 읽어보도록 한다.

활동 방법

　① 색 A4용지 두 장을 겹쳐 계단책을 만들고 계절과 관련있는 동시를 적는다.

　② 모둠원끼리 순서를 정하여 계절 동시를 한 편씩 분위기를 살려 읽고 느낌을 나누어본다.

　③ 시의 분위기에 따라 어떻게 읽어야 할지 의논하고 다시 한 번 시낭송을 해 본다.

[정리] 시의 분위기를 어떻게 알 수 있는지 정리하기

활동 목적

학생들과 함께 OX퀴즈를 풀어보면서 시의 분위기와 분위기 표현 방법을 정리한다.

활동 방법

교사가 퀴즈를 내고 학생들은 손짓으로 OX표시를 한다.

〈문제예시〉

– 시의 분위기는 시를 읽고 떠오르는 느낌이다.(O)

– 시의 분위기는 시를 읽고 떠오르는 생각이다.(O)

– 시의 분위기는 글로만 표현할 수 있다.(X)

– 시의 분위기는 여러 가지 방법으로 표현할 수 있다.(O)

걱정 마

학습개요

1	시를 읽으며 느껴지는 분위기에 대하여 알아봅시다.
2	**분위기를 살려 시를 읽어 봅시다.**
3	시를 읽고 느껴지는 분위기를 표현하여 봅시다.
4	이야기의 구성요소에 대하여 알아봅시다.
5～6	이야기의 구성요소를 생각하며 글을 읽어 봅시다.

| 동기유발 | ★ 다문화 가정에 관한 동영상(광고) 보기 |
| | ★ 이사와 전학에 관한 경험 나누기 |

↓

| 학습문제 제시 | 분위기를 살려 시를 읽어 봅시다. |

↓

활동	♥ 활동하며 시 읽기 – 손뼉치며 읽기, 후렴구 만들어 읽기
	★ 시의 분위기를 그림으로 나타내기
	★ 시의 분위기에 알맞게 낭송하기 – 시낭송 대회

↓

| 정리 | ★ 분위기를 살려 낭송하는 방법 알기 |

♥ 교과서 관련 활동 / ★ 추가 제시 활동

수업활동

[동기유발 1] 다문화 가정에 관한 동영상(광고) 보기

활동 목적

우리 주변의 다문화 가정에 대한 관심을 이끌어낸다.

활동 방법

한국방송광고공사(http://www.kobaco.co.kr)사이트에서 다문화 관련 공익광고 감상하고 느낌 나누기

http://www.kobaco.co.kr/businessintro/about/about_tv_detail.asp?adpublic_no=313&page=1&select_year=&select_flag=&Key=다문화

아직 우리글이 서툰 준호 엄마를 위해

날마다 알림장을 읽어주신다는 민지 어머니

당신의 사랑이 있어 준호도 대한민국의 꿈나무로 자랍니다.

"언니, 고마워요"

다문화 사회는 사랑하는 마음도 더 많아지는 사회입니다.

[동기유발 2] 이사와 전학에 관한 경험 나누기

활동 목적

시의 주제는 동네에 새로 이사 온 다문화 가정을 걱정하는 어린이의 마음이다. 읽기 전 활동으로 시의 주제와 관련 있는 경험을 나누어 봄으로써 시 감상 활동을 돕는다.

활동 방법

① 전학을 가거나 새로 이사를 했던 경험을 떠올려 보도록 한다.

② 자신이 전학이나 이사로 인해 느꼈던 힘들었던 점, 전학이나 이사 온 친구를 도왔던 경험을 이야기해 보도록 한다.

[학습문제 제시]

분위기를 살려 시를 읽어 봅시다.

[활동 1] 활동하며 시 읽기 – 손뼉 치며 읽기, 후렴구 만들어 읽기

활동 목적

시를 흥미있게 읽으면서 자연스럽게 내용 파악하도록 활동적으로 시낭송을 해 본다.

활동 방법

① 손뼉 치며 읽기 : 학생과 교사가 협의하여 시의 적당한 부분에 손뼉을 치며 시
낭송을 해 본다. 손뼉은 한 번씩 치기가 익숙해지면 횟수를 융통성 있게 조절하
며 칠 수 있다.

② 후렴구 만들어 읽기 : 시의 제목인 「걱정 마」를 후렴구로 정하여 시의 적당한
부분에 후렴구로 반복해 본다.

[활동 2] 시의 분위기를 그림으로 나타내기

활동 목적

본 차시의 목표인 시의 분위기를 살려 낭송하기 위하여 시의 분위기에 어울리는
그림을 그려봄으로써 시의 분위기 파악에 도움이 되도록 한다.

활동 방법

① A4용지 또는 8절 도화지를 준비하고 시에서 느껴지는 분위기를 다양하게 그림
으로 나타내보도록 한다.

② 그림이 완성되면 친구들 앞에서 설명해보는 시간을 갖는다.

여기서 잠깐

그림 그리기를 부담스러운 학생들은 협
동화 형식으로 그려보도록 하고 그림 그리
는 도구도 학생들이 좋아하는 것으로 다양
하게 사용하도록 한다.

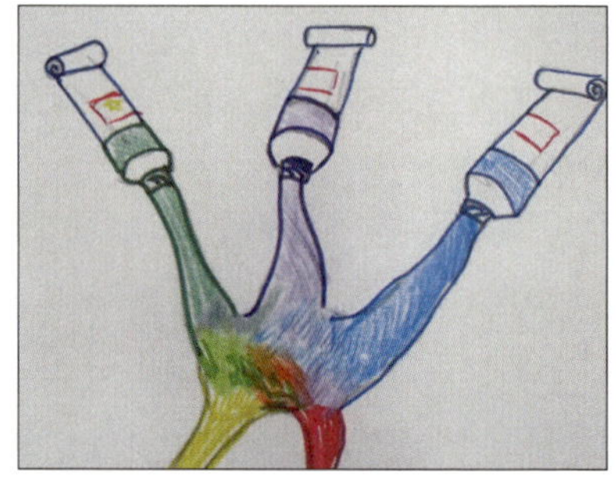

⟨여러 물감이 섞여 하나의 색을 이루듯 각 나라의 친
구들이 모두 어울려야 함을 표현한 학생의 그림⟩

[활동 3] 시의 분위기에 알맞게 낭송하기 – 시낭송 대회

활동 목적

다양한 시의 분위기를 살려 낭송하고 이를 자기·상호평가하는 활동을 통하여 시
낭송하는 방법을 심화한다.

활동 방법

① 가정이나 학교 도서관에서 좋아하는 시 찾기

② 시화 그려보기

③ 분위기를 살려 시낭송을 해보고 시화 전시하기

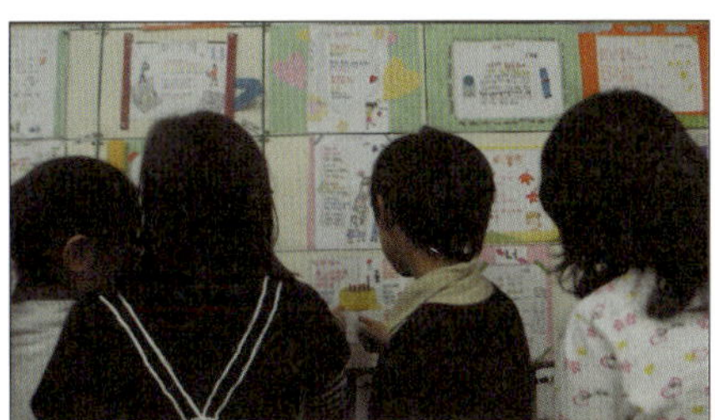

시화 전시 모습

〈상호평가표 예시〉		
		이름 : (　　　　)
평가 내용	친구이름	별점을 줍시다!
• 목소리의 크기가 적당했나요?		☆ ☆ ☆ ☆
		☆ ☆ ☆ ☆
• 빠르기가 적당했나요?		☆ ☆ ☆ ☆
• 시의 분위기를 살려 낭송했나요?		☆ ☆ ☆ ☆

(세 가지를 모두 잘하였으면 별 4개, 두 가지를 잘하였으면 별 3개, 한 가지만 잘 하였으면 별 2개, 기본 참여 점수 별 1개를 색칠하세요.)

[정리] 분위기를 살려 낭송하는 방법 알기

활동 목적

차시 학습 목표와 관련하여 시의 분위기를 살려 낭송하는 방법을 확인한다.

활동 방법

① 교사는 5×5cm정도의 낱말 카드를 모둠별로 나누어준다.

② 학생들은 교사가 준 카드 중에서 시를 분위기를 살려 낭송할 때 생각해야 할 것만 골라서 문장으로 만들어 본다.(모둠별 학습)

〈학생들에게 줄 카드〉

떠오르는 장면	옷차림	나의 생각
노래하듯이	표정	친구의 생각
손짓	느낌	또박또박

바다

 학습개요

1	시를 읽으며 느껴지는 분위기에 대하여 알아봅시다.
2	분위기를 살려 시를 읽어 봅시다.
3	시를 읽고 느껴지는 분위기를 표현하여 봅시다.
4	이야기의 구성 요소에 대하여 알아봅시다.
5 ~ 6	이야기의 구성 요소를 생각하며 글을 읽어 봅시다.

| 동기유발 | ♥ 바다 소리 들려주고 느낌 나누기 |

⬇

| 학습문제 제시 | 시를 읽고 느껴지는 분위기를 표현하여 봅시다. |

⬇

활동	♥ 시 읽어 보기 – 나누어 읽기, 후렴구 반복
	♥ 분위기 표현 방법 의논하기
	♥ 분위기 표현하기 – 그림 그리기, 노래가사 바꾸기, 신체표현하기

⬇

| 정리 | ★ 시의 분위기와 자신의 경험, 다른 작품과 연결짓기 |

♥ 교과서 관련 활동 / ★ 추가 제시 활동

수업활동

[동기유발 1] 바다 소리 들려주고 느낌 나누기

활동 목적

다양한 바다의 소리를 들으며 상황에 따른 바다의 다른 모습을 이해하도록 한다.

활동 방법

인터넷에 '바다 소리'를 검색하여 동영상의 소리만을 들려주고 바다가 어떤 때의 소리인지 알아맞혀보도록 한다.(잔잔할 때의 바다, 거친 바다)

여기서 잠깐

학생들이 다양한 의견을 발표할 수 있도록 허용적인 분위기를 조성한다.

> **[학습문제 제시]**
> 시를 읽고 느껴지는 분위기를 표현하여 봅시다.

[활동 1] 시 읽어 보기 – 나누어 읽기, 후렴구 반복

활동 목적

시를 흥미롭게 읽으면서 자연스럽게 내용 파악하도록 활동적으로 시낭송을 해 본다.

활동 방법

① 나누어 읽기 : 남·녀, 모둠별로 행이나 연으로 시를 나누어 낭송한다.

② 후렴구 반복하여 읽기 : '바다'라는 후렴구를 정하고 나누어 읽는 부분의 끝마다 후렴구로 넣어 낭송한다.

여기서 잠깐

학생들의 생각에 따라 다양한 후렴구를 넣으면 좋다.(철썩, 쏴아~ 등의 의성어, 의태어)

[활동 2] 분위기 표현 방법 의논하기

활동 목적

본 차시의 목표인 시의 분위기를 다양하게 표현하기 위하여 학생들 스스로 표현 방법을 정하도록 한다.

활동 방법

시의 분위기를 표현하는 다양한 방법을 의논하고 모둠끼리 협의하여 정한다.

준비물 _ 바다 소리 음원

[활동 3] 분위기 표현하기 – 그림 그리기, 노래가사 바꾸기, 신체표현하기

활동 목적

　본 차시의 목표인 시의 분위기를 표현하는 다양한 방법을 제시하고 학생들이 모둠끼리 협의하여 정하고 표현한 후 발표하는 시간을 갖는다.

활동 방법

　① 그림으로 표현하기 : 시의 분위기를 그림으로 표현하기

　② 노래가사 바꾸기 : 시의 분위기와 비슷한 노래를 골라 가사 바꾸어 부르기

　③ 신체표현으로 나타내기 : 시의 분위기를 몸짓, 무용, 표정으로 나타내기

[정리] 시의 분위기와 자신의 경험, 다른 작품과 연결짓기

준비물 _ 하트모양 포스트 잇

활동 목적

　차시 학습 목표를 달성하고 나서 작품을 내면화하기 위해 시의 분위기와 비슷한 자신의 경험이나 다른 작품을 연결해보는 활동을 실시한다.

활동 방법

　① 시의 분위기와 비슷한 자신의 경험을 발표한다.

　　(부모님의 사랑과 고마움을 느낀 예)

　② 시의 분위기와 비슷한 다른 작품, 그 이유를 발표한다.

　③ 전체 활동으로 친구들에게 소리내어 읽어 주거나 모둠별로 돌려 읽는다.

　④ 자신의 경험을 하트모양 포스트 잇에 적어서 교실 뒤에 게시한다.

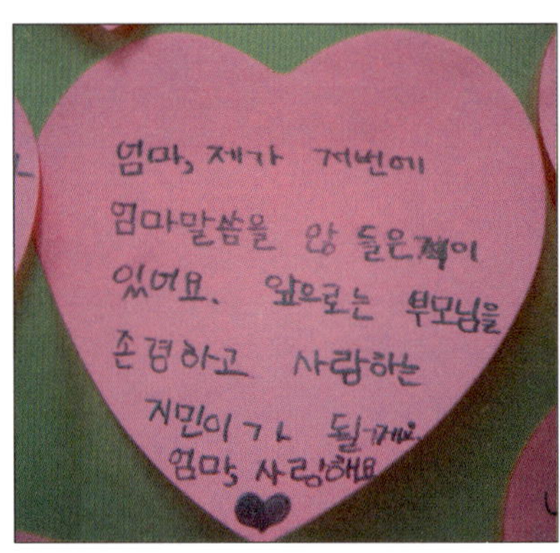

참고자료

[시 감상 수업 모형]

1. 계획 단계

    (1) 수업 목표의 설정과 수업 설계

    (2) 텍스트를 현시할 수 있는 자료 준비(낭송 자료, 효과 자료)

    (3) 평가 요목의 작성

2. 진단 단계

    (1) 시 전반에 대한 이해도 진단

    (2) 시 전반에 대한 정의적 태도 진단

3. 지도 단계

    (1) 전체적 접근

        · 감상 분위기 조성 및 주체적 독서 자세 격려

        · 시를 낭독하여 시 전체의 분위기 떠올리기

        · 시와 관련된 경험 나누기

    (2) 부분적 접근

        · 시의 부분에 대해 질문하기 및 이야기 나누기

            – 시어의 사전적 의미 파악하기

            – 시의 구문을 정확하게 이해하기

            – 비유적 의미 구체화하기

            – 시적 상황 재구성하기

            – 어조 파악하며 분위기 느껴보기

        · 언어적 기법에서 아름다움 느끼기(운율, 이미지, 비유의 참신성)

    (3) 종합적 접근

        · 시적 상황 재구성하기

        · 시 전체를 대상으로 자유롭게 반응하기

        · 자신의 체험과 관련지으면서 시의 감동을 체험하기

        · 시적 화자의 심정이 되어 보기

        · 자신의 반응을 진솔하게 표현하기(입말, 몸짓, 표정 등)

        · 관련 작품을 더 찾아 읽어 보기

4. 평가 단계

    (1) 시의 이해 정도 평가

    (2) 심미적 체험 평가

출처 : 『초등국어과 교수·학습 방법』, 신헌재 외, 박이정

고양이야, 미안해!

학습개요

1	시를 읽으며 느껴지는 분위기에 대하여 알아봅시다.
2	분위기를 살려 시를 읽어 봅시다.
3	시를 읽고 느껴지는 분위기를 표현하여 봅시다.
4	이야기의 구성 요소에 대하여 알아봅시다.
5 ~ 6	이야기의 구성 요소를 생각하며 글을 읽어 봅시다.

| 동기유발 | ♥ 이야기 다섯 고개 |

↓

| 학습문제 제시 | 이야기의 구성 요소에 대하여 알아봅시다. |

↓

활동	★ 이야기의 구성 요소 알기 – 이야기지도 만들기
	♥ 구성 요소를 생각하며 이야기 간추리기
	★ 이어질 이야기 상상하기

↓

| 정리 | ★ 이야기를 구성하는 요소 알기 |

♥ 교과서 관련 활동 / ★ 추가 제시 활동

 수업활동

[동기유발] 이야기 다섯 고개

활동 목적

배경, 인물, 사건이 이야기를 이루는 중요한 요소임을 인식시키는 활동이다.

활동 방법

① 학생들이 잘 알고 있는 이야기 하나를 고른다.

② 이야기의 배경, 인물, 사건과 관련된 힌트를 5개 제시한다.

③ 배경, 인물, 사건에 대한 힌트를 모두 들어야 이야기를 정확하게 맞힐 수 있음
   을 알도록 한다.

〈다섯 고개 문제 예시〉

· 힌트 1 : 어느 봄날, 깊은 산골

· 힌트 2 : 호랑이, 할머니

· 힌트 3 : 할머니가 밭에서 김을 매고 있었다.

· 힌트 4 : 호랑이가 나타나 할멈을 잡아먹겠다고 했다.

· 힌트 5 : 알밤, 송곳, 멍석, 지게

⋯▶ 정 답 : 팥죽 할머니와 호랑이

[학습문제 제시]

이야기의 구성 요소에 대하여 알아봅시다.

[활동 1] 이야기의 구성 요소 알기 – 이야기지도 만들기

활동 목적

부록 _ 46쪽

이야기를 읽고, 이야기의 배경, 인물, 사건을 파악하는 활동이다. 이야기지도(마인
드맵)를 작성하며 이야기의 구성 요소와 세부 내용을 구조화 한다.

활동 방법

① 학습활동지의 중앙에 이야기의 제목을 적는다.

② 이야기지도의 주가지에 적혀 있는 낱말을 확인한다.

   (언제, 어디에서, 누가, 어떤 일이)

③ 다음 질문에 대한 답을 세부 가지에 정리한다.

   – 언제, 어디에서 있었던 일인가요?

   (토요일 오후, 집으로 돌아가는 길 모퉁이)

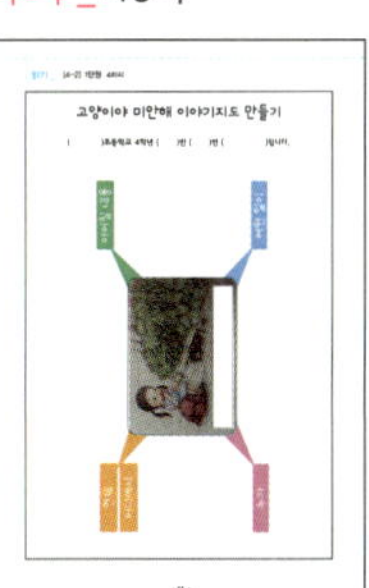

– 누가 겪은 일인가요?

(은선이)

– 집으로 돌아가던 은선이에게 어떤 일이 일어났나요?

(아파서 울고 있는 까만 고양이 한 마리를 발견함)

〈이야기지도 작성하기〉

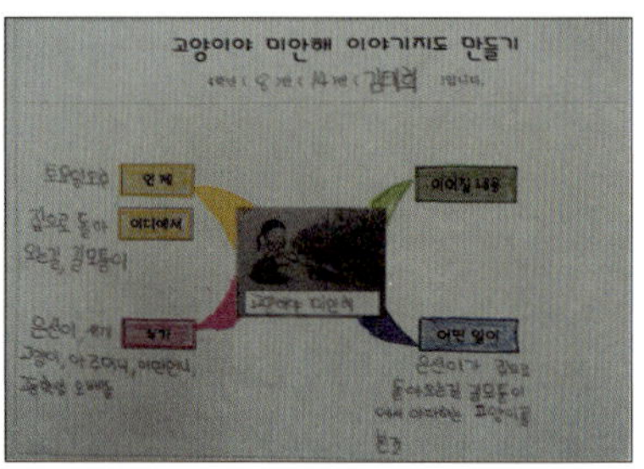

〈완성한 이야기지도〉

④ 이야기지도의 주가지에 해당하는 낱말들이 이야기를 이루는 구성 요소임을 안다.

· 이야기에서 일이 벌어지는 시간(언제)과 장소(어디에서) – 배경

· 이야기에서 어떤 일을 벌이거나 겪는 사람 – 인물

· 이야기에서 벌어지는 일 – 사건

[활동 2] 구성 요소를 생각하며 이야기 간추리기

활동 목적

이야기지도의 세부 가지에 적은 내용을 연결하여 이야기를 간추리는 활동이다.

활동 방법

① [활동 1]에서 만든 이야기지도의 세부 가지에 정리한 내용을 확인한다.

② 세부 가지에 정리한 내용을 연결하여 2~3개의 문장으로 만들어 이야기의 내용을 간추린다.

③ 간추린 내용을 학급에서 사용하는 숙제 공책을 활용하거나 10×7.5cm 직사각형 포스트 잇에 적고 교과서나 이야기 지도에 붙인다.

④ 쓰기 활동에 어려움을 겪는 학생들은 교과서 15쪽의 빈칸 채우기를 참고하여 간추리도록 한다.

[활동 3] 이어질 이야기 상상하기

활동 목적

이야기의 구성 요소를 생각하며 뒤에 이어질 이야기를 상상해 보는 활동이다. 4차시에서 학생들이 상상한 이야기와 5, 6차시 교과서에 수록된 이야기를 비교해 볼 수 있다.

활동 방법

① 다음 질문에 답하면서 이어질 이야기를 상상해 본다.

· 배경 정하기

  은선이는 계속 길 모퉁이에 있을까요? 다른 장소로 갈까요?

· 인물 정하기

  은선이가 새롭게 만나게 될 인물은 누구일까요?

· 사건 정하기

  은선이는 새롭게 만나는 인물과 어떤 일을 벌이거나 겪게 될까요?

② [활동 1]에서 작성한 이야기지도의 이어질 내용 부분에 자신이 상상한 내용을 적는다. 언제, 어디에서, 누가, 어떤 일을 벌이거나 겪었는지 구체적으로 드러나도록 쓴다.

[정리] 이야기를 구성하는 요소 알기

- 이야기에서 일이 벌어지는 시간과 장소를 (배경)이라고 합니다.
- 이야기에는 어떤 일을 벌이거나 겪는 (인물)이 있습니다.
- 이야기에서 벌어지는 일을 (사건)이라고 합니다.

5~6차시

고양이야, 미안해!

학습개요

1	시를 읽으며 느껴지는 분위기에 대하여 알아봅시다.
2	분위기를 살려 시를 읽어 봅시다.
3	시를 읽고 느껴지는 분위기를 표현하여 봅시다.
4	이야기의 구성 요소에 대하여 알아봅시다.
5 ~ 6	이야기의 구성 요소를 생각하며 글을 읽어 봅시다.

| 동기유발 | ★ 이야기 속 인물과 비슷한 경험 나누기 |

⬇

| 학습문제 제시 | 이야기의 구성 요소를 생각하며 글을 읽어 봅시다. |

⬇

활동	♥ 배경, 인물 파악하기 – 붙임 딱지 붙이기
	★ 사건 파악하고 간추리기 – 미니북 만들기
	★ 이야기 내용 확인하기 – 말판 놀이 하기

⬇

| 정리 | ★ 잘 공부했는지 알아보기 |

[심화활동 1] 이야기 피라미드 작성하기
[심화활동 2] 인물 인터뷰하고 기사문 작성하기
[심화활동 3] 이야기 구성 요소 바꾸기 – 내가 꾸민 이야기

(♥ 교과서 관련 활동 / ★ 추가 제시 활동)

[동기유발] 이야기 속 인물과 비슷한 경험 나누기

활동 목적

이야기 속 인물과 비슷한 경험을 나누는 활동을 통해 작품에 대한 이해를 돕는다.

활동 방법

- 길을 잃거나 아픈 동물을 본 적이 있습니까?
- 도움이 필요한 동물을 도와 준 적이 있습니까?
- 애완 동물을 길러 본 적이 있거나 기르고 있습니까?
- 애완 동물을 기르고 있다면 그 이유는 무엇입니까?
- 애완 동물을 기르고 싶지 않다면 그 이유는 무엇입니까?

[학습문제 제시]

이야기의 구성 요소를 생각하며 글을 읽어 봅시다.

[활동 1] 배경, 인물 파악하기 – 붙임 딱지 붙이기

활동 목적

이야기 속에서 배경이 바뀌면서 주인공은 여러 인물을 만나게 된다. 배경과 인물 요소가 어떻게 바뀌는지 살피며 17쪽~20쪽의 글 옆에 알맞은 배경과 인물 붙임 딱지를 붙인다.

활동 방법

① 『고양이야, 미안해!』를 다시 한번 읽는다.
② 글 옆에 알맞은 배경과 인물 붙임 딱지를 붙인다.
③ 배경이 어떻게 바뀌었는지 살펴본다.
　　- 은선이가 간 곳 : 동물병원 ⋯➔ 미나네 집 ⋯➔ 은선이네 집
④ 각각의 장소에서 어떤 인물이 등장하였는지 살펴본다.
　　- 은선이가 만난 사람 : 의사 선생님 ⋯➔ 미나 ⋯➔ 은선이 언니

[활동 2] 사건 파악하고 간추리기 – 미니북 만들기

활동 목적

배경과 인물의 변화에 따른 사건을 파악하는 활동이다. 이야기의 공간적 배경이 바뀜에 따라 주인공이 누구를 만났고, 어떤 일을 겪었는지 간추려 쓴다. 교과서 22

부록 _ 47쪽

쪽의 붙임 딱지 붙이기 활동과 미니북 만들기 활동을 함께 하면 좋다.

활동 방법

① 교과서 22쪽에 이야기의 차례에 맞게 붙임 딱지를 붙인다.

② 붙임 딱지 삽화를 활용하여 제작한 학습활동지를 나누어 준다.

③ 학습활동지를 8면 기본 미니북으로 접는다.

④ 미니북의 삽화를 보며 은선이가 간 곳과 만난 사람을 적는다.

⑤ 은선이가 간 곳과 만난 사람을 생각하며, 은선이가 어떤 일을 겪었는지 한 두 문장으로 간추려 쓴다.

〈배경과 인물을 생각하며 사건 간추리기〉

장소	만난 사람	겪은 일
집으로 돌아오는 길모퉁이	사람들	은선이가 아파하는 고양이를 만나 우유를 주었지만 먹지도 않고 괴로워 하였습니다. 지나가던 사람들이 가엾게 여겼지만 아무도 도와주지 않았습니다.
동물병원	의사 선생님	동물 병원 의사 선생님께 가서 치료해 줄 것을 부탁하지만 의사 선생님은 고양이를 데려오라고 하였습니다.
미나네 집	미나	미나에게 고양이를 데리러 가자고 부탁하였지만 도와주지 않았습니다.
은선이네 집	은선이 언니	은선이 언니는 걱정하는 은선이를 보고 도와주겠다고 했습니다.
가로등 불이 켜진 골목	.	언니와 함께 고양이가 있던 자리에 갔지만 고양이는 사라지고 없었습니다.

〈배경, 인물, 사건 간추리기〉

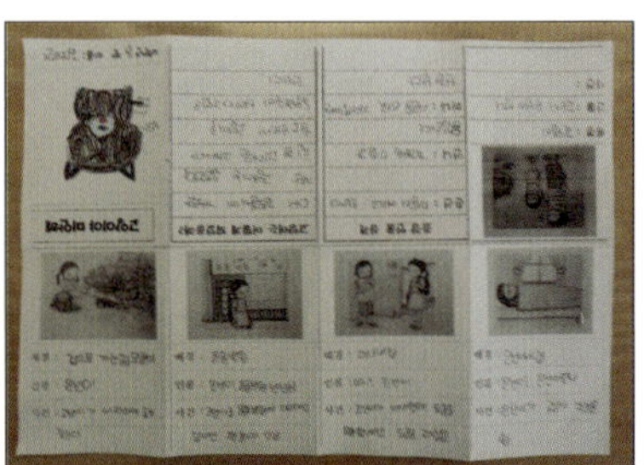

〈미니북 완성하기〉

[활동 3] 이야기 내용 확인하기 – 말판 놀이

활동 목적

[활동 1]과 [활동 2]를 통해 이야기의 구성 요소를 파악하고 사건을 차례대로 간추려

보았다. 말판 놀이를 통해 배경의 변화, 인물의 마음과 생각과 성격, 사건의 원인과 결과에 대한 심층 문답 활동을 하며 이야기의 내용을 보다 깊이 이해하고 확인한다.

부록 _ 48쪽

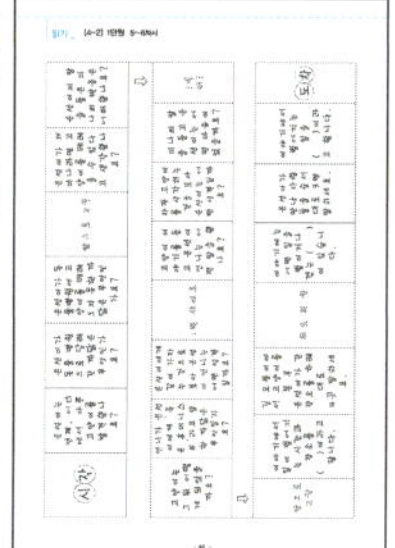

활동 방법

〈놀이 방법〉

· 모둠의 2명이 한 편이 되어 가위바위보로 순서를 정한다.

· 주사위를 던져 홀수가 나오면 한 칸, 짝수가 나오면 두 칸 앞으로 말을 옮기고 질문에 답한다.

· 답을 하지 못할 경우 원래 있던 자리로 돌아간다.

· 도착 지점에 먼저 도착한 팀이 승리한다.

· 놀이의 규칙을 지키며 즐겁게 참여한다.

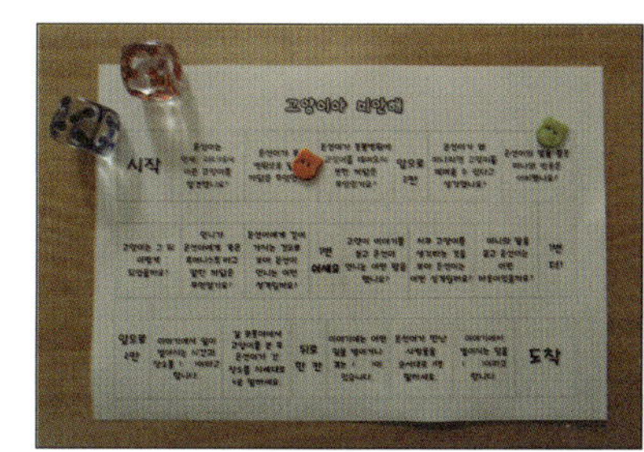

〈말판 놀이 자료〉

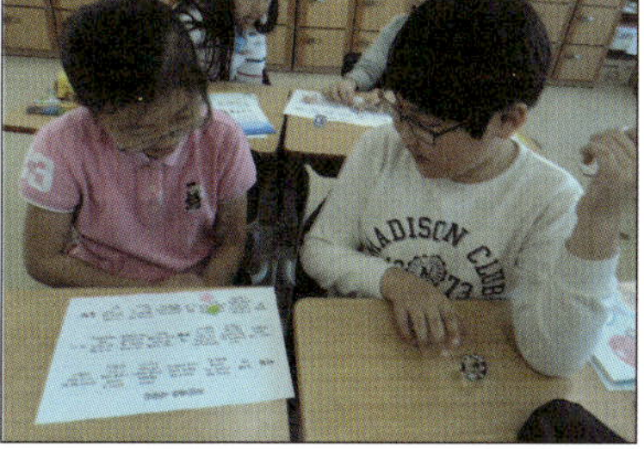

〈말판 놀이 활동 모습〉

[정리] 잘 공부했는지 알아보기

① 이야기의 구성 요소를 잘 찾았는지 확인한다.

② 이야기의 내용을 잘 간추려 썼는지 확인한다.

③ 학습 활동에 열심히 참여하였는지 스스로 평가한다.

〈자기평가표〉

잘 공부했는지 알아보기	매우잘함	잘함	보통	노력
이야기의 배경, 인물, 사건을 찾을 수 있나요?				
일이 일어난 차례대로 간추려 쓸 수 있나요?				
놀이 활동에 열심히 참여하였나요?				

 **이런 활동도 있어요**

[심화활동 1] 이야기 피라미드 작성하기

활동 목적

　이야기의 구성 요소와 이야기의 서사 구조를 파악하기에 유용한 활동이다. 이야기가 어떻게 구성되고 전개되는가를 알면 이야기에 대한 이해와 표현 활동이 용이하다.

활동 방법

　① 인물의 이름을 하나의 단어로 쓴다.

　② 인물의 성격을 두 개의 단어로 설명한다.

　③ 이야기의 배경을 세 개의 단어로 나타낸다.

　④ 문제 상황이나 갈등을 네 개의 단어로 나타낸다.

　⑤ 첫 번째 사건을 다섯 개의 단어로 나타낸다.

　⑥ 두 번째 사건을 여섯 개의 단어로 나타낸다.

　⑦ 다음 사건을 일곱 개의 단어로 나타낸다.

　⑧ 같은 방법으로 사건을 이어서 쓰고, 마지막 줄에 이야기의 결말을 정리한다.

　⑨ 피라미드 활동지에 정리한 이야기의 구성 요소(배경, 인물, 사건)와 내용을 확인한다.

〈이야기 피라미드 작성 예시〉

1. 은선이
2. 동정심이 많다.
3. 토요일 오후, 길모퉁이
4. 아픈 새끼 고양이를 보았다.
5. 지나가던 사람들은 고양이를 도와주지 않았다.
6. 동물병원 의사 선생님은 고양이를 데려오라고 하였다.
7. 미나에게 고양이를 데리러 가자고 했지만 도와주지 않았다.
8. 은선이 언니는 고양이를 걱정하는 은선이를 보고 도와주겠다고 하였다.
9. 은선이는 언니와 고양이가 있던 자리에 갔지만 고양이는 사라지고 없었다.

[심화활동 2] 인물 인터뷰하고 기사문 작성하기

활동 목적

　인터뷰 활동을 통해 등장인물의 마음과 생각, 성격을 이해하는 활동이다. 등장인물의 마음과 생각, 성격이 사건의 전개에 어떠한 영향을 미치는지도 함께 살필 수 있다. 인터뷰 활동 후에 기사문을 작성하여 발표하도록 하였다.

① 모둠별로 『고양이야, 미안해!』에 나오는 등장인물 중 인터뷰하고 싶은 인물 한 명을 정한다.

② 모둠원 중 한 명이 등장인물이 되고 나머지 모둠원은 기자가 되어 궁금한 점을 인터뷰한다.

③ 인터뷰한 내용을 기사문으로 작성하고 발표한다.

〈기사문 쓰고 발표하는 모습〉

[심화활동 3] 이야기 구성 요소 바꾸기 – 내가 꾸민 이야기

이야기의 구성 요소인 배경, 인물, 사건 중 하나만 바뀌어도 이야기의 내용이 달라질 수 있음을 알고 새롭게 꾸며 보는 활동이다. 구성 요소를 바꾸더라도 이야기의 흐름이 자연스럽게 이어지도록 하고 내용이 지나치게 과장되지 않도록 한다.

〈배경 변화에 따른 이야기 꾸미기〉

 – 고양이를 발견한 때가 등교 시간이었다면?

 – 고양이를 발견한 장소가 집 앞이었다면?

〈인물 변화에 따른 이야기 꾸미기〉

 – 은선이가 용감한 아이였다면?

 – 은선이가 애완동물을 좋아하는 아이였다면?

〈사건 변화에 따른 이야기 꾸미기〉

 – 의사 선생님께서 고양이를 도우러 가 주었다면?

 – 미나가 은선이를 도와 주었다면?

 – 은선이가 고양이를 집에 가져왔다면?

 – 언니와 함께 다시 갔을 때 고양이가 그대로 있었다면?

삶의 향기

1차시   좋아하는 시를 찾아 읽고 친구들에게 소개하여 보기

2~3차시   시화에 대하여 알아보고 시화를 꾸며 보기

4차시   시화집을 만들어 전시하고 서로 칭찬하여 보기

5~6차시   모둠 친구들과 함께 만든 시화집에서 좋아하는 시를 골라 친구들에게 낭송하여 보기

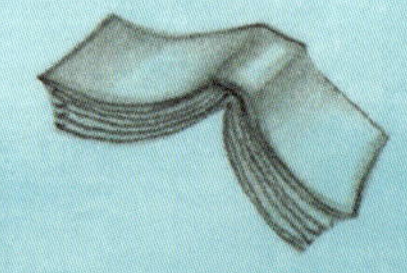

시화집은 시와 그림으로 이루어진 책입니다. 친구들과 함께 시화집을 만들어 전시하고 시를 낭송하여 봅시다.

🏰 단원 소개

　이 단원은 문학 작품에 대한 감상을 다양한 언어 활동을 통하여 표현하고, 이를 다른 사람과 소통할 수 있게 하는데 목적을 두고 있다. 이 단원에서는 문학 작품을 감상하고 소통하기 위한 방법 중 시화 꾸미기와 시화집 만들기 활동을 제시하였다. 학생들은 이 활동을 통하여 글과 그림은 모두 실제를 재현하는 기호라는 점에서는 동일하나 그 재현과 형상화의 방법이 다름을 체험하게 된다. 특히 글과 그림이 잘 어울리도록 시화를 구성하는 것에 중점을 두었다. 또 시를 읽고 받은 감동을 시 낭송을 통하여 다른 사람과 적극적으로 소통하고 공유하는 경험도 하게 될 것이다.

🏰 제재 분석

　「거름종이」, 「돌탑」 : 교과서에 실려 있는 시 「거름종이」, 「돌탑」은 시의 모양이 시의 내용을 형상화하고 있는 특징을 가진다. 「거름종이」의 경우에는 여러 마음을 모아 좋은 마음만 걸러내는 내용으로, 시의 행과 연의 구성이 한눈에 봐도 깔때기 모양을 하고 있다. 또한 「돌탑」의 경우에는 실제 돌을 쌓아 놓은 모습을 연상시키도록 삼각형 구도를 취하고 있다. 두 가지 시 모두 학생들이 첫눈에 관련된 이미지를 떠올릴 수 있도록 의도되었다. 하지만 이 단원의 목표는 학생들이 스스로 시화를 꾸미는 것으로서 시를 읽고 생각과 느낌을 이미지로 표현할 수 있어야 하는데, 위의 두 시는 이미 관련된 이미지의 모습을 하고 있기 때문에 자칫 학생들의 창의성을 제한하거나 주변에 그림을 배치하고자 하는 의욕을 감소시킬 수 있다는 생각도 하게 한다.

　「좀좀좀좀」 : 학생들의 생활과 밀접한 관련이 있는 엄마의 잔소리를 소재로 하며 학생 스스로의 경험을 떠올려 보게 하는 재료로 사용되고 있다. '자신의 생활에 맞추어 시 바꾸어 쓰기' 라는 차시의 활동에 효과적이다.

　「풍선」 : 풍선이 점점 커져가는 모습과 그에 따른 아이들의 마음이 잘 드러나 있다. '더 크게' 라는 말의 반복으로 인해 시를 낭송할 때 온 몸으로 표현하기 적당한 소재이다.

📕 교과서 단원 구성

차시	교과서 쪽수	차시 문제	교과서 학습활동
1	듣말쓰 113 ~ 115	좋아하는 시를 찾아 읽고 친구들에게 소개하여 봅시다.	1. 우리 학교 도서관에는 어떤 시집이 있는지 찾아보고, 마음에 드는 시집을 골라 읽어 봅시다. 2. 내가 찾은 시집 중에서 가장 마음에 와 닿는 시를 골라 옮겨 써 봅시다. 3. 내가 고른 시를 친구들에게 소개하여 봅시다. 그리고 그 시가 마음에 와 닿는 까닭도 말하여 봅시다.
2 ~ 3	듣말쓰 116 ~ 121	시화에 대하여 알아보고 시화를 꾸며 봅시다.	1. 시화에 대하여 알아봅시다. 2. 시를 읽고 시의 느낌을 다양한 방법으로 표현하여 봅시다. 3. 호철이가 학교 도서관에서 찾아 읽은 시입니다. 내 경험을 떠올리며 「좀좀좀좀」을 읽어 봅시다. 4. 115쪽 '2'에서 옮겨 쓴 시를 호철이처럼 바꾸어 써 봅시다. 그리고 내가 바꾸어 쓴 시에 어울리는 그림도 그려 봅시다.
4	듣말쓰 122 ~ 123	시화집을 만들어 전시하고 서로 칭찬해 봅시다.	1. 계단 오름식 시화집 만드는 과정을 살펴 봅시다. 2. 모둠 친구들과 멋진 시화집을 만들어 봅시다. 3. 완성한 시화집 전시하고 감상하면서 친구들과 서로 칭찬하여 봅시다.
5 ~ 6	듣말쓰 124 ~ 129	모둠 친구들과 함께 만든 시화집에서 좋아하는 시를 골라 낭송해 봅시다.	1. 글쓴이의 마음을 생각하며 「풍선」을 낭송하여 봅시다. 2. 다양한 방법으로 「풍선」을 낭송하여 봅시다. 3. '2'를 바탕으로 하여, 친구들과 역할을 나누어 「풍선」을 낭송하여 봅시다. 4. 친구들과 함께 만든 시화집에서 좋아하는 시를 골라 모둠 친구들과 역할을 나누어 낭송하여 봅시다. 5. 친구들의 시 낭송을 감상하고 칭찬하여 봅시다.

좋아하는 시 찾아 소개하기

학습개요

1	좋아하는 시를 찾아 읽고 친구들에게 소개하여 봅시다.
2 ~ 3	시화에 대하여 알아보고 시화를 꾸며 봅시다.
4	시화집을 만들어 전시하고 서로 칭찬해 봅시다.
5 ~ 6	모둠 친구들과 함께 만든 시화집에서 좋아하는 시를 골라 낭송해 봅시다.

동기유발	★ 내가 제일 좋아하는 시 소개하기
	★ 선생님이 제일 좋아하는 시 소개하기

↓

학습문제 제시	좋아하는 시를 찾아 읽고 친구들에게 소개하여 봅시다.

↓

활동	♥ 도서관에서 시집 찾아 시 읽기
	★ 마음에 와 닿은 시 골라 적고 친구(또는 주위 사람)에게 선물하기

↓

정리	★ 시 소개하고 느낌 나누기

♥ 교과서 관련 활동 / ★ 추가 제시 활동

[동기유발 1] 내가 제일 좋아하는 시 소개하기

활동 목적

이 차시의 목적은 여러 가지 시를 접해보고 서로 경험을 나누는 것으로, 학생 각자 좋아하는 시를 찾아 발표한다면 다양하면서도 학생들의 수준에 맞는 시를 많이 찾을 수 있을 것으로 기대된다.

활동 방법

① 평소에 좋아하는 동시, 최근에 다시 찾아본 동시 중에서 내가 좋아하는 시를 친구들 앞에서 발표하고 그 이유를 말해 본다.

② 갑자기 시를 떠올려보는 것은 어려울 수 있으니 미리 예고하여 각 학생마다 한 개의 시를 생각해 오는 것이 좋다.

[동기유발 2] 선생님이 제일 좋아하는 시 소개하기

활동 목적

교사가 '선생님이 좋아하는 동시'를 학생들에게 소개한다면 학생들은 자연히 그 시에 관심을 갖게 되고, 교사가 시를 소개하는 모습을 보며 시 소개 방법의 좋은 모범으로 삼을 수 있다.

활동 방법

미리 준비해 놓은 PPT자료 또는 교사의 낭송을 통하여 학생들의 수준에 맞고 흥미를 끌 수 있는 동시를 학생들에게 소개한다. 선생님이 동시를 좋아하는 이유를 함께 소개하고, 시를 접하고 난 후의 느낌도 학생들에게 물어 본다.

> **[학습문제 제시]**
> 좋아하는 시를 찾아 읽고 친구들에게 소개하여 봅시다.

[활동 1] 도서관에서 시집 찾아 시 읽기

활동 목적

학생들이 동시를 찾아 읽을 수 있는 학습 공간으로 학교 도서관을 활용한다. 다양한 동시집을 살펴보고 자신의 흥미와 수준에 맞는 동시를 골라 읽을 수 있다.

[활동 2] 마음에 와 닿은 시 골라 적고 친구(또는 주위 사람)에게 선물하기

　도서관에서 좋아하는 시를 찾아 교과서에 적어보는 활동도 좋지만 목표를 가지고 좋아하는 시를 찾아 볼 수 있게 하는 활동이 학생들의 학습 의욕을 높일 수 있을 것이다. 내가 골라 적은 시를 친구나 주변 사람들에게 선물할 것이라고 생각한다면 시를 선택하면서 좀더 신중해 질 것이라는 기대도 있다.

① A4용지의 1/2 크기의 종이를 준비하여 나누어준다.

② 종이에 선물하고 싶은 사람을 생각하며 동시를 적는다.

③ 각 시의 뒷면에서 시를 선물받을 사람에게 왜 그 시를 선물하는지 편지 형식으로 적어보도록 한다.

④ 우수 작품은 코팅을 해서 선물용으로 만들어 주겠다는 안내를 하면 학생들의 활동 욕구가 더 높아질 수 있다.

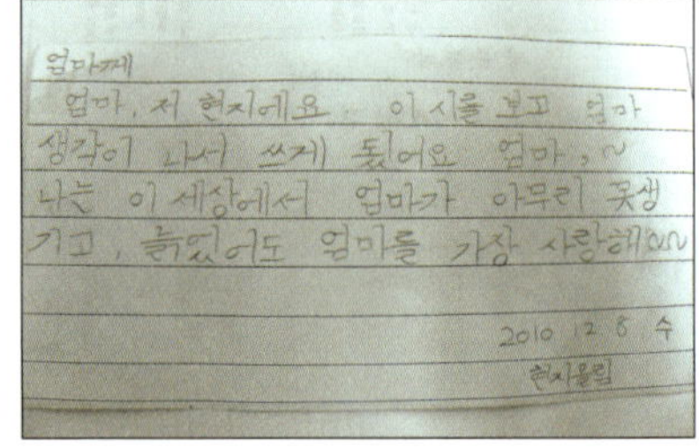

학생작품 1 (앞면과 뒷면)
이용택 시인의 「종종걸음」과 엄마에게 선물하는 이유를 적은 편지

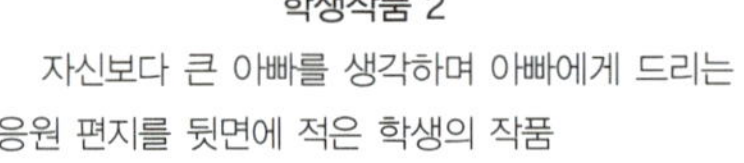

학생작품 2
자신보다 큰 아빠를 생각하며 아빠에게 드리는 응원 편지를 뒷면에 적은 학생의 작품

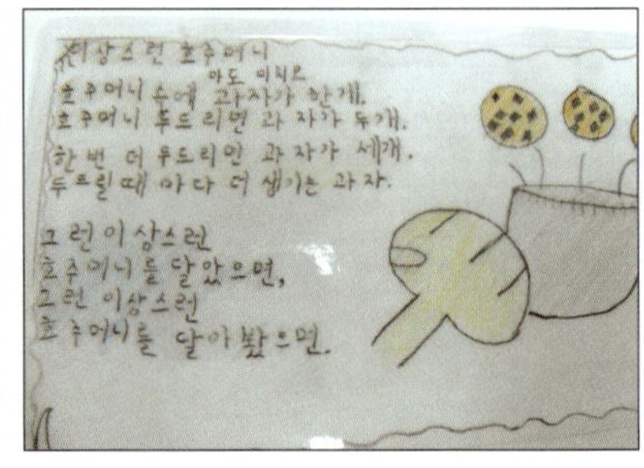

학생작품 3
끊임없이 과자가 나오는 주머니를 표현한 시를 찾아, 그러한 주머니를 선물하고 싶다는 편지를 형에게 보내는 학생의 작품

학생작품 4

김용택 시인의 '친구 생각' 시를 적고 그림을 그린 후, 내년에 전학을 가게 된 친구에게 시의 내용을 인용하여 뒷면에 편지를 써 선물하였다.

[정리] 시 소개하고 느낌 나누기

시를 선물로 고른 이유 또는 시를 선물 받은 느낌을 발표한다.

 **이런 책도 있어요**

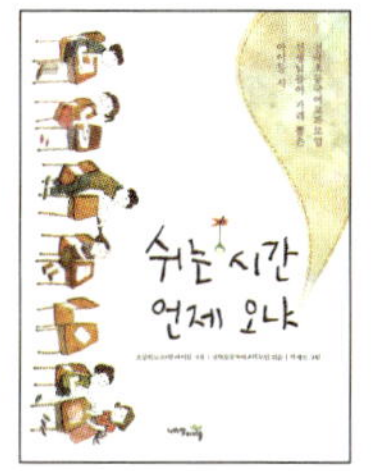 **쉬는 시간 언제 오냐** (초등학교 93 명 아이들 지음 / 시공)	아이들의 마음을 그대로 담아낸 듯한 시집이다. 억지로 꾸미는 말 없이 자연스럽게 말하는 아이들의 목소리가 그대로 전해져 온다.
 **시가 말을 걸어요** (정끝별 / 청개구리)	정끝별 시인이 어린이들을 위해 갈 뽑은 시 40편이 봄, 여름, 가을, 겨울 계절별로 수록되어 있다. 덧붙인 글(해설)을 통해 '시를 읽는 법'과 '시를 쓰는 법'을 배울 수 있다.
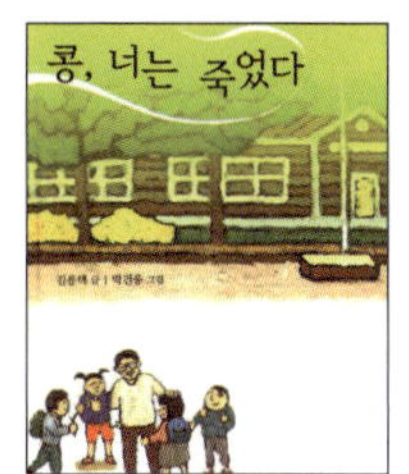 **콩, 너는 죽었다** (정용택 / 실천문학사)	농촌 아이들의 삶, 자연과의 생활, 가족에 대한 사랑이 담긴 동시집이다. 섬진강가에서 아이들을 가르치며 살아가는 시인의 맑은 마음과 동심의 세계를 느낄 수 있다.

시화에 대하여 알아보고 시화 꾸미기

학습개요

1	좋아하는 시를 찾아 읽고 친구들에게 소개하여 봅시다.
2~3	시화에 대하여 알아보고 시화를 꾸며 봅시다.
4	시화집을 만들어 전시하고 서로 칭찬해 봅시다.
5~6	모둠 친구들과 함께 만든 시화집에서 좋아하는 시를 골라 낭송해 봅시다.

동기유발	★ 여러 가지 시화 보여주기 ★ 시화가 있는 시와 없는 시의 느낌 비교하기

⬇

학습문제 제시	시화에 대하여 알아보고 시화를 꾸며 봅시다.

⬇

활동	★ 시화에 대해서 알아보기 ★ 여러 가지 방법으로 시화 표현하기

⬇

정리	★ 완성한 시화 전시하기

[심화활동] 「걱정이다」 노랫말 바꿔 쓰고 시화 꾸미기

♥ 교과서 관련 활동 / ★ 추가 제시 활동

 **수업활동**

[동기유발 1] 여러 가지 시화 보여주기

활동 목적

다양한 시화를 접하는 것은 새로운 시화를 창작하는 학생들에게 중요한 자원이 될 것이다. 우리 조상들의 시화, 부채에 그려진 시화 등을 제시하여 다양한 시화 구성의 예를 제시한다.

활동 방법

인터넷 검색창에 '시화'라는 검색어를 입력한 후 '이미지' 버튼을 누르면 각종 다양한 시화들을 볼 수 있다. 지면을 모두 그림으로 채운 시화, 중요 요소 하나를 그림으로 나타낸 시화, 그리고 부채에 그려진 옛 시화 등 여러 가지 시화를 제시하며 자유롭게 감상을 나눈다.

[동기유발 2] 시화가 있는 시와 없는 시의 느낌 비교하기

활동 목적

시화의 필요성을 학생들이 직접 느낄 수 있도록 하기 위한 활동이다. 시화가 있을 경우와 없을 경우의 상황을 실제로 접하고 감상이 다름을 느끼게 한다.

활동 방법

시화가 잘 꾸며져 있는 동시집을 골라 미리 내용만 컴퓨터 파일에 입력해 놓고 화면에 보여주고 그 시의 느낌을 발표한 뒤에, 시화가 함께 있는 시를 실물로 학생들에게 제시한 뒤 느낌을 비교하여 나누어 본다.

 참동무 깨동시 (청동거울)	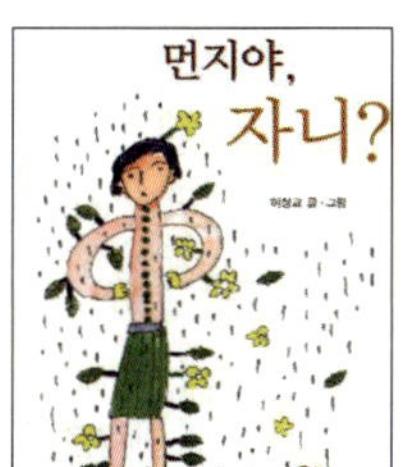 먼지야, 자니? (도서출판 산하)
전문가의 그림과 학생들의 그림이 번갈아 꾸며져 있어 학생들이 시화를 더 가깝게 느낄 수 있는 계기가 될 것이다.	한 면에는 시가, 다른 한 면에는 시화가 나타나 있는 경우가 많아 시화가 있는 경우와 없는 경우를 비교하는데 있어 좋은 자료가 될 것이다.

[활동 1] 시화에 대하여 알아보기

활동 목적

교과서에 제시된 시 「거름종이」는 행에 쓰인 시어의 배열이 아래로 갈수록 좁아지면서 거름종이를 연상시킨다. 따라서 이 경우는 시화가 없더라도 시의 느낌이 살아날 수 있다. 이 차시에서는 시와 그림을 어울리게 표현하면 시의 느낌이 더 실감난다는 사실을 전달해야 하기 때문에, 그림이 없을 때보다 있을 때에 느낌이 더 잘 드러나는 시를 많이 제시하는 것이 바람직하다.

활동 방법

시의 배경으로 전체가 그림인 시화 (「보름달이 나보고」 – 허동인/『참동무 깨동시』/청개구리), 옆의 그림이 시 내용을 시각적으로 이해할 수 있도록 도와주는 시화 (「병아리, 개나리」 – 이상교/『먼지야, 자니?』/산하), 시 내용을 그대로 그림으로 보여주는 시화(「거미」 – 유성윤/『시가 말을 걸어요』/토토북) 등을 제시하며 각각의 시화들을 연구한다. 시와 그림을 서로 어울리게 표현하면 시를 더 잘 이해할 수 있고, 시의 느낌을 더 실감 나고 흥미롭게 나타낼 수 있다는 사실을 강조한다.

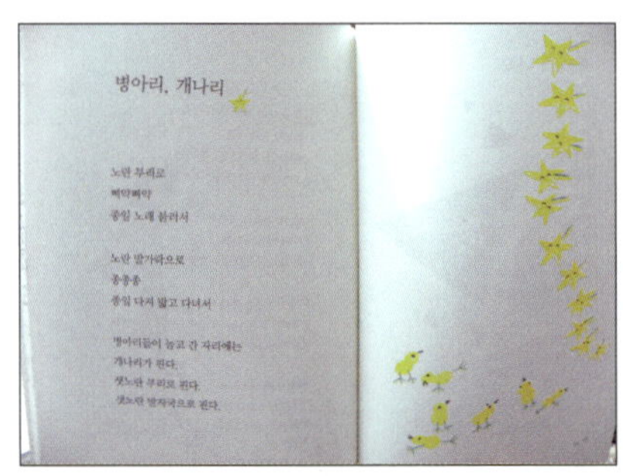

옆의 그림이 시 내용을 시각적으로 이해할 수 있도록 도와주는 시화이다. 시화 덕분에 시의 내용을 쉽게 이해할 수 있다.

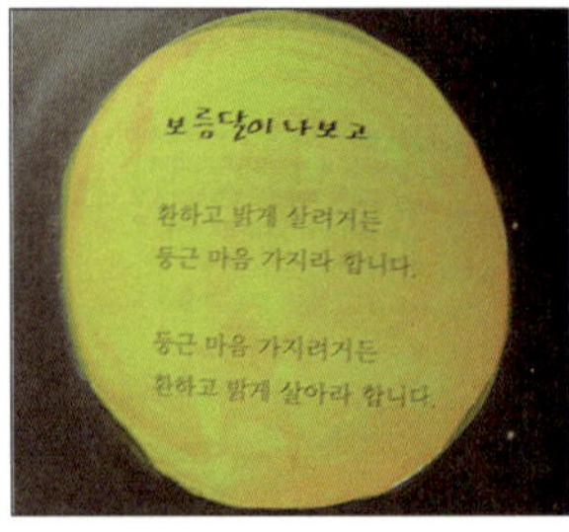

시의 배경으로 전체가 그림인 시화

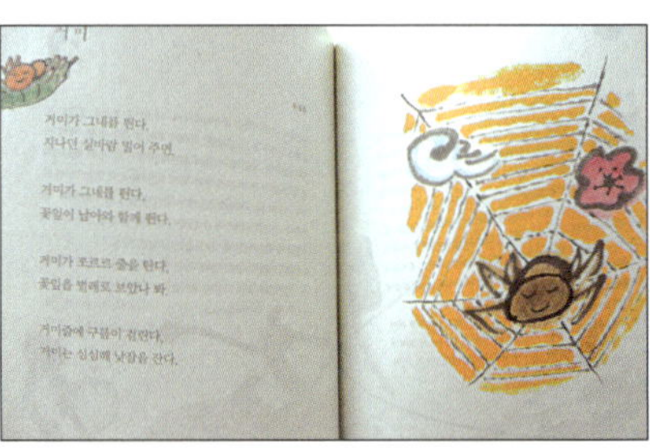

시 내용을 그대로 그림으로 보여주는 시화

[활동 2] 여러 가지 방법으로 시화 표현하기

활동 목적

　다양성이 추구되는 사회에서 기존의 틀을 깨는 것은 어느새 자연스러운 흐름이 되었다. 시화에서도 평면의 도화지에 그림을 그려 감상을 표현하는 것 이외에 창조적인 방법으로 시에 어울리는 이미지를 표현 할 수 있다.

　다양한 표현 방법을 학생들이 생각해 낼 수 있도록 여러 가지 방법으로 시화 꾸미기 활동을 안내한다.

활동 방법

　움직이는 시화, 실제 물건에 표현하는 시화, 창문에 표현하는 시화, 전체 종이를 디자인하여 표현하는 시화

〈움직이는 시화〉

① 할핀을 이용하여 움직이는 닭 시화 만들기 (「닭」 강소천)

　– 할핀으로 목을 고정시켜 위, 아래로 움직이는 닭을 만들어 꾸몄다. 단순히 할핀을 소개하는 활동만으로도 학생들의 다양한 창작을 이끌어 낼 수 있다.

　– 아래는 학생 응용 작품으로 시계 바늘을 움직일 수 있다.

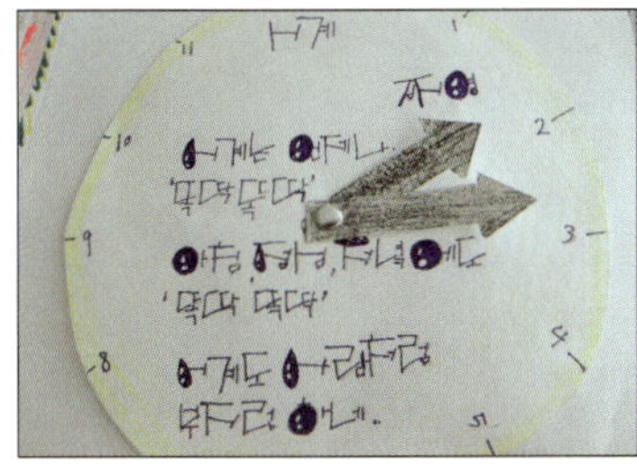 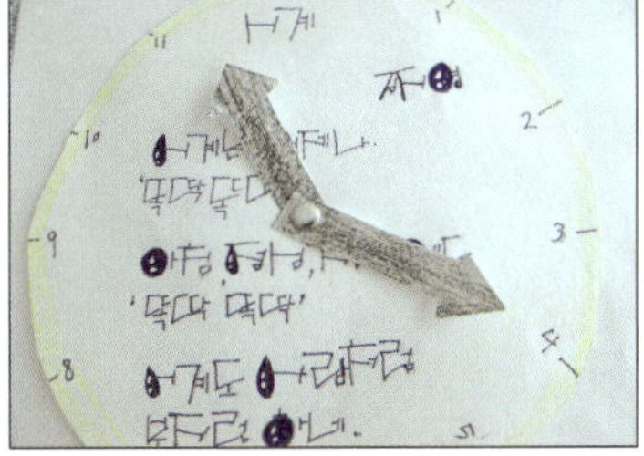

② 실이나 종이로 연결하여 움직이는 시화 만들기

　– 「거미」(유성윤) 시를 보여주며 거미줄 그림을 따로 오리고 다른 종이나 실로

연결하면 바람이 불 때 마다 움직이는 시화를 만들 수 있다고 안내하였다.

- 강물(노원호) 시의 내용에 따라 강물과 바람의 손을 서로 연결하여 바람이 앞,
  뒤로 움직일 수 있게 하였다.

〈실제 물건에 표현하는 시화〉

돌멩이, 나뭇잎, 필통 등의 시와 관련된 물건에 직접 시화를 그린다. 나뭇잎은 책 사이에 끼워 잘 말린 후 코팅해서 그 위에 네임펜으로 시를 적는다. 돌을 주위에서 구하기 힘든 경우에는 지점토로 돌 모양을 만들고 물감으로 색칠하여 그 위에 시를 적을 수 있다.

〈창문에 표현하는 시화〉

투명 플라스틱 필름에 유성 매직으로 시를 쓰고, 하늘, 복도, 교실 등 창문을 통해 내다볼 수 있는 위치에 시를 붙인다. 예를 들어 「가을 하늘」이라는 동시를 투명 필름에 적어서 하늘이 보이는 창문에 붙이면 바깥 하늘 풍경이 그대로 시화가 된다.

〈전체 종이를 디자인하여 표현하는 시화〉

시의 내용이나 분위기에 맞게 시화 종이 전체의 모양을 구성할 수 있다. 예시 작품은 오른쪽과 같다. 제목이 「시계」인 동시를 네모난 종이가 아니라 원 모양으로 오린 종이에 적은 것이다.

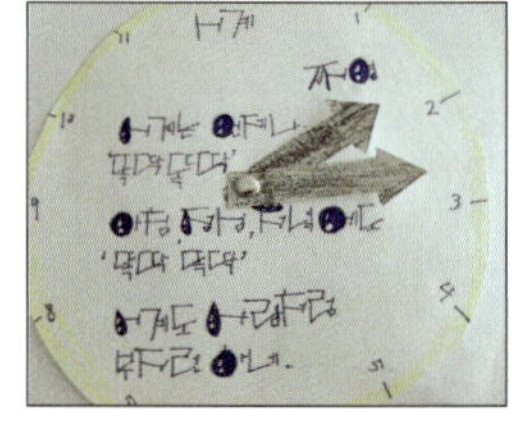

[정리] 완성한 시화 전시하기

　다양하고 재미있는 방법으로 표현학 학생들의 시화 작품을 교실에 전시하고 감상하는 시간을 갖는다.

 이런 활동도 있어요

[심화활동] 「걱정이다」 노랫말 바꿔 쓰고 시화 꾸미기

활동 목적

　교과서에 제시된 「좀좀좀좀」 시는 학생들의 생활 경험과 긴밀히 연관되어 내용을 고쳐 쓰고 시화를 꾸미는 활동에 효과적이다. 같은 맥락으로 학생들의 마음을 잘 표현한 시를 노래로 꾸민 작품 중 백창우 시인의 「걱정이다」가 있다. 학생들이 굉장히 공감하고 노랫가락이 쉽고 편안하여 따라 부르기도 좋다.

　「걱정이다」의 내용을 조금씩 수정하여 자신만의 걱정거리를 시화로 꾸며보는 활동을 통해 학생들의 생활을 들여다 볼 수 있는 기회를 가질 수 있을 것이다.

활동 방법

　포털 사이트에서 '걱정이다 백창우'로 검색하면 노래와 그림이 함께 재생되는 동영상을 찾을 수 있다. 동영상을 제시한 후 시의 내용을 판서 또는 프로젝션 TV를 통해 학생들에게 보여주고 자기의 걱정거리로 바꾸어 써 보게 한다.

원래의 시	바꾸어 쓴 시 1
걱정이다 걱정이다 나는 공부를 못해서 걱정이다. 집에 가면 맞기만 한다. 맨날 맨날 내 속에는 죽는 생각만 난다.	걱정이다 걱정이다 나는 우리 아빠가 걱정이다. 오늘밤도 만날 수가 없다. 맨날 맨날 우리 아빠 야근만 한다.
바꾸어 쓴 시 2	바꾸어 쓴 시 3
나는 먹는게 많아서 걱정이다. 집에 가면 먹기만 한다. 맨날 맨날 내 속에는 먹는 생각만 난다.	나는 시험을 못봐서 걱정이다. 학교에선 틀리기만 한다. 맨날 맨날 내 점수는 우리 반 꼴등이다.

시화집 만들어 전시하고 칭찬 나누기

학습개요

1	좋아하는 시를 찾아 읽고 친구들에게 소개하여 봅시다.
2 ~ 3	시화에 대하여 알아보고 시화를 꾸며 봅시다.
4	시화집을 만들어 전시하고 서로 칭찬해 봅시다.
5 ~ 6	모둠 친구들과 함께 만든 시화집에서 좋아하는 시를 골라 낭송해 봅시다.

동기유발	♥ 다양한 책의 모양 이야기해 보기

⬇

학습문제 제시	시화집을 만들어 전시하고 서로 칭찬해 봅시다.

⬇

활동	♥ 교과서 123쪽의 다양한 시화집 살펴보기 ♥ 나만의 시화집 만들기

⬇

정리	♥ 친구들의 시화를 감상하고 칭찬 카드 주고받기 (교과서 122~123쪽에 자세한 활동 및 방법이 안내되어 있습니다.)

♥ 교과서 관련 활동 / ★ 추가 제시 활동

수업활동

〈친구들의 시화를 감상하고 칭찬 카드 주고 받기〉

활동 목적

4차시의 주된 수업은 시화를 만들어 전시한 후 감상, 평가하는 활동이다. 요즘 학생들 중에는 칭찬을 하는 것에 익숙하지 않은 경우가 많다. 칭찬을 하고 싶은 마음이 있는데도 어떻게 해야 하는지 모르는 경우에 대한 안내와 받은 칭찬을 오래 간직하기 위한 방법으로 칭찬 카드를 주고받는 활동을 할 수 있다.

활동 방법

① 칭찬도움말을 4개 적을 수 있는 A4크기의 학습활동지를 활용한다.

② 학습활동지를 학생 한 명당 1장씩 나누어준다.

③ 학생들은 학습활동지를 들고 친구의 시화를 감상한다.

④ 시화를 감상하고 4명의 친구에게 칭찬하는 말을 적는다.

⑤ 감상이 끝나면 자리로 돌아와 학습활동지를 4개의 카드로 자른다.

⑥ 칭찬 카드를 해당 친구에게 전달한다.

부록 _ 49쪽

__________ 에게 나는 너의 작품이 참 훌륭하다고 생각해. 왜냐하면 __________ ____________________ ____________________ ____________________ _______ 가	__________ 에게 나는 너의 작품이 참 훌륭하다고 생각해. 왜냐하면 __________ ____________________ ____________________ ____________________ _______ 가
__________ 에게 나는 너의 작품이 참 훌륭하다고 생각해. 왜냐하면 __________ ____________________ ____________________ ____________________ _______ 가	__________ 에게 나는 너의 작품이 참 훌륭하다고 생각해. 왜냐하면 __________ ____________________ ____________________ ____________________ _______ 가

모둠 친구들과 만든 시화집에서 좋아하는 시 골라 낭송하기

학습개요

1	좋아하는 시를 찾아 읽고 친구들에게 소개하여 봅시다.
2 ~ 3	시화에 대하여 알아보고 시화를 꾸며 봅시다.
4	시화집을 만들어 전시하고 서로 칭찬해 봅시다.
5 ~ 6	모둠 친구들과 함께 만든 시화집에서 좋아하는 시를 골라 낭송해 봅시다.

동기유발	♥ 「좀좀좀좀」을 음의 높낮이와 표정, 몸짓 없이 읽어 보고 느낌 발표하기

학습문제 제시	모둠 친구들과 함께 만든 시화집에서 좋아하는 시를 골라 낭송해 봅시다.

활동	♥ 글쓴이의 마음을 생각하며 「풍선」 낭송하기 ♥ 다양한 방법으로 「풍선」 낭송하기 ♥ 친구들과 만든 시화집에서 시를 골라 역할을 나누어 낭송하기

정리	♥ 시 낭송 감상하고 칭찬하기 (교과서 124~128쪽에 자세한 활동 및 방법이 안내되어 있습니다.)

[심화활동] 동시 낭송 관련 활동과 낭송하기 좋은 시

♥ 교과서 관련 활동 / ★ 추가 제시 활동

 이런 활동도 있어요

〈동시 낭송 관련 활동과 낭송하기 좋은 시〉

본 차시는 교과서와 지도서에서 자세하게 활동을 안내하고 있으므로 여기에서는
다양한 시 낭송 관련 활동과 암송하기 좋은 시를 안내하였습니다.

1. 동시 낭송 관련 활동

〈낭송 전 활동〉	〈낭송 활동〉
① 제목 살피고 내용 예상해 보기	① 혼자 낭송하기
② 시화 살피고 내용 예상해 보기	② 한 연씩 모둠별, 또는 분단별로 낭송하기
③ 재미있는 표현 찾아보기	③ 합창으로 낭송하기
④ 반복되는 표현 찾아보기	④ 장면을 상상하며 낭송하기
⑤ 눈으로 읽고 느낌을 표현하기	⑤ 신체로 표현하며 낭송하기
⑥ 주인공의 입장 생각하기	⑥ 재미있는 표현 바꾸어 낭송하기
⑦ 시인의 입장 생각하기	⑦ 내가 주인공이 되어 낭송하기

2. 낭송하기 좋은 시

쑥 손동연	눈 박정식
많이 나와도 쑤욱 나왔다, 쑥. 쬐끔 나와도 쑤욱 나왔다, 쑥. 빨리 자라도 쑤욱 자란다, 쑥. 늦게 자라도 쑤욱 자란다, 쑥.	밟으면 뽀드득 뽀드득 – 아프지? 굴리면 둥글 둥글 – 재밌지? 눈주면 반짝반짝 – 반갑지?

<table>
<tr><td>

소나기

김교현

소나기 온다 – !
소나기 온다 – !

오동잎 따다가 우산을 만들자.
오동잎 따다가 우산을 만들자.
아이들 놀라서 저리로 달리고
아이들 놀라서 이리로 달리고

소나기 온다 – !
소나기 온다 – !

예쁜 옷 고운 옷 비에 젖을라.
예쁜 옷 고운 옷 비에 젖을라.
개구리 폴짝 물 속에 숨고
개미들 조르르 굴 속에 숨고.

</td><td>

작은 것들끼리

하청호

작은 개미 한 마리
여름 땡볕 속을 갑니다.

작은 풀잎 하나
여린 잎새를 뻗어
작은 그늘을 만들어 줍니다.

그러자 다른 작은 풀잎들도
어깨를 곁습니다.
개미에게
작은 그늘길을 만들어 줍니다.

여리고 약한 것들이
해님을 가렸습니다.
작은 것들이, 작은 것들 끼리.

</td></tr>
<tr><td>

가을 하늘

윤이현

토옥
튀겨보고 싶은

주욱
그어보고 싶은

와아
외쳐보고 싶은

푸웅덩
뛰어들고 싶은

그러나
머언, 먼 가을 하늘.

</td><td>

귤 한개

박경용

귤
한개가 방을 가득 채운다.

짜릿하고 향긋한
냄새로
물들이고,

양지짝의 화안한
빛으로
물들이고

사르르 군침 도는
맛으로
물들이고

귤
한개가
방보다 크다.

</td></tr>
</table>

<table>
<tr><td>

비누방울

김재용

쬐만
하늘

잎에서 피어나는 꿈망울
고
속
꿈이 크는
자그마한 세상

무지개
날개짓
색 고운 꿈이
자꾸만
하늘로 난다.

</td><td>

비 오는 날의 거미

김진현

비가 투둑투둑 내린다.
귀뚜라미가
장단을 맞추는 듯 운다.

향나무에 매달려 있는 거미
먹이를 기다리는지
꼼짝을 안 한다.

비가 자기 집에
걸려 있어도
내가 툭하고
건드려 봐도
꼼짝을 안 한다.

</td></tr>
</table>

삶의 향기

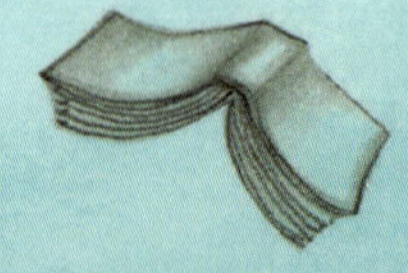

 이야기에는 인물이 등장하여 사건을 펼쳐 나가는 배경이 있습니다. 배경을 통하여 사건이 일어나게 된 까닭과 인물의 특성을 더 잘 이해할 수 있습니다. 배경을 생각하며 이야기를 읽어 봅시다.

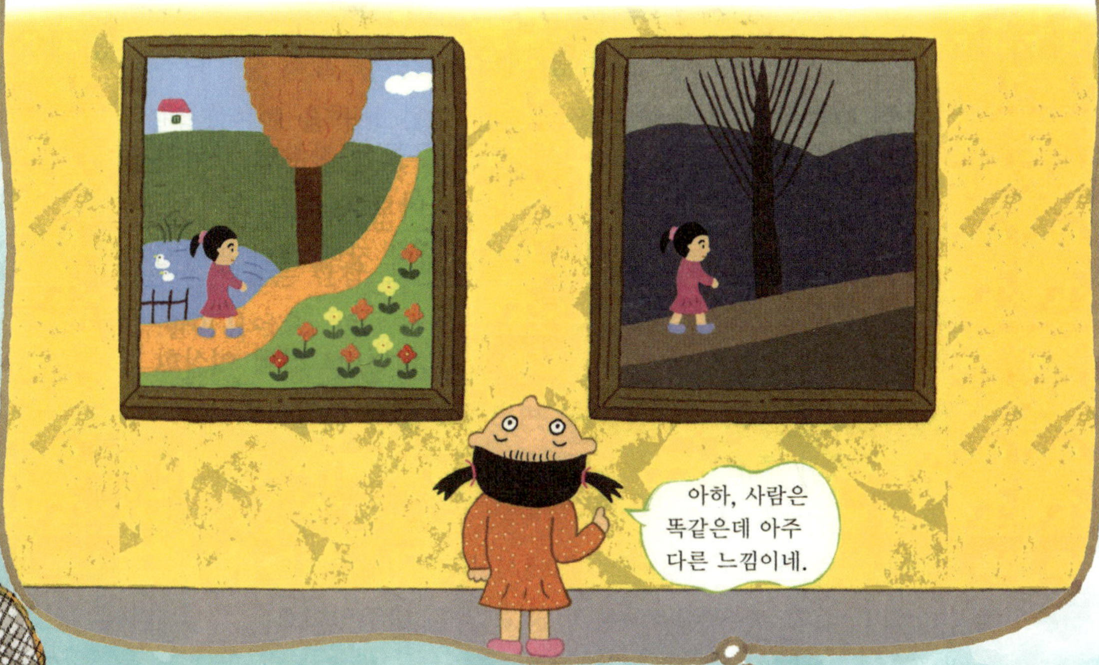

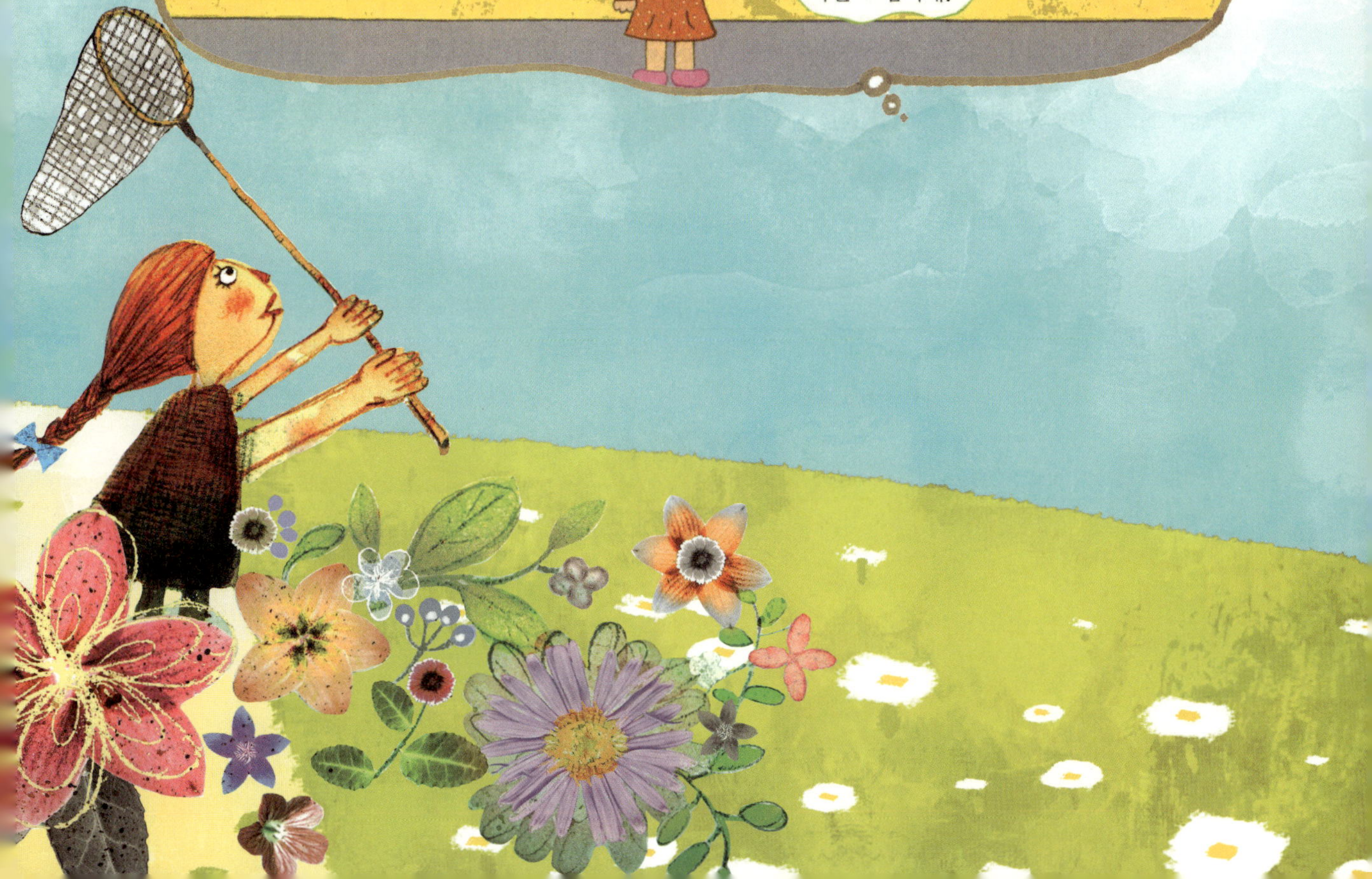

단원 소개

　이 단원의 성취기준은 '문학(3) 문학 작품에 나타난 인물의 삶의 모습을 이해한다.'로, 이 단원의 학습을 통해 학생들은 이야기에서 배경의 역할을 알고 배경에 따른 인물의 특성과 사건을 이해하는 활동을 하게 된다. 배경을 이해한다는 것은 1차적으로는 인물이 처한 시공간이나 사건이 일어나는 시공간을 찾아내는 활동이다. 더 나아가 배경을 이해한다는 것은 이야기 속 시공간에서 등장인물은 어떠한 사람인지, 사건이 왜 일어났는지를 연계하고 이야기의 전체적인 흐름과 맥락을 이해하는 활동이다.

　교과서에 수록된 세 편의 이야기는 구체적인 역사적 배경을 갖는 이야기, 환상의 세계에서 펼쳐지는 이야기, 우리가 처한 현실 세계의 이야기라는 서로 다른 배경 특성을 보여주고 있다. 이 세 편의 작품을 통해 이야기가 펼쳐지는 배경을 파악하고, 배경이 인물의 특성 및 일련의 사건들과 어떠한 관련을 맺고 있는지 가늠해 보면서 문학 작품을 한층 깊이 있게 이해하고 감상할 수 있도록 한다.

제재 분석

　「김덕령 이야기」의 주인공 김덕령은 실존 인물로 임진왜란 당시 의병을 일으켜 왜적을 무찌른 장수이지만 반란군과 내통하였다는 무고를 입어 고문 끝에 옥사한 비운의 인물이다. 실존했던 인물이기 때문에 이야기의 배경이 '조선', '임진왜란'으로 매우 사실적이다. 이야기로 전해 내려오는 과정에서 출생과 성장 과정, 의병을 이끌고 왜적을 무찌르는 내용이 구체화되고 인물의 비범함이 과장되어 표현된 점이 특징이다.

　「꽁지 닷 발 주둥이 닷 발」은 지하국(동굴)에 사는 큰 도적(괴물)을 물리쳐 없애는 이야기이다. 평범한 인물인 아들이 어머니를 구하기 위해 괴물이 사는 동굴을 찾아가는 모험의 과정이 흥미진진하게 펼쳐진다. 여러 조력자의 도움을 받기도 하나 주인공은 지혜와 용기를 발휘하여 괴물을 물리치고 행복을 되찾게 된다. 비현실 세계의 공간에서 현실에서는 존재하지 않는 인물들이 등장하고 현실에서는 가능하지 않은 사건들이 일어나지만, 일련의 사건은 인과 관계에 의해 긴밀히 연결되어 있다.

　「사귀고 싶은 친구」는 『양파의 왕따일기』의 시작 부분으로, 이야기의 배경이 앞의 두 작품과 달리 현실 세계를 기반으로 하고 있다. 이 작품은 초등학교를 배경으로 개성 있는 인물을 등장시켜 친구 간의 문제와 갈등 상황을 구체적인 사건을 통해 생생하게 그려내고 있다. 글을 읽는 독자가 등장 인물의 모습에 자신을 투영하면서 올바른 친구 관계에 대한 바른 판단과 성찰을 해 볼 수 있도록 한 창작 동화 작품이다.

차시	교과서 쪽수	차시 문제	교과서 학습활동
1	읽기 129~133	이야기의 배경을 알면 좋은 점을 알아봅시다.	1. 배경을 생각하며 「김덕령 이야기」를 읽어 봅시다. 2. 「김덕령 이야기」를 읽고 이야기의 배경을 알아봅시다. 3. 「김덕령 이야기」에서 배경이 어떤 역할을 하는지 생각하여 봅시다. 4. 이야기에서 배경을 알면 좋은 점을 정리하여 봅시다.
2~3	읽기 134~140	이야기의 배경을 생각하며 인물을 이해하는 방법을 알아봅시다.	1. 배경에 따라 김덕령의 마음이나 행동이 어떻게 변화하였는지 생각하며 「김덕령 이야기」를 계속 읽어 봅시다. 2. 「김덕령 이야기」를 읽고, 김덕령이 변화하게 된 배경을 알아봅시다. 3. 이야기의 배경이 어떻게 바뀌었는지 쓰고, 김덕령에게 일어난 사건을 말하여 봅시다. 그리고 그림에 어울리는 생각 주머니를 붙여 봅시다. 4. 이야기의 배경을 생각하며 인물을 이해하는 방법을 정리하여 봅시다.
4	읽기 141~145	배경과 인물의 특성을 생각하며 이야기를 읽어 봅시다.	1. 배경과 인물의 특성을 생각하며 「꽁지 닷 발 주둥이 닷 발」을 읽어 봅시다. 2. 「꽁지 닷 발 주둥이 닷 발」을 읽고, 이야기의 배경과 인물에 대하여 정리해 봅시다. 3. 아들이 얻은 여러 가지 물건을 떠올리며, 새를 어떻게 물리쳤을지 상상하여 친구들과 말하여 봅시다.
5~6	읽기 146~153	배경과 인물의 특성을 내 생활과 관련지으며 이야기를 읽어 봅시다.	1. 4학년 초에 나의 학교 생활은 어떠하였는지 이야기하여 봅시다. 2. 이야기의 인물과 비슷한 경험을 한 적이 있는지 생각하며 「사귀고 싶은 친구」를 읽어 봅시다. 3. 「사귀고 싶은 친구」를 읽고 물음에 답하여 봅시다. 4. 「사귀고 싶은 친구」를 다시 읽고, 이야기의 배경과 인물을 내 생활과 관련지어 생각하여 봅시다.

김덕령 이야기

학습개요

1	이야기의 배경을 알면 좋은 점을 알아봅시다.
2 ~ 3	이야기의 배경을 생각하며 인물을 이해하는 방법을 알아봅시다.
4	배경과 인물의 특성을 생각하며 이야기를 읽어 봅시다.
5 ~ 6	배경과 인물의 특성을 내 생활과 관련지으며 이야기를 읽어 봅시다.

동기유발	★ 이야기의 배경 알아맞히기

⬇

학습문제 제시	이야기의 배경을 알면 좋은 점을 알아봅시다.

⬇

활동	★ 모둠별로 묻고 답하며 내용 파악하기
	★ 이야기의 배경을 나타내는 말 찾기
	♥ 이야기에서 배경의 역할 생각해 보기

⬇

정리	★ 이야기에서 배경을 알면 좋은 점 정리하기

♥ 교과서 관련 활동 / ★ 추가 제시 활동

수업활동

[동기유발] 이야기의 배경 알아맞히기

활동 목적

　이야기의 시작 부분에는 시간적 배경과 공간적 배경, 그리고 등장인물이 누구인지가 드러나 있다. 이야기의 시작 부분을 들려주고 어떤 이야기인지 맞혀 보도록 한다. 이야기가 언제, 어디에서 일어났는지도 발표해 보도록 한다.

활동 방법

① 교과서에 수록되어 학생들이 잘 알고 있는 이야기의 시작 부분을 들려준다.

② 학생들은 이야기의 시작 부분을 듣고 제목을 알아맞힌다.

③ 이야기에서 시간과 장소를 나타내는 말을 찾는다.

〈예시 자료〉

이야기 귀신 (4학년 1학기 듣말쓰 1단원)	**옛날 옛적에**, 이야기 듣기를 참 좋아하는 **아이**가 살았어요. 그런데 이야기 듣기만 좋아하였지 다른 사람에게 이야기를 들려주는 법이 없어요.
행복한 비밀 하나 (4학년 1학기 읽기 1단원)	"**성미**야, 네 사진 없어졌어." 내가 **교실**에 들어서자마자 현진이가 호들갑스럽게 말하였다. 나는 순간적으로 교실 뒤를 확인하였다. 정말 없었다. 어제 선생님께서 그려 붙이신 커다란 나무에 우리반 아이들은 자기 사진을 붙였다.

여기서 잠깐

읽기 1단원에서 학습한 '이야기의 구성 요소' 에 대해 복습하는 시간을 갖는다.

① 배경 : 이야기에서 일이 벌어지는 시간과 장소

② 인물 : 이야기에서 어떤 일을 벌이거나 겪는 주체

③ 사건 : 이야기에서 벌어지는 일

[학습문제 제시]

이야기의 배경을 알면 좋은 점을 알아봅시다.

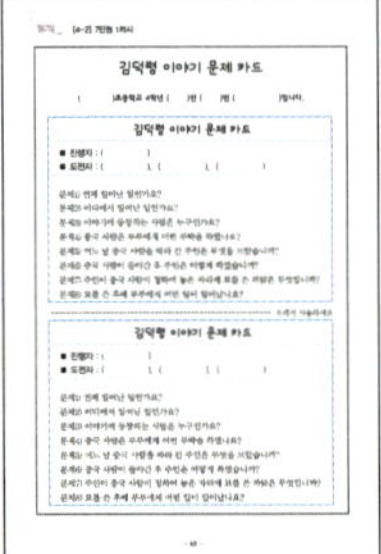

[활동 1] 모둠별로 묻고 답하며 내용 파악하기

활동 목적

교사가 질문하고 손을 든 학생이 답하는 형식이 아니라, 모둠별로 학생 1명이 진행자가 되어 질문하고 나머지 학생이 대답하는 형식이다. 묻고 답하기 활동을 하며 이야기의 배경과 등장인물, 주요 사건을 파악할 수 있다.

활동 방법

① 모둠을 4명으로 구성한다.

② 4명 중 한명이 진행자의 역할을 맡는다.

③ 문제 카드의 문제를 읽으면, 나머지 세 명의 학생이 답을 말한다.

방법 1 : 하나의 질문에 순서대로 한 사람씩 대답하기 (답을 말하지 못하고 '통과'라고 말하면 다음 순서의 친구에게 기회가 넘어감)

방법 2 : 하나의 질문에 중복되는 답을 하더라도 세 명의 학생이 모두 돌아가며 말하기 (모든 학생이 수업에 적극적으로 참여하도록 하고 반복 학습 하는 효과가 있음)

〈문제 카드 내용과 답〉

문제 ① 언제 일어난 일인가요?

　　　　(옛날, 조선시대)

문제 ② 어디에서 일어난 일인가요?

　　　　(호남의 큰 고을 광주 무등산 자락)

문제 ③ 이야기에 등장하는 사람은 누구인가요?

　　　　(가난한 부부, 중국사람, 딸, 아들)

문제 ④ 중국 사람은 부부에게 어떤 부탁을 하였나요?

　　　　(초가집에 며칠만 묵게 해 달라고 하였습니다.)

문제 ⑤ 어느날 중국 사람을 따라 간 주인은 무엇을 보았습니까?

　　　　(중국 사람이 한 곳에 걸음을 멈추고 땅에 달걀을 묻자 땅 속에서 '꼬끼오' 하고 닭 우는 소리가 났습니다.)

문제 ⑥ 중국 사람이 돌아간 후 주인은 어떻게 하였습니까?

　　　　(닭우는 소리가 난 곳에 묘를 썼습니다.)

문제 ⑦ 주인이 중국 사람이 정하여 놓은 자리에 묘를 쓴 까닭은 무엇입니까?

　　　　(그 곳이 명당이라고 생각했기 때문입니다.)

문제 ⑧ 묘를 쓴 후에 부부에게 어떤 일이 일어났습니까?

　　　　(딸과 아들을 낳았고, 아들의 이름을 김덕령이라고 지었습니다.)

학습활동지의 문제 카드를 그대로 사용하는 것보다 문제 카드를 오려 두꺼운 색지에 붙여 사용하면 퀴즈 대회의 느낌을 살릴 수 있다.

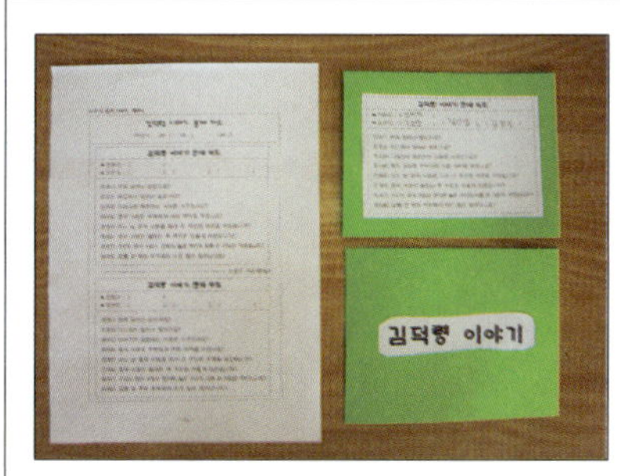
문제 카드 제작

모둠별 묻고 답하기

[활동 2] 이야기의 배경을 나타내는 말 찾기

활동 목적

이야기의 시간적, 공간적 배경을 직접, 간접적으로 드러내 주는 낱말을 찾고 그 뜻을 파악하는 활동을 통해 당대의 시대적 배경을 구체적으로 이해하도록 돕는다.

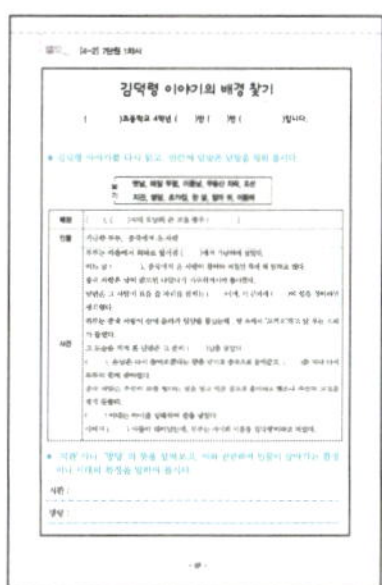

활동 방법

① 배경을 직접적으로 나타내는 낱말 찾기

   – 이야기의 시작 부분에서 시간 배경과 공간 배경을 나타낸 부분을 찾는다.

    (옛날 조선 시대, 호남의 큰 고을 광주 무등산 자락)

   – 〈이야기 구성요소표〉의 괄호(　　)를 채우며 배경을 좀더 세부적으로 나타내주는 낱말을 찾는다.

■ 배경

> (옛 날), (조 선)시대
> 호남의 큰 고을 광주 (무 등 산 자 락)

■ 인물

> 가난한 부부
> 중국에서 온 사람

■ 사건

부부는 마을에서 외따로 떨어진 (초 가 집)에서 가난하게 살았다.

어느 날 (해 질 무 렵), 중국에서 온 사람이 찾아와 며칠만 묵게 해 달라고 했다.

중국 사람은 날이 밝으면 나갔다가 어두워져서야 돌아왔다.

남편은 그 사람이 묘를 쓸 자리를 살피는 (지 관)이며, 이 근처에 (명 당)이 있을 것이라고 생각했다.

하루는 중국 사람이 산에 올라가 달걀을 묻었는데, 땅 속에서 "꼬끼오"하고 닭 우는 소리가 들렸다.

그 모습을 지켜 본 남편은 그 곳이 (명 당)임을 알았다.

(이 튿 날), 손님은 다시 돌아오겠다는 말을 남기고 중국으로 돌아갔고, (한 달)쯤 지나 다시 부부의 집에 찾아왔다.

중국 사람은 주인이 묘를 썼다는 것을 알고 다른 곳으로 옮기라고 했으나 주인의 고집을 꺾지 못했다.

(얼 마 뒤) 아내는 아이를 잉태하여 딸을 낳았다.

이어서 (이 듬 해)에 아들이 태어났는데, 부부는 아이의 이름을 '김덕령' 이라고 지었다.

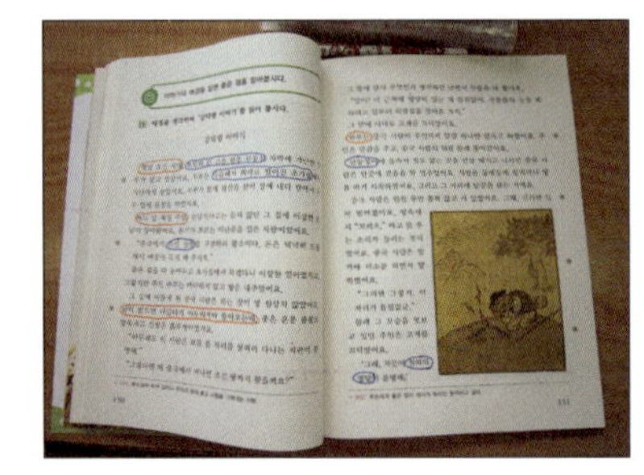

배경을 나타내는 낱말 찾기

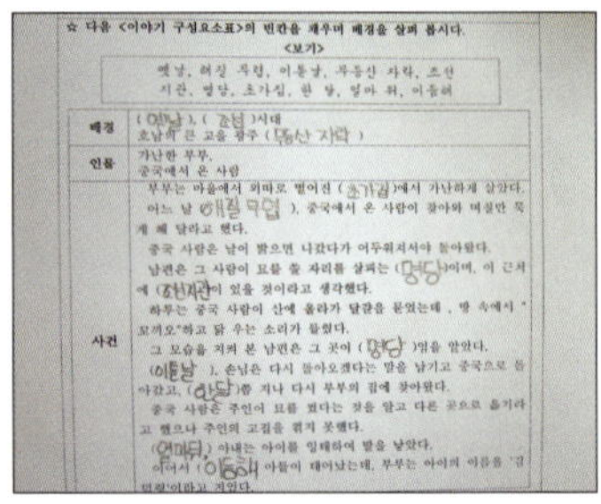

배경·인물·사건 파악하기

② 배경을 <u>간접적으로</u> 나타내는 낱말 찾기

– 이야기의 주요 내용을 간추린 부분에서 그 시대의 풍습과 관련이 있는 낱말을 찾는다.

- 지관 : 풍수설에 따라 집터나 묏자리 등의 좋고 나쁨을 가려내는 사람
- 명당 : 후손에게 좋은 일이 생기게 된다는 묏자리나 집터

– 지관, 명당의 낱말 뜻과 관련하여 이야기의 시대적 환경을 유추해 보도록 한다.

(옛날 조선이나 중국에는 좋거나 나쁜 땅을 가려내는 지관이 있었고, 좋은 땅은 명당이라 하여 후손에게 좋은 일이 생기게 된다고 믿었다. ⇒ 주인이 중국 사람이 찾은 명당에 묘를 썼기 때문에 주인 부부에게서 태어난 딸과 아들에게 좋은 일이 생기게 될 것 같다.)

[활동 3] 이야기에서 배경의 역할 생각해 보기

활동 목적

배경이 이야기를 구성하는 다른 두 요소 – 인물, 사건에 미치는 영향을 살펴보며 배경의 역할을 이해하는 활동이다.

활동 방법

모둠 친구들과 함께 '김덕령 이야기'의 시대적 배경과 관련지을 수 있는 인물의 행동이나 중요한 사건을 찾아본다. 이를 통해 이야기의 배경이 그 시대 사람들의 가치관, 문화, 풍습을 반영하고 있으며, 인물의 행동 특성 및 앞으로 전개될 사건에 영향을 미치고 있음을 파악한다.

〈함께 생각해 볼 내용〉

중국 사람이 명당을 찾아 조선 땅에 온 일에서 알 수 있는 사실은 무엇일까?

⇨ 조선 시대에는 조선과 중국 모두 명당을 중요하게 생각하였습니다.

중국 사람이 조선 땅에 와서 묘를 쓰려고 한 것에서 알 수 있는 사실은 무엇일까?

⇨ 중국이 조선을 함부로 대하는 것 같습니다.

주인은 중국 사람이 찾은 명당에 먼저 묘를 쓰는데, 이러한 행동을 한 이유는 무엇일까?

⇨ 옛날에는 명당을 찾아서 무덤을 써야 후손들이 잘 산다고 믿었습니다.

그 뒤에 태어난 김덕령은 어떤 아이로 자랄까?

⇨ 명당에 묘를 쓴 후에 태어났기 때문에 매우 뛰어난 인물이 될 것이라고 생각합니다.

[정리] 이야기에서 배경을 알면 좋은 점 정리하기

① 이야기에서 일이 벌어진 (시간)과 (장소)를 알 수 있습니다.

② (사건)이 일어나게 된 까닭을 더 잘 이해할 수 있습니다.

③ 인물의 (특성)을 짐작할 수 있습니다.

김덕령 이야기

학습개요

1	이야기의 배경을 알면 좋은 점을 알아봅시다.
2~3	이야기의 배경을 생각하며 인물을 이해하는 방법을 알아봅시다.
4	배경과 인물의 특성을 생각하며 이야기를 읽어 봅시다.
5~6	배경과 인물의 특성을 내 생활과 관련지으며 이야기를 읽어 봅시다.

| 동기유발 | ★ 인물 상상하기
★ 책 소개하기 |

↓

| 학습문제 제시 | 이야기의 배경을 생각하며 인물을 이해하는 방법을 알아봅시다. |

↓

| 활동 | ★ 이야기 읽고 낱말 뜻 알아보기
★ 이야기 속 배경의 변화 살펴보고 빙고 놀이 하기
★ 배경의 바뀜에 따라 일어난 사건 간추리기
★ 배경의 바뀜에 따른 인물의 변화 파악하기
★ 땅따먹기 놀이하며 배경, 사건, 인물 관련짓기 |

↓

| 정리 | ★ 이야기의 배경을 생각하며 인물을 이해하는 방법 정리하기 |

[심화활동] 4쪽 아코디언 펼침책 만들며 배경의 변화에 따른 인물, 사건 이해하기

♥ 교과서 관련 활동 / ★ 추가 제시 활동

수업활동

[동기유발 1] 인물 상상하기

활동 목적

본 차시 학습을 시작하기 전에 1차시의 내용을 바탕으로 주인공 김덕령의 모습과 주인공이 앞으로 어떤 일을 하게 될지 자유롭게 상상하여 말하여 보도록 한다.

활동 방법

① '몸집은 작지만 단단하기가 꼭 차돌같은 아이였지요' 라는 묘사를 통해 김덕령의 생김새를 유추해 본다.

② 김덕령이 명당에 묘를 쓴 후에 태어난 아이라는 점을 생각하며 어떤 능력을 지녔을지 상상해 본다.

[동기유발 2] 책 소개하기

활동 목적

김덕령 이야기가 수록된 책을 소개하고 수업이 끝난 후에 교과서에 수록되지 않은 뒷부분의 이야기를 찾아 읽을 수 있도록 안내한다. 차시 학습 동기를 유발하면서 독서 흥미를 고취시킬 수 있다.

조선의 영웅 김덕령
(신동흔 / 한겨레아이들)

활동 방법

① 『조선의 영웅 김덕령』의 책 표지에 나타난 김덕령의 모습을 보며 김덕령이 어떤 능력을 지닌 사람일지 자유롭게 말해 본다.

② 『조선의 영웅 김덕령』이라는 책의 제목을 바탕으로 김덕령이 어떤 일을 했을지 상상해 본다.

여기서 잠깐

– 김덕령 이야기의 줄거리 –

조선시대 광주 무등산 자락의 가난한 집에서 태어난 김덕령은 힘이 세고 무예가 뛰어난 장수였다. 부친상을 당하였으나 나라를 구하려는 충성심으로 전쟁터에 나갔다. 그러나 능력을 제대로 발휘할 기회를 얻지 못한 채 반란군에 가담했다는 누명을 쓰고 처형을 당하였다. 훗날 죄 없이 죽은 사실이 밝혀져 병조판서 벼슬을 받았다.

[학습문제 제시]

이야기의 배경을 생각하며 인물을 이해하는 방법을 알아봅시다.

부록 _ 52쪽

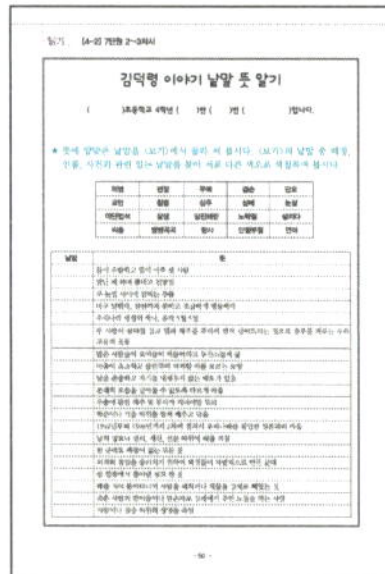

[활동 1] 이야기 읽고 낱말 뜻 알아보기

활동 목적

김덕령 이야기에 나오는 어려운 낱말의 뜻을 알아본다. 낱말의 뜻을 명확히 알면 이야기의 배경과 사건을 보다 쉽게 파악할 수 있고 인물의 특성도 구체적으로 이해할 수 있다.

활동 방법

① 2~3차시 교과서 수록글에 나온 어려운 낱말을 〈보기〉에 제시한다.

② 낱말의 뜻을 풀이해 놓은 〈표〉를 제시한다.

③ 뜻에 알맞은 말을 〈보기〉에서 골라 〈표〉의 빈칸을 채운다.

④ 〈보기〉에 제시된 낱말 중 배경, 사건, 인물과 관련이 있는 말을 찾아 무리지어 본다.(서로 다른 색으로 낱말에 표시하거나 색칠하기 – 아래 사진 참조)

- 배경과 관련된 낱말 – 단오, 임진왜란
- 사건과 관련된 낱말 – 씨름, 침범, 의병
- 인물과 관련된 낱말 – 교만, 겸손, 장사, 상주

낱말 뜻 알아보기

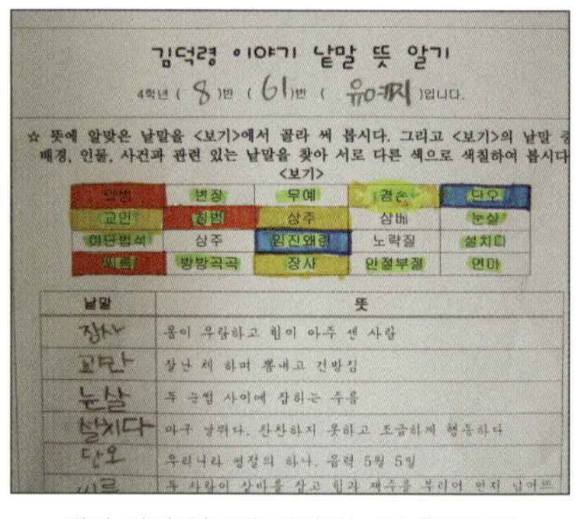

배경·사건·인물과 관련있는 말 찾아보기

부록 _ 53쪽

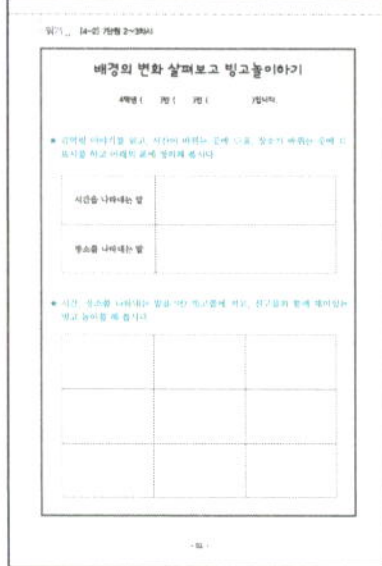

[활동 2] 이야기 속 배경의 변화 살펴보고 빙고 놀이 하기

활동 목적

2~3차시에 수록된 이야기는 김덕령의 어린 시절부터 의병에 나가기 전까지의 내용이다. 김덕령 이야기의 배경은 전체로 보면 임진왜란 무렵 조선이고, 이야기가 전개되면서 세부적인 시간적, 공간적인 배경이 변화하고 있다.

활동 방법

① 이야기를 다시 한번 읽으며, 배경이 변화하는 곳에 표시를 한다.

(시간이 바뀌는 곳에는 ○표, 장소가 바뀌는 곳에는 □표시를 한다.)

시간을 나타내는 말	언제부터인가, 달이가고 해가 갈수록, 얼마 뒤 단옷날, 며칠 동안, 얼마 뒤, 임진왜란 등
장소를 나타내는 말	씨름판, 나라에는, 경상도에서는, 전라도 지역에서도, 김덕령의 집, 김덕령 아버지의 묘

② 9칸 빙고틀에 시간·공간 배경을 나타내는 말을 적고, 짝 또는 모둠별 또는 전체 학생이 함께 빙고 놀이를 한다.(빙고 놀이틀 – 부록 학습활동지 활용)

[활동 3] 배경의 바뀜에 따라 일어난 사건 간추리기

부록 _ 54쪽

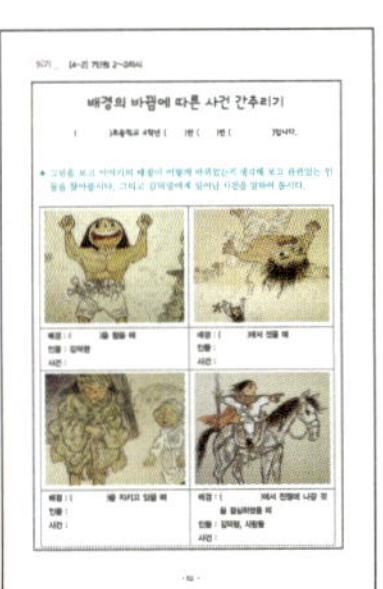

활동 목적

이야기에서 배경이 어떻게 바뀌었는지 알고, 그때 일어난 사건을 파악하는 활동이다. 교과서의 삽화를 이용하여 네 부분으로 요약하도록 한다.

활동 방법

① 삽화를 보면서 이야기의 배경을 찾는다.

② 각각의 배경과 관련이 있는 인물을 찾는다.

③ 배경의 바뀜에 따라 일어난 사건을 간추려 말한다.

 ···▶  ···▶  ···▶ 

삽화	배경	인물	사건
1	**씨름판**을 휩쓸 때	김덕령	**김덕령**은 몇 년간 씨름판에서 모든 상대를 이김
2	**씨름판**에서 졌을 때	김덕령 누나	낯선 총각으로 변장한 **김덕령의 누나**가 씨름판에서 김덕령을 이김. **김덕령**은 자기의 자신의 잘못을 깨닫고 열심히 무예를 연마함.
3	**아버지의 묘소를** 지키고 있을 때	김덕령 사람들 어머니	임진왜란이 일어나자 **사람들**은 **김덕령**에게 장군이 되어 왜적을 무찔러달라고 하였으나 **어머니**가 반대함
4	**아버지의 묘소**에서 전쟁에 나갈 것을 결심하였을 때	김덕령 사람들	**김덕령**은 위태로운 나라를 구하기 위해 **사람들**의 뜻을 받들어 왜적과 싸우기로 함

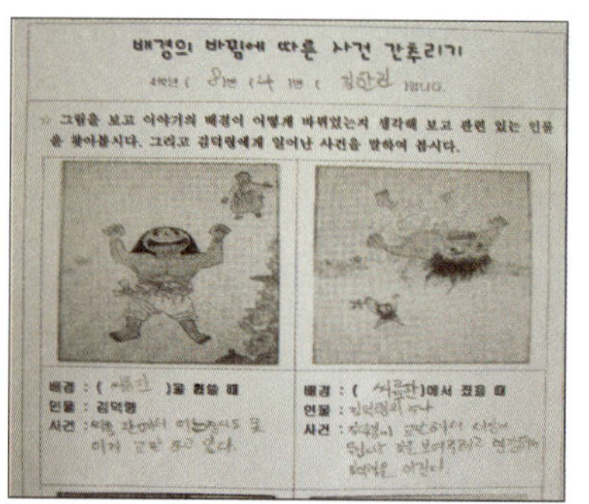

| 이야기의 내용 다시 확인하기 | 배경의 바뀜에 따른 사건 간추리기 |

부록 _ 55쪽

[활동 4] 배경의 바뀜에 따른 인물의 변화 파악하기

활동 목적

배경 바뀜에 따라 일어난 사건을 알고, 그때 인물의 행동이나 마음의 변화를 파악하는 활동이다. 교과서의 활동을 보완할 수 있는 학습활동지를 제시하였다.

활동 방법

① 교과서에 수록된 삽화를 보며 각각의 장면에서 김덕령이 했던 말(생각)을 찾는다.
② 각 장면에서 김덕령의 마음이나 행동을 변화시킨 인물을 다시 한번 확인한다.
③ 김덕령의 마음이나 행동이 어떻게 변화하였는지 〈인물분석표〉에 정리하여 본다.

〈**인물분석표**〉

배경	김덕령이 한 말	관련 인물	인물의 변화
1 씨름판	이 땅에는 나를 당할 사람이 없군, 누구든지 덤벼 보라고!	김덕령	씨름판에서 자신이 제일인 줄 알고 교만함
2 씨름판	이럴 수가! 내가 지다니. 뛰는 놈 위에 나는 놈 있다더니…….	김덕령 누나	자신이 제일인 줄 알다가 누나에게 지고 나서 겸손해 짐. 이후 열심히 무예를 연마함.
3 아버지의 묘소	힘을 발휘할 때가 왔지만, 상주의 몸이라 전쟁터에 나갈 수가 없구나.	김덕령 사람들 어머니	힘을 발휘할 기회가 왔으나 상주의 몸으로 나갈 수 없어 고민함
4 아버지의 묘소	나라를 위하여 왜적과 싸우자! 아버지께서도 그렇게 하기를 바라실 거야.	김덕령 사람들 어머니	나라를 위하여 왜적과 싸울 것을 다짐하며 아버지께서도 진정으로 바라실 것으로 생각함.

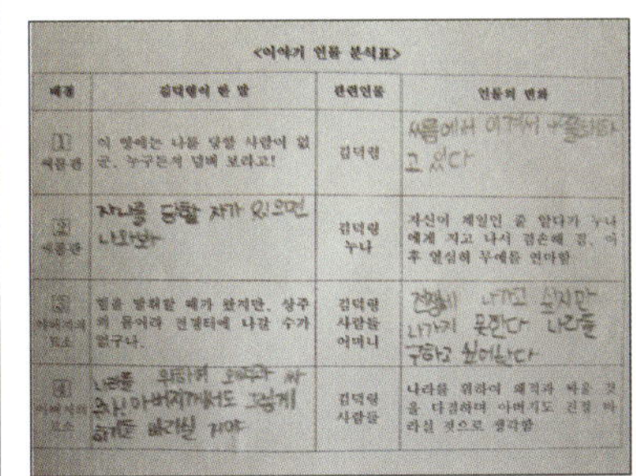

배경의 바뀜에 따른 인물 변화 파악하기

[활동 5] 땅따먹기 놀이하며 배경, 사건, 인물 관련짓기

부록 _ 56쪽

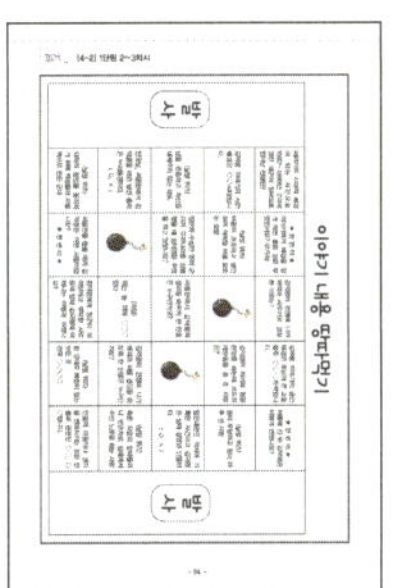

활동 목적

   이야기의 배경, 주요 사건, 인물의 특성에 대한 총체적인 이해를 도울 수 있는 질문과 답하기 활동을 땅따먹기 놀이 형태로 제시하였다.

활동 방법

〈놀이 방법 안내〉

① 짝과 가위바위보로 순서를 정합니다.

② 말을 '발사' 위치에 놓고 튕깁니다.

③ 말이 들어간 칸의 문제를 맞게 풀면 그 칸을 차지하게 됩니다.

④ 내가 차지한 칸을 색연필로 색칠하여 표시합니다.

⑤ '한 번 더'에 들어가면 또 한 번 문제를 풀 수 있습니다.

⑥ '꽝'에 들어가면 친구에게 차례가 넘어갑니다.

⑦ 말이 땅을 넘어갈 경우에도 친구에게 차례가 넘어갑니다.

⑧ 말이 선에 걸칠 경우 많이 걸쳐진 쪽의 문제를 풉니다.

⑨ 더 많은 땅을 차지한 친구가 이깁니다.

땅따먹기 놀이 장면 1

땅따먹기 놀이 장면 2

[정리] 이야기의 배경을 생각하며 인물을 이해하는 방법 정리하기

① 이야기 속에서 인물을 변화시킨 배경을 살펴봅니다.

② 인물에게 어떤 변화가 일어났는지 알아봅니다.

③ 배경에 따라 인물이 어떤 생각을 하는지 알아봅니다.

〈이야기 읽기 자기평가표〉	
	이름 : ( )
배경의 바뀜에 따른 사건과 인물 이해하기	나의 점수
이야기 속에서 배경이 어떻게 변하였는지 찾을 수 있었나요?	☆ ☆ ☆ ☆
배경의 바뀜에 따라 어떤 일이 일어났는지 찾을 수 있었나요?	☆ ☆ ☆ ☆
배경의 바뀜에 따라 인물이 어떤 생각을 했는지 찾을 수 있었나요?	☆ ☆ ☆ ☆

(참 잘해요 별 4개, 잘해요 별 3개, 보통이에요 별 2개, 노력해요 별 1개)

 이런 활동도 있어요

[심화활동] 4쪽 아코디언 펼침책 만들며 배경의 변화에 따른 인물, 사건 이해하기

활동 목적

준비물 _ 골판지 2장 11×15cm, 8절 색도화지 1장

이 차시의 학습 목표는 이야기의 배경을 생각하며 인물을 이해하는 것이다. 이야기의 배경이 인물의 행동이나 마음 변화와 어떠한 관련을 맺고 있는지 연결 짓는 아코디언 형태의 소책자 만들기를 통해 배운 내용을 확인한다.

책 제작방법

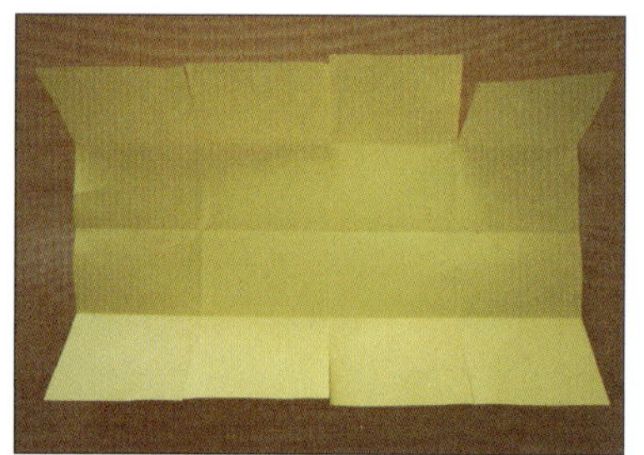

① 8절 도화지를 가로, 세로 방향으로 각각 4등분하여 접은 후 편다.

② 도화지의 위쪽과 아래쪽의 1/4지점까지 가위로 자른다.

③ 위, 아래의 자른 부분을 내려접고 아코디언 모양으로 접는다.

④ 도화지의 왼쪽과 오른쪽에 골판지(표지)를 붙인다.

① 도화지의 안쪽 면에 배경 그림 카드(부록의 학습활동지를 오려서 사용)를 이야기의 순서에 맞춰 붙인다.

② 배경 그림 카드를 덮은 종이의 위쪽에는 이야기의 배경을 적고, 아래쪽에는 관련 인물을 찾아 쓴다.

③ 배경 그림 카드가 있는 안쪽 지면에 사건을 간추려 적는다.

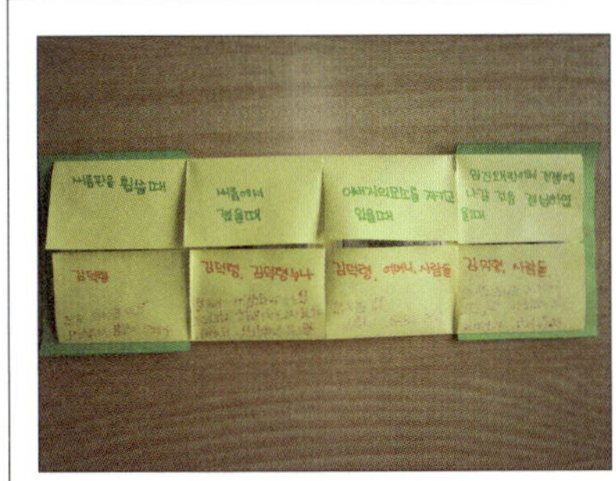

배경과 관련 인물 적기

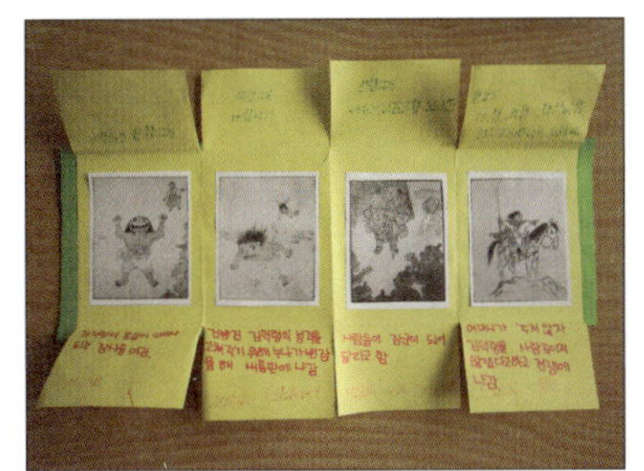

사건 간추리기

수업활동 전에 책 표지를 쓸 골판지를 미리 잘라 준비한다. 도화지는 접는 방법이 간단하여 수업시간 중에 학생들이 직접 적을 수 있다. 교과서 삽화는 부록의 학습활동지를 A4크기로 확대 복사한 후 오려서 사용하면 편리하다.

[활동 3]과 [활동 4]를 충실히 하였다면 4쪽 아코디언 펼침책을 만드는 시간은 10~15분 정도면 된다.

꽁지 닷 발
주둥이 닷 발

학습개요

1	이야기의 배경을 알면 좋은 점을 알아봅시다.
2 ~ 3	이야기의 배경을 생각하며 인물을 이해하는 방법을 알아봅시다.
4	배경과 인물의 특성을 생각하며 이야기를 읽어 봅시다.
5 ~ 6	배경과 인물의 특성을 내 생활과 관련지으며 이야기를 읽어 봅시다.

동기유발	★ 상상의 동물 살펴보기

학습문제 제시	배경과 인물의 특성을 생각하며 이야기를 읽어 봅시다.

활동	★ 옛이야기의 배경 특성 알아보기
	★ 배경의 변화와 인물, 일어난 사건 관련짓기 – 이야기 분석표 작성하기
	★ 한눈에 보는 이야기 배경책 꾸미기 – 삼각무대책 만들기
	♥ 뒷이야기 상상하기

정리	★ 옛이야기의 배경과 인물의 특성 생각하며 이야기 읽기

♥ 교과서 관련 활동 / ★ 추가 제시 활동

수업활동

[동기유발] 상상의 동물 살펴보기

활동 목적

옛사람들은 기이한 모습과 신비로운 능력을 지닌 동물이 있다고 믿었고, 이러한 동물은 옛이야기에 자주 등장하였다. 이러한 상상의 동물을 그림으로 보여주고, 어떤 특징이 있는지 자유롭게 말하면서 학습 흥미를 유발하도록 한다.

활동 방법

① 옛사람들이 상상한 다양한 동물들의 사진을 제시한다

　(예) 청룡, 백호, 현무, 주작, 해치, 용 등

② 「꽁지 닷 발 주둥이 닷 발」에 나오는 새의 모습(삽화)을 보면서 새의 특성, 전개될 이야기의 내용 등을 예측하여 보도록 한다.

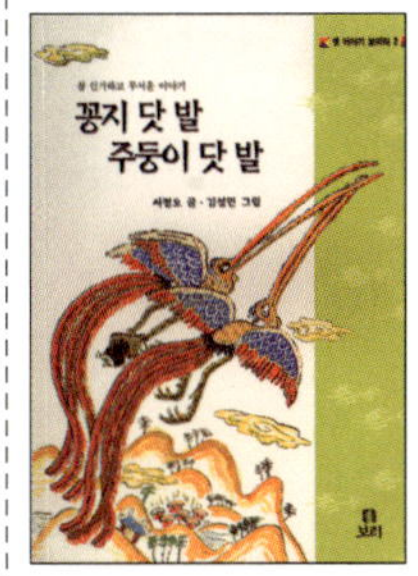

꽁지 닷 발 주둥이 닷 발
(서정오 / 보리)

[학습문제 제시]

배경과 인물의 특성을 생각하며 이야기를 읽어 봅시다.

[활동 1] 옛이야기의 배경 특성 알아보기

활동 목적

옛이야기는 환상성에 기반한 것이 많기 때문에 우리가 살고 있는 현실 세계의 배경과는 다르다. 이러한 배경적 특수성 속에서 주인공은 비범한 능력을 지녔거나 신비로운 능력을 지난 인물들의 도움을 받으며 주어진 과제를 해결하고 위기를 극복해 나간다. 이러한 옛이야기의 배경 특성을 이해할 때 학생들은 옛이야기의 비현실성을 자연스러운 것으로 받아들이고 이야기를 흥미롭고 진지하게 수용할 수 있다.

활동 방법

① 언제 일어난 일인가요? (옛날)

② 어디에서 일어난 일인가요?

　(어떤 산골, 어머니를 찾아나서는 길, 어머니가 잡혀 있는 동굴)

③ 어머니에게 어떤 일이 일어났습니까?

　(꽁지 닷 발 주둥이 닷 발인 새에게 잡혀갔습니다.)

④ 이 이야기의 주인공이 찾아가는 장소는 우리가 살고 있는 현실 세계에서 볼 수 있는 장소입니까?

　(우리가 살고 있는 현실 세계의 장소와 다릅니다.)

⑤ 이 이야기에서 신기한 장면을 말하여 봅시다.

(꽁지 닷 발 주둥이 닷 발이나 되는 새가 살고 있습니다.

새가 사람을 물어가는 것이 신기합니다.

삼십 리나 되는 긴 밭이 있다는 것이 신기합니다.

고추밭이 기우뚱한 것이 이상합니다.

사람이 까치와 다람쥐와 이야기하는 것이 신기합니다. 등)

[활동 2] 배경의 변화와 인물, 일어난 사건 관련짓기
– 이야기 분석표 작성하기

부록 _ 57쪽

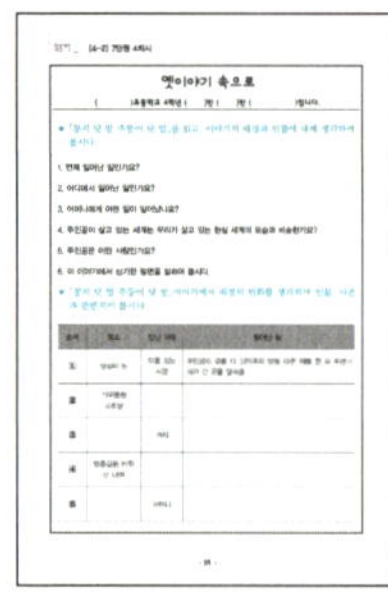

활동 목적

이 이야기는 '옛날'이라는 비현실적 공간에서 시작되며 주인공은 어머니를 찾아 나선 길에서 비현실적 인물을 만나고 비현실적 사건을 경험한다. 「꽁지 닷 발 주둥이 닷 발」의 배경, 인물, 사건이 비현실적 성격을 지니고 있지만, 이야기의 구성요소들이 서로 긴밀하게 관련을 맺고 일련의 사건들이 인과 관계에 의해 연결되고 있기 때문에 독자는 비현실 세계의 법칙을 수용하면서 이야기를 받아들이게 된다. 〈이야기 분석표〉 작성을 통해 비현실적 배경, 인물, 사건이 서로 긴밀히 관계 맺으며 이야기를 탄탄히 꾸려나가고 있음을 알도록 한다.

활동 방법

– 교과서 활동의 삽화를 보며 주인공이 거쳐간 장소와 만난 인물을 선으로 연결하여 본다.

– 교과서의 활동을 보완하여 다음의 질문에 대하여 모둠원과 상의하여 답을 찾고, 〈이야기 분석표〉를 완성한다.

① 아들은 어머니를 찾아가면서 어디어디를 거쳐갔습니까?

(삼십리 논, 기우뚱한 고추밭, 구름 아래 큰 산너머, 병풍같은 바위산 너머, 가시덤불 뒤덮인 산 너머 바위굴)

② 아들이 어머니를 찾아가면서 누구누구를 만났습니까?

(어떤 사람, 줄에 매달린 사람, 까치, 다람쥐)

③ 만난 사람(동물)에게서 받은 것은 무엇입니까?

(볏짚 태운 재, 고춧가루 한 봉지, 삭정이 한 단, 도꼬마리 한 줌)

④ 아들은 어떤 사람이라고 생각합니까?

(의지가 강하고 인내심이 강한 사람입니다. 어머니에 대한 효성이 지극합니다.)

〈이야기 분석표〉

순서	장소	만난 사람	일어난 일
①	삼십리 논	모를 심는 사람	모를 다 심어주자 볏짚 태운 재를 한되 주면서 새가 간 곳을 알려줌
②	기우뚱한 고추밭	김을 매는 사람	주인공이 김을 다 매 주자 고춧가루 한 봉지를 주면서 새가 간 곳을 알려줌
③	구름 아래 큰 산 너머 참나무 가지	까치	주인공이 벌레 한 소쿠리를 잡아주자 사정이 한 닢을 주면서 새가 간 곳을 알려 줌
④	병풍같은 바위산 너머	다람쥐	주인공이 상수리 한 말을 주워다 주자 도꼬마리 한 줌을 주면서 새가 간 곳을 알려줌
⑤	가시넝쿨 뒤덮인 산 너머 바위굴	어머니	주인공이 동굴 안에 갇혀 있는 어머니를 발견하고 엉엉 욺

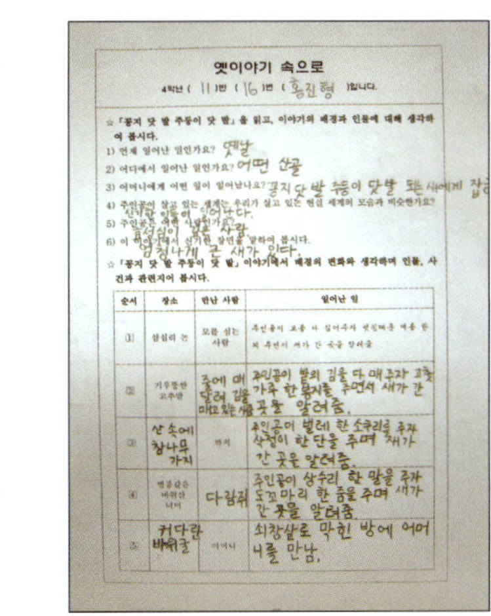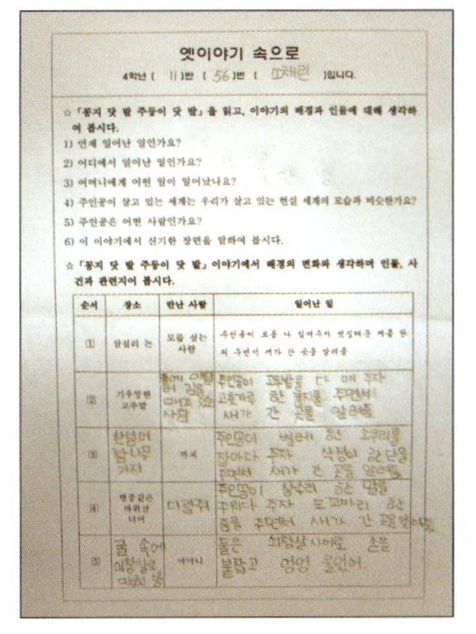

〈이야기 분석표〉 작성하며 배경·인물·사건 관련짓기

[활동 3] 한눈에 보는 이야기 배경책 꾸미기 – 삼각무대책 만들기

활동 목적

　이 이야기의 배경은 비현실 세계이며, 주인공의 여정에 따라 배경이 여러 차례 변하고 있다. 이야기 속 장소를 한 눈에 살펴볼 수 있는 삼각무대 형태의 입체 책을 꾸며 봄으로써 배경에 대한 이해를 돕는다.

준비물 _ 정사각형 도화지(25X25cm), 사인펜, 색연필, 배경, 인물, 사건 카드

유의점 _ 입체책 바닥을 풀칠하지 말고 클립으로 고정하면 책을 꾸미기 좋고 보관하기도 쉬워요.

① 정사각형 모양의 종이(25×25cm)를 대각선이 2개 생기도록 접는다.

② 사진처럼 한쪽 대각선을 1/2길이만큼 가위로 자른다.

③ 가위로 자른 부분의 양 옆면을 겹치면 삼각입체책 완성

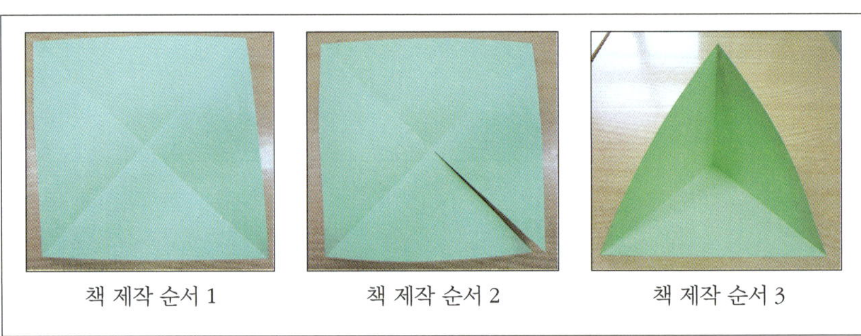

책 제작 순서 1　　　　책 제작 순서 2　　　　책 제작 순서 3

① 삼각무대책을 이야기가 펼쳐지는 공간이라고 생각하고 주인공이 바위굴에 도착하기까지 거쳐가는 장소를 표시한다. (60칸 짜리 폼덱 바코드용 라벨지를 활용하여 붙임 딱지 제작함)

② 각각의 장소를 그림으로 그려 이야기의 배경을 꾸민다.

③ 친구들과 함께 삼각무대책을 보면서 이야기의 내용을 요약하여 말한다.

배경꾸미기　　　　　　　　　　삼각무대책 완성

[활동 4] 뒷이야기 상상하기

　아들이 어머니를 만난 후 어떻게 이야기가 전개될지 상상하는 활동이다. 배경의 변화에 따른 등장인물 및 사건의 변화를 관련지어 보았으므로, 이에 바탕을 두고 뒷

이야기를 꾸며 보도록 한다.

부록 _ 58쪽

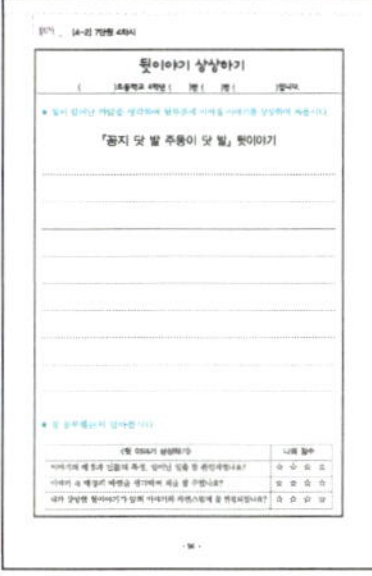

활동 방법

① 앞의 이야기와 긴밀하게 연결되어야 하므로 주인공이 이야기 속에서 얻은 물건들을 어떻게 사용할 것인지 생각해 보도록 한다.

② 다음과 같은 질문에 답하면서 뒷이야기를 상상하도록 한다.

– 꽁지 닷 발 주둥이 닷 발 되는 새는 어머니를 어떻게 하려고 한 것일까?

– 아들은 어머니를 찾으러 오는 도중에 얻는 물건들을 어떻게 사용할까?

– 아들은 꽁지 닷 발 주둥이 닷 발 되는 새를 물리쳤을까?

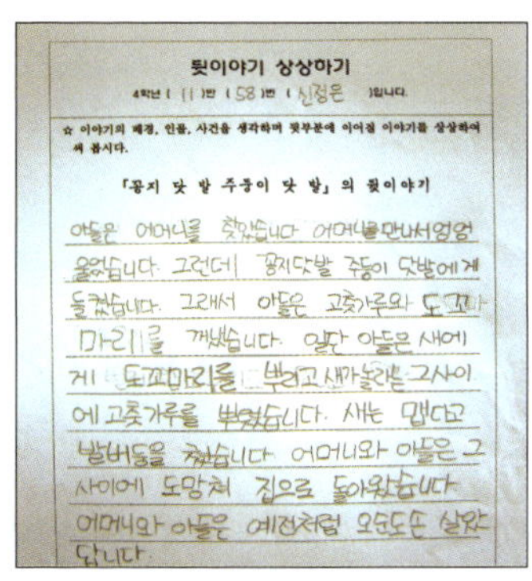

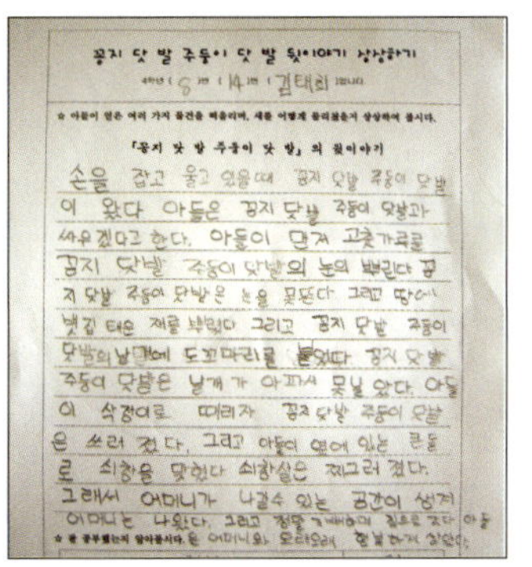

[정리] 옛이야기의 배경과 인물의 특성 생각하며 이야기 읽기

① 배경을 생각하며 읽으면 이야기가 더 재미있고 잘 이해됩니다.

② 옛이야기에는 신기한 배경이 있습니다.

③ 옛이야기에는 비현실적인 배경이 이야기를 더욱 재미있게 해 줍니다.

④ 비현실적 배경 속에서 인물의 특성이 드러나고 사건이 재미있게 전개됩니다.

〈이야기 읽기 자기평가표〉	
	이름 : (　　　　　)
잘 공부했는지 알아봅시다	나의 점수
이야기의 배경과 인물의 특성, 일어난 일을 잘 관련지었나요?	☆ ☆ ☆ ☆
이야기 속 배경의 바뀜을 생각하며 입체 책을 잘 꾸몄나요?	☆ ☆ ☆ ☆
내가 상상한 뒷이야기가 앞의 이야기와 자연스럽게 잘 연결되었나요?	☆ ☆ ☆ ☆

(참 잘해요 별 4개, 잘해요 별 3개, 보통이에요 별 2개, 노력해요 별 1개)

5~6차시

사귀고 싶은 친구

학습개요

1	이야기의 배경을 알면 좋은 점을 알아봅시다.
2 ~ 3	이야기의 배경을 생각하며 인물을 이해하는 방법을 알아봅시다.
4	배경과 인물의 특성을 생각하며 이야기를 읽어 봅시다.
5 ~ 6	배경과 인물의 특성을 내 생활과 관련지으며 이야기를 읽어 봅시다.

| 동기유발 | ★ 동화책의 주인공은? |

↓

| 학습문제 제시 | 배경과 인물의 특성을 내 생활과 관련지으며 이야기를 읽어 봅시다. |

↓

활동	★ 모둠별로 묻고 답하며 이야기의 내용 파악하기
	★ 이야기의 배경 살펴보며 사건 간추리기
	★ 등장인물 탐구 – 인물 액자 만들기
	★ 이야기의 배경과 인물을 내 생활과 관련짓기 – 우산책 만들기

↓

| 정리 | ★ 인물의 삶을 내 생활과 관련지어 생각하면 좋은 점 알기 |
| | ♥ 이 단원에서 배운 이야기의 특징 정리하기 |

♥ 교과서 관련 활동 / ★ 추가 제시 활동

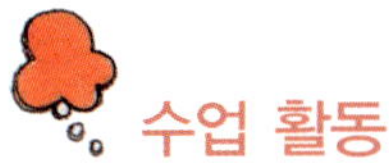

수업 활동

[동기유발] 동화책의 주인공은?

활동 목적

4차시에 배운 옛이야기가 비현실적 세계를 배경으로 한 작품이라면 5~6차시에 교과서에 수록된 '사귀고 싶은 친구'는 현실 세계를 배경으로 한 사실 동화 작품이다. 초등학교 4학년 어린이들의 학교 생활 속에서 일어나는 친구 간의 문제와 갈등 상황을 사실적으로 생생하게 그렸다.

활동 방법

어린이들에게 많이 읽혀 온 사실 동화 작품과 주인공을 소개하면서 학습 동기를 유발한다.

예시 작품

- 2학년 어린이가 주인공인 동화 작품 :

  짜장 짬뽕 탕수육, 거짓말쟁이 최효실, 딱지딱지 코딱지 등

- 3학년 어린이가 주인공인 동화 작품 :

  나쁜 어린이표, 까막눈 삼디기, 내 짝꿍 최영대, 돈잔치 소동, 마법사 똥맨 등

- 4학년 어린이가 주인공인 동화 작품

  바보 창수 대장 용수, 일기 감추는 날, 가방 들어주는 아이, 양파의 왕따일기 등

- 그밖의 작품

  문제아, 종이밥, 내 이름은 나답게, 밤티마을 큰돌이네집, 이웃집 영환이, 너도 하늘말나리야, 괭이부리말 아이들, 아홉 살 인생 등

[학습문제 제시]

배경과 인물의 특성을 내 생활과 관련지으며 이야기를 읽어 봅시다.

[활동 1] 모둠별로 묻고 답하며 이야기의 내용 파악하기

활동 목적

교과서에 수록된 부분은 『양파의 왕따일기』의 첫부분에 해당되는 내용으로 이야기가 펼쳐지는 배경과 등장인물에 대한 구체적인 서술이 이루어지고 있다. 모둠별로 묻고 답하기 활동을 하면서 이야기의 배경과 인물의 특성을 파악하도록 한다.

활동 방법

① 모둠을 4명으로 구성한다.

부록 _ 59쪽

② 4명 중의 한 명이 진행자의 역할을 맡는다.

③ 진행자가 문제 카드의 문제를 말하면, 나머지 세 명의 학생이 답을 맞힌다.

〈문제 카드 내용과 답〉

문제 ① 언제 어디에서 일어난 일인가요?

　　　(4학년, 학교와 교실)

문제 ② 이야기에 나오는 인물은 누구누구인가요?

　　　(미희, 정화, 친구들)

문제 ③ 학기초에 정화는 미희를 보며 어떤 생각을 하였나요?

　　　(사귀고 싶다, 톡톡 튀는 생각으로 여자아이들의 유행을 만들어 간다, 공부,

　　　운동, 게임, 노래 등 못하는 것이 없습니다.)

문제 ④ 미희는 누구와 살고 있나요?

　　　(엄마, 아빠가 외국에서 공부하고 계셔서 할머니, 할아버지와 함께 삽니다.)

문제 ⑤ 미희와 어울려 다니는 아이들을 어떻게 부르나요?

　　　(미희의 성이 양씨이이기 때문에 양파라고 부릅니다.)

문제 ⑥ 정화가 양파에 들고 싶어 하는 까닭은 무엇인가요?

　　　(미희와 같이 어울려 다니고 싶어서, 미희와 친하게 지내고 싶어서 입니다.)

문제 ⑦ 읽기 시간에 정화가 선생님께 꾸중을 들은 까닭은 무엇인가요?

　　　(미희가 보낸 쪽지를 전해 주다가 선생님께 들켰기 때문입니다. 미희가 보낸

　　　쪽지를 자신이 보냈다고 했기 때문입니다.)

문제 ⑧ 양파 아이들끼리만 하는 특별한 행동은 무엇인가요?

　　　(수업 시간에 쪽지를 돌립니다. 교환 일기를 씁니다.)

문제 ⑨ 비오는 날 아침, 학교에 가는 길에 정화에게 어떤 일이 있었나요?

　　　(미희를 만났지만 소정이와 가버려서 친해질 기회를 놓쳤습니다.)

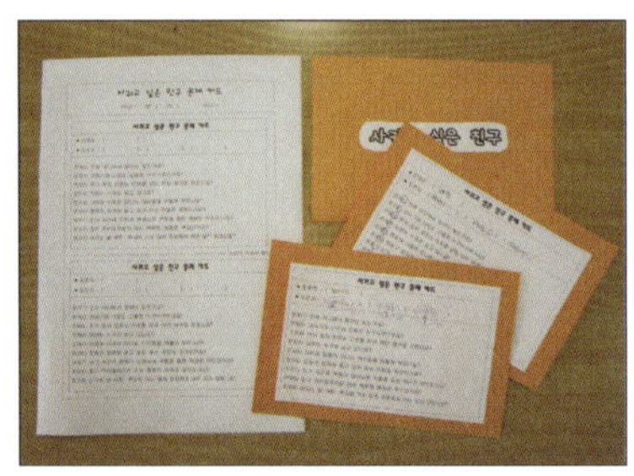

문제 카드 제작

모둠별 묻고 답하기

[활동 2] 이야기의 배경 살펴보며 사건 간추리기

활동 목적

　이 차시의 제재글은 어린이들의 구체적인 삶의 모습을 담은 사실 동화 작품이다. 이야기의 배경을 살펴보고 사건을 간추리며 우리가 살고 있는 현실 세계와 작품 속 세계의 모습이 얼마나 닮아 있는지 살펴본다.

활동 방법

① 이야기를 다시 한 번 읽고, 시간이나 장소를 나타내는 낱말이나 구절에 표시한다. (시간이 바뀌는 곳에는 ○표, 장소가 바뀌는 곳에는 □표시)

② 교과서에 표시한 부분을 참고하며 학습활동지의 (　　)안에 배경을 나타내는 적절한 낱말을 넣는다.

③ 일어난 일을 간추린 내용을 살펴보고 이야기의 흐름에 맞게 학습활동지의 빈 칸에 빠져 있는 내용을 쓴다.

☆ 「사귀고 싶은 친구」를 읽고 일어난 일을 정리하였습니다. 배경을 나타내는 말을 넣어 문장을 완성하여 봅시다. 그리고 이야기의 흐름에 맞게 빠진 내용을 넣어 봅시다.

> 정화는 (4학년)이 된 지 (한 달)이 지났지만 아직 단짝 친구가 없다.

⇩

> 정화는 (학기 초)에 자기소개를 하는 미희를 보며 마음에 드는 아이로 점찍고 좋은 친구가 되어 주기로 결심했다.

⇩

> (읽기 시간)에 미희가 양파에게 돌리는 쪽지를 전해주던 정화는 선생님께 들킨다.

⇩

> 그때, 정화는 자기가 쪽지를 돌렸다고 거짓말을 했다.

⇩

> (쓰기 시간)에 정화는 선생님께 일기를 잘 썼다고 칭찬을 받았다.

⇩

부록 _ 60쪽

(이튿날) (아침)에 비가 와서 학교에 가기 싫다고 생각한 정화는 미희를 떠올리자 학교 가는 것이 즐거워졌다.

⇩

정화는 우산을 들고 (학교)를 향하여 걷다가 택시 한대가 지나가는 바람에 물벼락을 뒤집어 썼다.

⇩

그때, 미희가 다가와 정화에게 말을 걸었고, 정화에게 이름이 뭐냐고 물어보았다.

⇩

미희와 친하게 지내는 소정이가 다가왔고, 미희와 둘이 정화 앞을 나란히 걸어갔다.

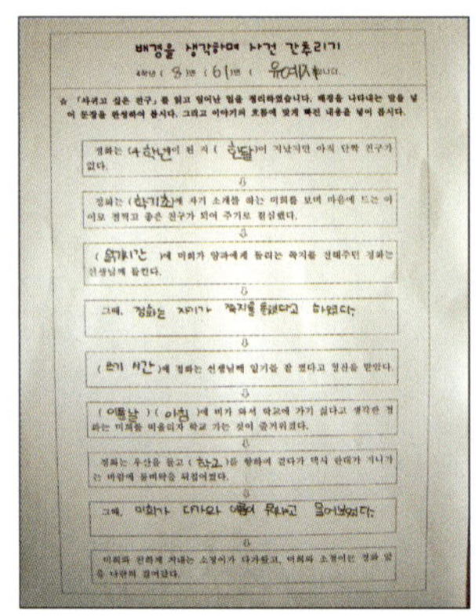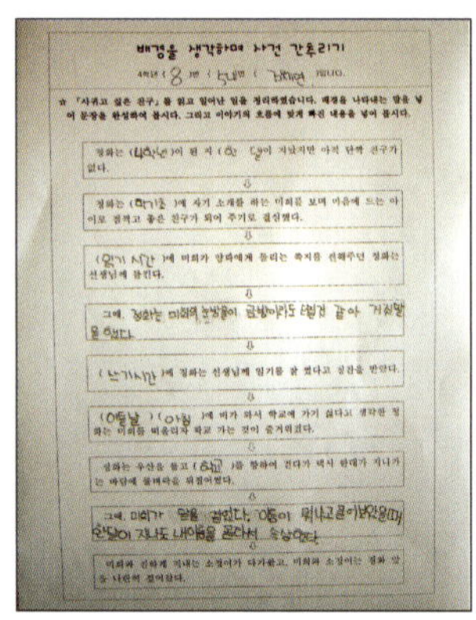

배경을 생각하며 사건 간추리기

부록 _ 59쪽

[활동 3] 등장인물 탐구 – 인물 액자 만들기

활동 목적

이야기를 읽고 알게 된 인물에 대한 정보, 인물에 대한 나의 생각과 느낌을 바탕으로 인물 액자를 작성해 봄으로써 인물에 대한 모습을 구체적으로 형상화할 수 있다.

활동 방법

① 학습활동지 중앙에 등장인물의 모습을 그린다.

② 이야기를 읽고 알 수 있는 인물에 대한 정보를 바탕으로 그림 주변에 인물에 대

한 특징적인 내용을 적어 보도록 한다.

(생김새, 가족, 친구, 특기, 한 일, 장점, 단점 등...)

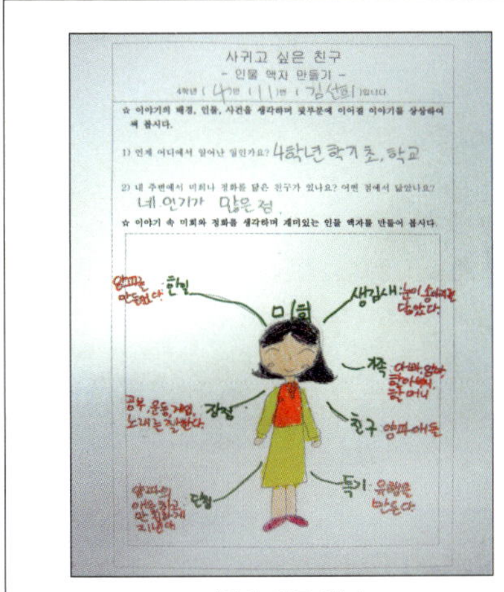

미희의 인물 액자

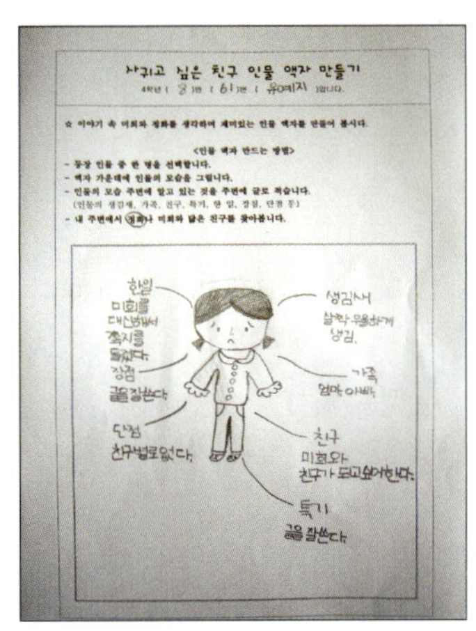

정화의 인물 액자

[활동 4] 이야기의 배경과 인물을 내 생활과 관련짓기 - 우산책 만들기

활동 목적

등장인물이 살고 있는 세계와 내가 살고 있는 세계, 등장인물의 모습과 나의 모습을 비교해 보고, 내가 등장인물이라면 어떻게 행동하였을지 생각해 봄으로써 문학작품을 비판적으로 수용하도록 한다.

활동 방법

① 미리 제작해 놓은 우산책 재료를 학생들에게 나누어 준다.

② 우산의 왼쪽에는 정화의 인물 특성에 대해 간추려 쓴다.

③ 우산의 오른쪽에는 미희의 인물 특성에 대해 간추려 쓴다.

④ 우산의 가운데에는 내가 정화라면 또는 미희라면 어떻게 행동하였을지 적는다.

여기서 잠깐

미희와 정화가 처음 말을 나누는 장면은 비오는 날 아침 학교 가는 길이다. 우산은 작품의 배경을 연상시키는 소재이기도 하므로 이 차시의 독후활동으로 잘 어울린다.

〈우산책 제작 과정〉

정사각형 색종이를 대각선 방향으로 접고 아이
스크림 모양으로 접은 후 다시 반을 접는다.

색종이의 아래쪽을 둥근 모양으로 오린다.

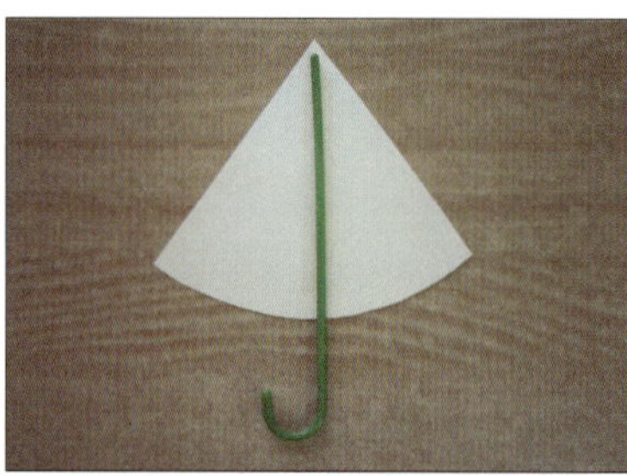

머메이드지로 만든 우산틀에 양면테이프로 우산
대를 고정한다.

우산틀에 양면테이프로 색종이를 붙인다.

〈배경과 인물을 나와 관련짓기〉

우산책 만들기

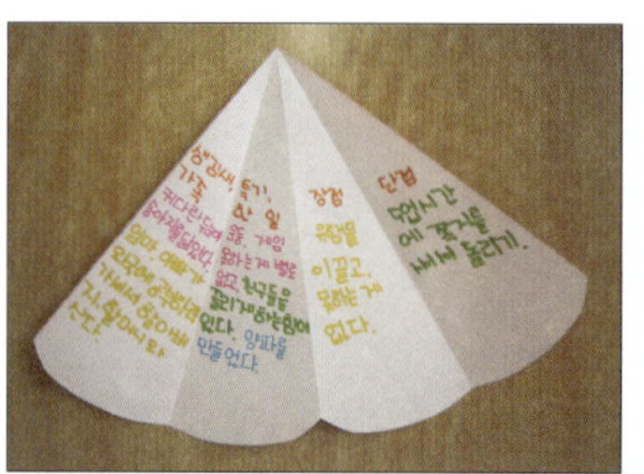

우산책의 좌·우에 정화와 미희의
인물 특징 정리하기

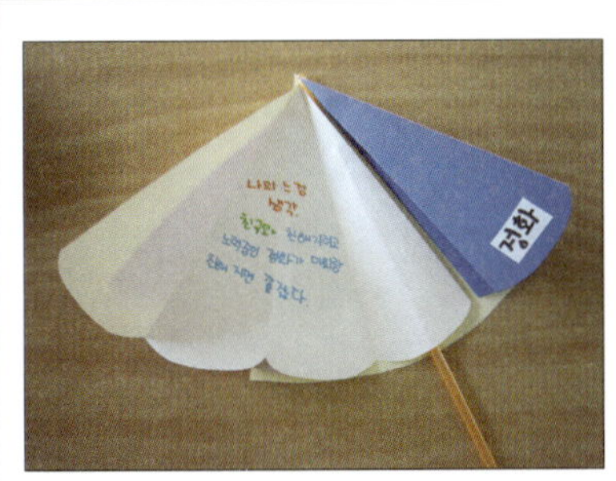

우산책의 가운데에 인물에 대한 나의 생각이나
느낌 적기

우산책 완성

[정리 1] 인물의 삶을 내 생활과 관련지어 생각하면 좋은 점 알기

① 훨씬 더 재미있고 깊이 있게 읽을 수 있다.

② 내 생활을 되돌아볼 수 있다.

③ 비슷한 작품을 읽을 때 도움이 된다.

〈이야기 읽기 자기평가표〉

이름 : (   )

잘 공부했는지 알아봅시다	나의 점수
이야기의 배경을 잘 파악하였나요?	☆ ☆ ☆ ☆
등장인물의 특징을 잘 파악하였나요?	☆ ☆ ☆ ☆
이야기의 배경과 인물을 내 생활과 관련지어 말 할 수 있나요?	☆ ☆ ☆ ☆

(참 잘해요 별 4개, 잘해요 별 3개, 보통이에요 별 2개, 노력해요 별 1개)

[정리 2] 이 단원에서 배운 이야기의 특징 정리하기

① 김덕령 이야기 : 이야기의 배경이 임진왜란이다

② 꽁지 닷 발 주둥이 닷 발 : 비현실 세계의 이야기이다, 인물이 장소를 이동해 가
며 이야기가 펼쳐진다.

③ 사귀고 싶은 친구 : 우리가 살아가는 세계의 모습과 비슷하다.

4학년 | 부록
학습활동지

이야기 귀신이 가장 먼저 숨어 있던 곳은 어디인가요?

이야기 귀신은 옹달샘에서 신랑을 물에 빠뜨리려고 하였다. (○ , ×)

신랑은 이야기 귀신이 놓은 바늘 방석에 앉았다. (○ , ×)

이야기 귀신들의 계획을 들은 머슴은 어떻게 하기로 했나요?

이야기들은 결국 어떻게 되었나요?

도착

신랑은 머슴이 신부 집에서 자신을 망신시켜서 화가 나 벌을 주었다. (○ , ×)

화가 난 이야기 귀신들은 신랑을 어떻게 하기로 했나요?

신랑이 위기에 빠졌을 때마다 구해준 사람은 누구입니까?

이야기 귀신이 숨어 있던 곳을 순서대로 말하시오.

신랑이 머슴에게 화가 난 까닭은 무엇인가요?

이야기 귀신들이 화가 난 까닭은 무엇인가요?

주머니 안에 넣어 둔 이야기들은 무엇이 되었습니까?

총각은 이야기를 종이에 적어 주머니 안에 넣은 후 옷장 안에 감추어 두었다. (○ , ×)

어렸을 때 총각은 이야기 들려주는 것을 좋아하였다. (○ , ×)

이야기에 나오는 등장인물은 누구인가요?

시작

꾸며주는 말을 넣어 실감 나게 표현해요

(　　　　)초등학교 4학년 (　　　)반 (　　　)번 (　　　　　　)입니다.

★ 「이야기 주머니」의 한 장면을 골라 생각과 느낌을 쓴 글입니다. 이야기의 내용을 자세히 쓴 부분에 밑줄을 긋고, 꾸며주는 말을 넣은 부분에 ○로 표시해 보세요.

〈처음 쓴 글〉

"나는 신랑이 이야기 주머니를 여는 장면이 기억에 남아. 신랑은 머슴 덕분에 목숨을 구할 수 있었어. 이야기들이 주머니에서 나와 돌아다닐 수 있게 되어서 다행이라고 생각했어."

〈고쳐 쓴 글〉

"나는 신랑이 이야기 주머니를 활짝 여는 장면이 기억에 남아. 신랑은 이야기 귀신의 복수로 목숨이 위태로웠지만 지혜로운 머슴 덕분에 세 번이나 위기를 넘기고 소중한 목숨을 구할 수 있었어. 이야기들이 답답한 주머니 속에서 나와 자유롭게 훨훨 돌아다닐 수 있게 되어서 정말 다행이라고 생각했어."

★ 그림 카드 중에서 하나를 골라 꾸며주는 말을 넣어 내 생각이나 느낌을 써 보세요.

____

____

____

____

전래동요 속 반복되는 표현 찾기

(   )초등학교 4학년 (   )반 (   )번 (   )입니다.

★ 다음 전래동요 속에서 반복되는 표현을 찾아서, 색연필로 ○ 표시해 보세요.

아기 배는 울음 배
어른 배는 심술 배
강가에는 타는 배
노란 배는 먹는 배

해야 해야 나오너라
김칫국에 밥 말아 줄게
장구치고 북치고
빨리빨리 나오너라
해야 해야 나오너라
구름밖에 나오너라
앞뒤 문을 열어놓고
물 떠먹고 나오너라
해야 해야 나오너라
미역국에 밥 말아먹고
벌거벗고 나오너라

별 하나 뚝 따 행주로 닦아서 망태에 넣어서 동문에 걸고
별 하나 뚝 따 행주로 닦아서 망태에 넣어서 서문에 걸고
별 하나 뚝 따 행주로 닦아서 망태에 넣어서 남문에 걸고
별 하나 뚝 따 행주로 닦아서 망태에 넣어서 북문에 걸고

제가 이 시를 낭송해 볼게요~!

(   )초등학교 4학년 (   )반 (   )번 (   )입니다.

★ 다음 동시 속에서 반복되는 표현을 생각하며, 마음에 드는 시를 골라 낭송해 보세요.

가을	"으이구–"
빨갛게 익어 가는 고추 따라 잠자리 꼬리도 빨갛다. 우리 엄마는 더워서 얼굴도 빨갛다. 나도 같이 얼굴이 빨갛다. 빨하게 해가 저문다. 벼들도 익어 황금빛으로 물이 든다. 허수아비는 벼를 지킨다.	시험 끝난지 사흘 하지만 우리 엄마 아직도 시험으로 트집을 잡는다. 밥을 먹을 때도, "으이구–, 우짜면 좋노?" 일기를 쓸 때도 "으이구–, 으이구–." 지금은 "으이구–"소리가 귀에 박혔다.
나무	딱정벌레
바람이 불면 나무가 춤을 추고 바람이 쿨쿨하면 나무도 쿨쿨 잔다.	나도 밥먹을 줄 압니다. 나도 잘 줄 압니다. 나는 똥도 쌀 줄 알아요. 나도 식구가 있습니다. 나도 집이 있습니다. 나도 숨을 쉽니다. 나는 눈물도 흘려요. 나는, 딱정벌레에요.

우리 이렇게 읽어 볼까요?

(   )초등학교 4학년 (   )반 (   )번 (   )입니다.

★ 이야기 속 등장인물의 말이나 행동을 찾아서 성격을 알아보고, 그 성격을 살려 실감 나게 읽어 봅시다.

등장인물	인물의 말과 행동	성격	읽는 방법
할아버지			
아빠			
엄마			

우리 실감 나게 읽어요

(   )초등학교 4학년 (   )반 (   )번 (   )입니다.

★ 〈독 안에 든 빵 작전〉 이야기에 나오는 등장인물의 말을 실감 나게 읽어 봅시다. 그리고 친구들과 함께 역할을 정하여 역할극을 하여 봅시다.

1. 엄 마 : 으 악! (   )
2. 나 : 엄마, 무슨 일이예요?
3. 엄 마 : 이 일을 어쩌지? 쥐를 잡으려다가 네 아빠를 잡았나 보다. (   )
4. 아 빠 : 사실은 소파 뒤에 숨어 있던 쥐와 눈이 마주친 순간 나도 모르게 기절했단다.
5. 할아버지 : 집 안에 무슨 일이 있냐?
6. 나 : 할아버지, 쥐가 나왔대요.
7. 할아버지 : 에구머니나!
            어이쿠, 나는 세상에서 쥐가 가장 싫다. (   )
8. 아 빠 : 저도요.
9. 엄 마 : 오늘 밤에 당장 잡아야 한다고....! (   )
10. 고 모 : 무슨 일 있니?
11. 나, 동생 : 글쎄, 쥐가 나왔어요.
12. 할아버지 : 내가 거의 잡을 뻔했는데......
13. 고 모 : 난 또 무슨 큰일이라고.. (   )
            뭐, 먹을 게 없나?
14. 할아버지 : 내일은 꼭 꼭 쥐를 잡자!
15. 할아버지 : 이제부터 쥐와 전쟁을 시작한다! 내가 사령관을 맡으마.
            나머지 식구들은 모두 행동 대원이다. (   )
16. 엄마 : 집을 들어 올려서라도 쥐 소굴을 찾아내고야 말겠다. (   )

★ 잘 공부했는지 알아봅시다.

〈인물의 성격을 살려 실감 나게 읽어요〉	나의 점수
이야기를 읽고 등장인물의 성격을 잘 찾았나요?	☆ ☆ ☆ ☆
등장인물의 성격을 살려 실감나게 읽었나요?	☆ ☆ ☆ ☆
역할극에 참여하여 등장인물의 성격에 맞게 말하여 보았나요?	☆ ☆ ☆ ☆

(참 잘해요 4개, 잘해요 3개, 보통이에요 2개, 노력해요 1개)

대본을 만들어요!

(   )초등학교 4학년 (   )반 (   )번 (   )입니다.

★ 〈행복한 비밀 하나〉 이야기를 인형극 대본으로 바꾸어 써 봅시다. 빈칸과
 ( )안에 알맞은 등장인물의 대사와 행동을 쓰세요.

행복한 비밀 하나 (대사와 지문 완성하기)

〈장면 1〉 교실 안

현진 : (호들갑스럽게) ______________________

성미 : 누가 내 사진 뜯어 갔어?
    (다른 아이들을 보며 냅다 소리 지른다)

남자아이들 : (화들짝 놀라 성미를 본다)

영만 : 깜짝이야 그런데 왜 우릴 보고 소리치니?
    (   )

성미 : 너희가 아니면 누가 뜯어 가니?

영만 : ________________________________
    (어이없다는 표정으로 눈을 내리깔며)

성미 : (턱을 바싹 올리고 영만이가 아닌 다른 아이들을 보며 혼잣말처럼 중얼거린다)

    ____

〈장면 2〉 교실 안

영만 : (옆의 남자 아이들을 보며) 너 혹시 성미 좋아하니?

남자아이들 : 아니 (앞 뒤가 척척 맞게)

영만 : 너 성미 사랑하니?

남자아이들 : __________________ (앞 뒤가 척척 맞게)

영만 : 너, 성미가 보고 싶어서 사진 가져갔니 ?

남자아이들 : 욱! (앞 뒤가 척척 맞게)

성미 : (혼자말하듯) ______________________________________

성미 : (대꾸할 필요도 없다는 표정을 짓지만 속상한 마음이 드러난다)

영만 : (연극을 하듯 두손을 반 쯤 들고) 미안해, 실은 말이야, 네가 좋아서 사진을 간직하려고 가져갔어.
    다시 붙여 놓을게.(종이 쪽지 뒤를 침 발라 사진이 있던 자리에 붙이듯 한다)

남자아이들 : (   ) 하하하…….

성미 : (약이 올라 입을 꼭 다물고 영만이를 노려본다)
    (속으로) 저런 영만이 같은 남자에게는 절대로 시집을 가지 않을거야.

현진 : 너, 왜 남을 괴롭히니? (   )

영만 : (미안한 듯 슬그머니 종이쪽지를 떼며) 아니야, 난 그저 사진이 없어서…….

〈장면 3〉 교실 안

민철 : (교실로 들어선다)

영만 : (   ) 순둥아 , 네가 사진 가져갔지?

민철 : (겁에 질린 표정으로 고개를 빠르게 가로로 젓는다)

성미 : (야무지게) ________________________________

남자아이들 : (민철이의 주머니를 뒤진다)

민철 : (몸만 움찔한다)

성미 : (어머니가 아들 나무라듯이) __________________________________

____

〈장면 4〉 아파트 계단

민철 : (계단에 앉아 훌쩍거린다)

성미 : (   ) 그만 울어, 운다고 어차피 차에 치인 강아지가 돌아오는 것은 아니잖아.

〈장면 5〉 교실 안

민철 : (혼자서 책을 읽고 있다)

여자 아이 1 : (멀리서 민철이를 보며)__________________________________

____

여자 아이 2 : 겁쟁이라도 난 민철이가 좋아.

〈장면 6〉 교실 안

영만, 남자아이들 : (민철의 가방을 뒤진다)

영만 : (   ) 히히, 먹을 것은 잘가지고 다닌단 말이야. (작은 수첩 한 권을 꺼낸다)

민철 : (재빠르게 영만이의 손에서 수첩을 낚아챈다)

영만 : (민철이의 행동을 보고 재밌다는 표정을 지으며 수첩을 낚아채려한다)

찬영 : (   ) 하하하, 지렁이도 밟으면 꿈틀한다는 말이 맞긴 맞구나.

영만 : 너 아무래도 수상해. 이리 안 줘?

  (민철이의 팔을 잡아 비트나 오히려 민철이에게 밀려 넘어진다)

〈장면 7〉 교실 안

아이들 : (영만이가 넘어져 있고 떡 버티고 있는 민철을 보며 놀란다) 어어? 아니?

아이 1 : ______________ (소리친다)

성미 : (여유있게 떨어져 있는 수첩을 집어 든다)

민철 : (   )

성미 : 잘했어, 이유 없이 괴롭히면 그렇게 해 주는 거야. 이 사진은 너 가져도 좋아. (사진을 수첩 속에
        넣어 민철이 손에 쥐어 준다)

민철 : (환한 표정이 된다)

성미 : (   )

나는 책이 좋아요 I

(   )초등학교 4학년 (   )반 (   )번 (   )입니다.

나는 책이 좋아요

4학년   반

이름:

책이름:

글: 그림:

자연 관찰 책도 좋아요

책이름:

글: 그림:

위인전도 좋고

책이름:

글: 그림:

우리 전래동화 책이나

나는 책이 좋아요 2

(　　　　　)초등학교 4학년 (　　　)반 (　　　)번 (　　　　　　　)입니다.

책이름:

글:　　　　　그림:

공룡에 대한 책도 좋고

책이름:

글:　　　　　그림:

동물에 대한 책도 좋고

책이름:

글:　　　　　그림:

세계 명작도 좋아요

책이름:

글:　　　　　그림:

환경에 관한 책이나

나는 책이 좋아요 3

(   )초등학교 4학년 (   )반 (   )번 (   )입니다.

책이름:

글: 그림:

음악가에 대한 책도 좋고

책이름:

글: 그림:

책도 좋아요

책이름:

글: 그림:

좋고

책이름:

글: 그림:

그래요, 나는 책이 좋아요

글과 그림을 넣어 이야기 완성하기

(   )초등학교 4학년 (   )반 (   )번 (   )입니다.

★ 그림책에서 글과 그림의 역할을 생각하면서 글 또는 그림으로 이야기를 꾸
  며 보세요.

1.

2.

할아버지는 장터 한쪽 구석에 앉아서 손님을 기다렸어요. "이 무명이 얼마지요?" 지나가던 아주머니가 할아버지 앞에 와서 물었어요. "이야기 한 자리요." "뭐라고요?" "이야기 한 자리에 팔겠소." 아주머니는 할아버지가 일부러 그러는 줄 알고 입을 삐쭉대며 딴 데로 가버렸어요.	

3.

저녁때가 되자 사람들은 모두 돌아가고
장터는 텅 비어 버렸어요.
할아버지는 할머니한테
좋은 이야기 한 자리를 가지고 가지 못해 걱정이
되었어요.
할아버지는 집을 향해 터벅터벅 걸어 갔어요.

4.

5.

할아버지는 빨간코 농부 아저씨와 마주 앉았어
요. 그때, 건너편 논에 커다란 황새 한 마리가 훨
훨 날아와 앉았어요. 그러자 빨간코 농부아저씨
가 무릎을 치며 말했어요.
"훨훨 온다."
할아버지도 잊어버리지 않으려고 똑같이 따라했
어요.
"훨훨 온다."

그림책 감상하고 칭찬쪽지 쓰기

4학년 (   )반 (   )번 (   )입니다.

★ 친구들의 그림책을 감상하여 봅시다. 그리고 친구들의 그림책 중에서 잘된 점을 칭찬하는 쪽지를 쓰고 서로 주고받아 봅시다.

-- 오려서 사용하세요.

________ 에게
나는 너의 작품이 참 훌륭하다고 생각해. 왜냐하면 __________
____
____
____
________ 가

________ 에게
나는 너의 작품이 참 훌륭하다고 생각해. 왜냐하면 __________
____
____
____
________ 가

________ 에게
나는 너의 작품이 참 훌륭하다고 생각해. 왜냐하면 __________
____
____
____
________ 가

________ 에게
나는 너의 작품이 참 훌륭하다고 생각해. 왜냐하면 __________
____
____
____
________ 가

제주도의 숨은 보물 찾기

(   )초등학교 4학년 (   )반 (   )번 (   )입니다.

★ 다음 글자들을 가로, 세로, 대각선으로 묶어보면 글쓴이가 제주도를 여행
하면서 알게 된 내용과 오늘 배운 중요한 내용을 찾을 수 있습니다.

관		풍	문		화	재		전	시
광		경	험		산			망	
지	석			천		천	문	대	자
	상		박			자			연
한		탐	물	기	행	문			유
	라		관	록			백	두	산
도			산		다		호		주
	현	무	암		닌			상	
			석		곳		절	대	
천	연	기	념	물		리		적	소

★ 보물찾기 힌트

① 여행을 하면서 보고 듣고 생각하거나 느낀 것을 적은 글

② 기행문에 들어가야 할 내용으로 여행지에서 글쓴이가 머무른 장소

③ 기행문을 읽으면 글쓴이의 여행□□을 함께 느낄 수 있어요.

④ 멀리 내다볼 수 있도록 높이 만든 대

⑤ 돌을 조각하여 만든 사람이나 동물의 형상

⑥ 제주도는 2007년 유네스코 세계□□□□ 으로 기록

⑦ 제주특별자치도 중앙에 있는 산. 정상에 백록담이 있음.

⑧ 특별한 보호가 필요하여 법률로 규정한 창조물이나 특이 현상

⑨ 용암이 흐르다가 식을 때에 다각형 기둥으로 굳어져 생긴 지형

다채로운 모습의 설악산

(   )초등학교 4학년 (   )반 (   )번 (   )입니다.

★ 기행문에 나타나야할 것을 생각하며 「다채로운 모습의 설악산」을 읽어 봅시다.

설악산은 내설악과 외설악으로 나뉘는 데 내설악은 물이 풍부해 깊은 계곡이 많다. 이에 반해 외설악은 갖가지 절벽이 독특한 아름다움을 보여 준다. 이번 여행은 내설악보다 외설악 쪽을 둘러보기로 했다. 외설악 가운데서도 신흥사를 둘러보고 흔들바위를 거쳐 울산바위를 갔다 오는 것으로 정했다.

일주문을 지나 신흥사 경내로 들어갔다. 둘레에 있는 울창한 숲의 나무들은 제각각 자신들의 모습을 뽐내고 있었다. 신흥사는 신라 시대에 창건된 절이라고 한다. 절이라고 해서 단순히 불교의 유물로만 생각하는 것은 옳지 않다. 우리는 절이나 다른 유물을 통해서 그것이 만들어진 시대를, 그때의 역사와 문화를 배울 수 있다. 절을 볼 때도 우리 민족의 고유 유물로 생각하고 옛사람들의 지혜와 생활을 배우는 폭넓은 마음을 가질 필요가 있다.

출처 : 심상우 외, 『세상을 잘 알게 도와주는 기행문』 중 「다채로운 모습의 설악산」, 어린른이

1. 글쓴이가 다닌 곳은 초록색, 보고 들은 것은 파란색, 생각하거나 느낀 것은 빨간색 색연필로 밑줄을 그어 봅시다.

2. 글쓴이가 신흥사에서 본 것과 들은 것을 정리하여 봅시다.

본 것 :

들은 것 :

3. 글쓴이가 신흥사에서 생각하거나 느낀 것을 간단하게 정리하여 봅시다.

아름다운 바닷가, 동해안

( )초등학교 4학년 ( )반 ( )번 ( )입니다.

★ 기행문에 나타나야 할 것을 생각하며 「아름다운 바닷가, 동해안」을 읽어
  봅시다.

> 정동진을 떠나 강릉에 도착해 늦은 아침으로 초당두부를 먹었다. 서울에서 먹던 두부와는 전혀 다른 맛이었다. 여행지에서 만나는 새로운 풍경만큼이나 마음을 설레게 하는 것이 그 지방의 음식이다. 음식만큼 그 지방의 다른 점을 나타내 주는 것이 또 있을까? 어느 곳으로 여행을 가든지 꼭 그곳의 음식을 먹어보는 것이 어느새 버릇이 되었다. 어떤 때는 내 입맛에 맞을 때도 있고, 또 어떤 때는 맞지 않아 고생을 하기도 하지만 그래도 새로운 음식을 먹어본다는 사실만으로 충분히 즐겁다.
>
> 아침을 먹고 오죽헌으로 갔다. 예전부터 꼭 한번 와보고 싶었던 곳이다. 율곡 이이가 태어난 곳이면서 이이의 어머니인 신사임당이 살았던 오죽헌. 뒤뜰에 까마귀처럼 검은 대나무가 많아 붙여진 이름이다. 듣던 대로 대나무가 많이 있었다. 율곡 이이가 모셔져 있는 사당과 태어난 방도 살펴보았다. 깔끔하게 정리된 모습이 보기 좋았다. 이름을 떨친 학자였던 율곡의 기운이 느껴지는 듯했다. 이름 있는 사람들이 태어난 곳을 뒷사람들이 볼 수 있는 것은 분명히 행운이다. 그가 살아온 길이나 학문에 대한 이야기를 듣는 것도 좋지만 이렇게 태어난 곳에서 그의 체취를 느끼는 것도 훌륭한 교육이 될 것이다.
>
> 오죽헌을 나와 경포호를 구경하고 속초로 왔다. 오늘은 일찍 잠자리에 든다. 이제 내일이면 짧은 여행의 마침표를 찍어야 한다.
>
> 출처 : 심상우 외, 『세상을 잘 알게 도와주는 기행문』 중 「아름다운 바닷가, 동해안」, 어린른이

1. 글쓴이가 다닌 곳은 초록색, 보고 들은 것은 파란색, 생각하거나 느낀 것은 빨간색
   색연필로 밑줄을 그어 봅시다.

2. 글쓴이가 다닌 곳을 순서대로 정리하여 봅시다.

3. 글쓴이가 오죽헌에서 생각하거나 느낀 것을 발표하여 봅시다.

경주 여행 지도

(　　　　)초등학교 4학년 (　　　)반 (　　　)번 (　　　　　　)입니다.

★ 글쓴이가 경주 지역을 여행하며 다닌 곳을 '경주 여행 지도'에 표시하여
봅시다.

★ 글쓴이가 다닌 곳을 중심으로 보고 들은 것, 생각하거나 느낀 것을 찾아
빈 칸을 채워 봅시다.

다닌 곳	보고 들은 것	생각하거나 느낀 것
천마총	신라 왕들이 쓰던 물건	하늘로 날아오를 것 같은 천마를 본다는 사실이 즐거웠다.

숨어 있는 보물을 찾아라

(   )초등학교 4학년 (   )반 (   )번 (   )입니다.

★ 다음 낱 글자들을 가로, 세로, 대각선으로 묶어보면 글쓴이가 경주 지역을 여행하며 알게 된 내용과 신라 시대의 보물들을 찾을 수 있습니다.

관	측	대		사			문	무	대	왕	릉
백		동		신	라			성			고
	제		서			타	첨			아	구
		관		남		임		불		사	려
	물	천	마		북	머		국	선	달	
박		에	밀	레	종	신		사			
	금	관			토		부	처	님		지
소	아				함		여			압	
나		사		남	산		고		안		
무			녀				분		가	야	

★ 보물찾기 힌트

① 천마총 안에는 (   )의 왕들이 쓰던 물건이 전시되어 있다.
② 첨성대 꼭대기의 네모난 돌이 가리키는 것
③ 옛날 신라 사람들이 천문 관측을 하기 위해 만든 기구
④ 다보탑과 석가탑에 얽힌 전설 속에 나오는 인물
⑤ 다보탑과 석가탑이 있는 절
⑥ 석굴암이 있는 산
⑦ 석굴암 부처님의 시선은 여기와 연결되어 있어요.
⑧ 신라에 귀한 손님이 오거나 나라에 경사가 있을 때 연회를 베풀던 곳
⑨ 성덕대왕신종의 다른 이름은?
⑩ 글쓴이가 여행에서 마지막으로 간 곳

시작	앞으로 2칸	글쓴이가 가족과 함께 여행한 곳은 어디인가요?	글쓴이는 여행지에서 이순신 장군 동상을 보았다. (○ , ×)	굴쓴이가 여행지에서 가장 먼저 간 곳은 어디인가요?	경주의 옛 이름은 무엇인가요?	천마총 안에서 글쓴이가 본 것은 무엇인가요?

⇩

석굴암이 있는 산의 이름은 무엇인가요?	석굴암 안에 있는 것은 무엇인가요?	아사달과 아사녀는 어떤 탑에 얽힌 전설인가요?	글쓴이가 불국사 안에서 본 탑의 이름을 모두 말하시오. (2가지)	1번 쉬세요	첨성대는 동양에서 가장 오래된 관측대이다. (○ , ×)	신라 사람들이 첨성대를 만든 까닭은 무엇인가요?	1번 더!

⇩

앞으로 2칸	석굴암에서 보이는 동해 바다에는 문무대왕릉이 있다. (○ , ×)	신라에 귀한 손님이 오거나 나라에 경사가 있을 때 연회를 베풀던 곳은 어디인가?	완벽한 종을 만들기 위하여 아기까지 바쳤다는 전설로 유명한 종	뒤로 한 칸	글쓴이와 가족들은 경주 남산과 옛 신라 왕궁 터와 고분을 둘러보았다. (○ , ×)	여행을 하면서 보고 듣고 생각하거나 느낀 것을 적은 글을 ( )이라고 한다.	도착

내 마음을
사로잡은 경주

다닌곳 :

보고들은 것 :

생각하거나 느낀 것 :

잘 공부했는지 알아봅시다

4학년   반 ( )   이름 ( )

	매우잘해요	잘해요	보통이에요	노력해요
기행문에서 중요한 내용을 정리하는 방법을 알고 있습니다.				
기행문에서 중요한 내용을 찾아 잘 정리하였습니다.				
책 만들기 활동에 열심히 참여하였습니다.				

공주를 찾아서

(   )초등학교 4학년 (   )반 (   )번 (   )입니다.

★ 글쓴이가 다닌 곳, 보고 들은 것, 생각하거나 느낀 것을 찾으며 「공주를 찾아서」를 읽어 봅시다.

　모처럼 연휴를 맞아 백제 문화의 옛 자취를 더듬어 보기 위하여 부모님과 함께 공주행 고속버스에 올랐다. 버스는 따사로운 햇볕을 담뿍 받으며 가을의 풍경 속을 달렸다. 두 시간 남짓 달려 공주에 도착하였다.

　먼저, 국립 공주 박물관을 둘러보았다. 박물관 소장품에는 국보 19점, 보물 3점이 포함되어 있는데, 이 가운데에서 국보 17점이 무령왕릉 출토품이다. 1층 전시실은 선사시대부터 조선 시대에 이르기까지 공주 주변 지역에서 발견된 다양한 유물이 전시되어 있다. 2층 전시실에는 무령왕과 왕비의 유물이 전시되어 있는데, 금제 관식, 금제 귀걸이, 은팔찌, 청동 거울 같은 보물을 비롯하여 철기, 도자기, 목관 등의 크고 작은 유물이 진열되어 있었다. 또, 무령왕릉의 실제 크기에 맞춰 모형을 만들어 왕릉 내부를 관람할 수 있도록 하였다.

　그 가운데에서 내 눈길을 끈 것은 왕과 왕비의 금제 관식이었다. 이것은 금관 대신 모자를 쓰고, 모자를 금관처럼 장식하기 위해 사용된 것이라고 하는데, 참으로 우아하고 섬세하였다. 금관 장식의 전체 모양은 불꽃이 타오르는 듯한 느낌을 주는데, 조각된 가닥은 마치 풀잎처럼 가냘프고 부드러워서 실바람만 불어도 하늘거릴 것 같았다. 그 옛날, 궁전에서 금관을 쓰고 위엄있게 앉았을 왕과 왕비의 모습을 상상하여 보았다.

　박물관을 둘러보고 난 뒤에 무령왕릉으로 향하였다. 무령왕릉은 시가지를 벗어나서 곰나루로 가는 길목에 잇었다. 산중턱에 네 개의 고분이 나란히 보이고, 산자락에는 함지박을 엎어 놓은 듯한 세 개의 고분이 있는데, 그 가운데에서 가장 큰 것이 무령왕릉이었다.

　이 왕릉은 백제 제 25대 무령왕과 그 왕비의 능으로서, 1400여 년 동안 오랜 침묵을 지켜 오다가 1971년에 비로소 그 신비로운 모습을 드러내었다.

　우리는 왕릉의 내부를 보기 위하여 조그만 돌층계를 올라갔다. 살아 있는 사람이 무덤 속으로 들어간다고 생각하니 이상한 느낌이 들었다. 허리를 굽혀 능 안으로 들어서니, 마치 방 안에 들어온 것같이 아늑하였다. 우리는 앞쪽에 있는 유리창을 통하여 그 내부를 들여다 보았다.

　능의 내부는, 왕과 왕비의 관을 두었던 널방과 널길로 되어 있었다. 널방은 길이가 4미터에 폭과 높이가 각각 3미터쯤 되는 크기였으며, 널길의 규모는 이보다 약간 작았다.

　벽과 천장은 모두 벽돌로 쌓아올렸는데, 넉 줄은 뉘어서 쌓고 한 줄은 세워 쌓아서, 밋밋하고 단조로운 느낌을 덜어 주고 있었다. 자세히 보니, 벽돌마다 예쁜 연꽃무늬와 빗금무늬가 새겨져 있었다. 마치 고운 비단에 예쁘게 수를 놓은 듯한 정교한 솜씨에 감탄이 절로 나왔다.

널방 벽에는 능 안의 어둠을 밝히기 위하여 등잔을 올려놓았던 복숭아 모양의 공간이 있었다. 아마도 옛날 사람들은 죽은 뒤에도 무덤 속에서 영원히 살아간다고 생각한 모양이었다.

천장은 무지개처럼 둥근 모양이었다. 우리 조상들은 무슨 재주로 저렇게 예쁘고 둥근 모양의 천장을 쌓아올릴 수 있었으며, 그 단단하고 네모진 벽돌로 어쩌면 저렇게 부드러운 느낌을 나타낼 수 있었을까? 안내문에 의하면, 위가 넓고 아래가 좁은 벽돌을 하나하나 맞물리게 하여 둥근 모양을 만들어 냈다고 한다. 그 슬기로움과 뛰어난 솜씨에 절로 혀를 내두를 뻔하였다.

우리는 바로 밑에 세워진 무령왕릉 모형 전시관에 들렀다. 이 전시관은 무령왕릉을 발굴할 당시의 모습을 그대로 보여 주어, 백제 시대의 역사를 아는데 많은 참고가 되었다.

이렇게 찬찬하던 백제 문화는 고구려와 신라의 문화 발전에 많은 영향을 끼쳤을 뿐만 아니라, 바다 건너 일본 문화의 토대가 되었다는 어머니의 말씀을 듣고, 백제 시대 우리 조상들이 한없이 자랑스럽고 우러러보였다.

이 곳 공주는 백제가 수도를 서울에서 옮겨 와 다시 부여로 옮겨 가기까지 60여 년 간의 수도였다고 한다. 한 나라의 도읍지로서는 역사가 짧다. 그 동안에 겪었던 고난이 심하였음에도, 이렇게 찬란한 문화를 발전시킨 백제 사람들의 의지와 노력에 머리가 수그러졌다.

★ 글쓴이가 다닌 곳을 중심으로 보고 들은 것, 생각하거나 느낀 것을 찾아 빈 칸을 채워 봅시다.

다닌 곳		보고 들은 것	생각하거나 느낀 것
국립 공주 박물관			
무령 왕릉	내부 구조		
	벽과 천장		
	널방 벽		
	천장		

여행한 곳 '시'로 표현하기

(   )초등학교 4학년 (   )반 (   )번 (   )입니다.

★ 내가 여행했던 경험을 '선암사' 처럼 시로 표현하여 봅시다.

( )에서 ( )를 타고 ( )에 갔습니다. __________________ __________________ ( )에는 ____________ 도 있고 ____________ ____________ 도 있습니다. __________________ __________________ __________________	1연 : 누구와 어떻게 어디로 갔는지 생각해 보세요. 2연 : 보고 들은 것을 떠올려 보세요. 3연 : 생각하거나 느낀 것을 자유롭게 써 보세요.

★ 더 쓰고 싶은 내용을 넣거나 고쳐 쓴 시를 도화지에 옮겨 쓰고 어울리는 그림도 그려 봅시다.

글쓴이의 여행 경험과 내 생각

(   )초등학교 4학년 (   )반 (   )번 (   )입니다.

★ 「만 권의 책만큼 값진 것」에서 글쓴이는 인도를 여행할 때 일 년간 아시아를 여행하고 있는 가족을 만났습니다. 글쓴이가 열 살짜리 남자아이 앤디, 여덟 살짜리 여자아이 제시카에게서 어떠한 모습을 보았는지 살펴 봅시다.

____

____

____

____

★ 글쓴이의 여행 경험에 대한 내 생각과 느낌을 말하여 봅시다.

글쓴이의 생각 : [   ] 이나 여행이 중요하다.

여행은 아무리 생각하여도 [   ] 이다.

나의 생각 : [   ]

★ 여행에 대한 나의 생각이나 느낌을 하나의 문장으로 표현하여 봅시다.

여행이란 _________________________________ 이다.

다양한 형식의 기행문 감상하기

( )초등학교 4학년 ( )반 ( )번 ( )입니다.

★ 다양한 형식의 기행문을 비교하고 그 특징을 알아봅시다.

만 권의 책만큼 값진 것

한비야

인도를 여행할 때 뉴질랜드에서 온 가족과 만났다. 삼십 대 후반의 어머니와 아버지, 열 살짜리 남자아이 앤디, 여덟 살짜리 여자아이 제시카, 이렇게 네 명이 일 년간 아시아를 여행하고 있었다. 나와 만났을 때는 벌써 8개월 동안 타이, 베트남, 중국, 티베트, 네팔을 거친 뒤였다.

[　　　　　] 형식

내 마음을 사로잡은 경주

심상우

7월 17일 토요일 날씨 : 하늘이 파랗고 맑았다.

오늘은 우리 가족이 경주로 여행 가는 날이다. 아버지께서는 경주문화원에 다니시는 친구분이 계셔서 자주 가셨지만, 우리 가족이 모두 가는 것은 처음이다.

[　　　　　] 형식

사랑하는 서영이에게

심상우

오늘은 아빠가 공주에 왔다. 서울에서 공주로 올 때는 하늘이 잔뜩 흐렸었는데 지금은 맑게 개었다. 어제 아빠가 공주에 가겠다고 하니까 네가 "백설공주나 인어공주를 만나러 가세요?"하고 물어서 웃은 생각이 난다. 여기 공주에는 백설공주나 인어공주는 없지만 왕과 왕비, 공주로 불린 사람들은 있었다. 물론 지금 있는 것이 아니고 약 1500년 전 백제 시대의 이야기이다.

[　　　　　] 형식

하회 마을

오순택

낙동강이 휘돌아 흘러가며
감싸고 있는 마을.

그곳에 가면
좋은 일이 있을 것 같아
하늘 맑은 날 찾아갔지요.

형식

여행 중에 느끼고 생각한 것을 행과 연에 간결하게 써요.

되살아나는 갯벌, 시화호

제목 : 시화화 갯벌과 염습지를 다녀와서

날짜 : 2005년 8월 20일

장소 : 경기도 안산시와 시흥시 가운데 있는 시화호

1) 시화호는 어떻게 만들어졌나?

　갯벌이 중요한 까닭은 갯벌이 가지고 있는 힘 때문이다. 그저 진흙땅으로만 보이는 갯벌은 물고기와 조개 등이 태어나고 자라는 곳으로 사람들에게 많은 혜택을 준다.

형식

여행을 하며 보고 들으며 자세히 조사한 내용을 항목을 나누어 보고하는 형식으로 써요

경복궁으로 나들이 가요.

심상우

　"경회루는 궁중에서 잔치를 하거나 외국에서 온 손님을 접대하던 곳입니다. 우리나라에서 가장 큰 누각이며 건물 곳곳에 재미있는 사연을 갖고 있습니다. 누각을 떠받치는 기둥은 모두 48개로 24개는 네모기둥이고, 24개는 둥근기둥입니다. 네모난 것은 하늘을 뜻하며, 둥근 것은 땅을 뜻합니다."

　문화유산해설사는 경회루의 아름다움에 대해 몇 번이고 강조한다. 평소 임금이 머물며 살던 곳은 강녕전이다. 강녕전에는 용마루가 없는데, 임금이 용이기 때문에 한 집안에 용이 둘 있으면 나쁘다고 해서 용마루를 만들지 않았다는 이야기가 재미있다.

형식

여행지의 역사, 찾아가는 방법, 감상하는 방법 등을 자세히 써요.
자신이 안내받았던 내용도 써요.
같은 곳을 여행할 사람을 생각하며 정확한 정보를 담아요.

우리 기행문의 고전, 열하일기 (1)

초등학교

학년　　　반

이름 :

★ 『열하일기』를 읽고, 물음에 답하여 봅시다.

『열하일기』는 연암 박지원이 청나라 황제의 생일을 축하하기 위한 사신단과 함께 청나라에 갔을 때 보고 들은 것, 생각하고 느낀 것을 날짜별로 기록한 기행문입니다.

1780년 6월 24일

　드디어 압록강을 건너는 날이 밝았다. 강을 건너 조금만 더 가면 청나라 땅이다. 장마철이라 비가 내렸다 그쳤다 하였다. 압록강에 접한 의주에 도착하니 강에 물이 넘쳐서 나룻배를 댈 곳도 마땅치 않았지만 불평할 처지는 아니다. 내가 원해서 이 여행을 시작하였으니 말이다.

　조선 정부는 청나라 건륭황제의 70회 생일을 축하하기 위해 사신 일행을 북경에 보내기로 결정하였다. 나의 팔촌형인 박명원이 사신 일행을 이끄는 정사, 즉 사신 일행의 최고 지휘자가 되었다.

　오래 전부터 나는 청나라에 가보고 싶었다.

　청나라에 다녀온 적이 있는 내 친구 홍대용의 말에 따르면 청나라에는 우리 조선이 배울 가치가 있는 기술과 문화가 많다고 했다. 또 서양에서 수입한 문물도 볼게 많다고 했다. 나는 새로운 세상을 경험하고 새로운 사람을 만나 이야기를 나누고 싶었다. 팔촌 형 박명원이 청나라에 사신으로 간다는 말을 듣고 나는 그에게 부탁해 비공식적인 신분을 사신 일행에 들어갔다.

　사신 일행은 규모가 크다. 여행에 필요한 돈과 입을 것과 먹을 것 외에 황제를 위한 축하 선물과 조선 임금의 편지도 있다. 조선 정부를 대표하는 행렬인 만큼 깃발과 옷차림도 위풍당당하고 화려하다. 그에 비해 내 짐은 간단하다. 옷과 말 정도다. 그리고 돈보다 더 중요한 짐이 몇 개 더 있을 뿐이다. 그것은 바로 벼루, 붓, 먹, 공책을 담은 자루다.

출처 : 『열하일기』, 박지원, 지경사

★ 여행에 대한 글쓴이의 생각이 나타난 부분을 찾아봅시다.

★ 내가 여행하고 싶은 곳과 그곳을 여행하고 싶은 이유를 써 봅시다.

★ 내가 여행할 때 가지고 가고 싶은 물건과 그 이유를 말하여 봅시다.

<table>
<tr><td rowspan="2">심화활동

<h1>우리 기행문의 고전, 열하일기 (2)</h1></td><td colspan="2">초등학교</td></tr>
<tr><td>학년</td><td>반</td></tr>
<tr><td colspan="2">이름 :</td></tr>
</table>

★ 『열하일기』를 읽고, 물음에 답하여 봅시다.

8월 8일

　삼류하라는 강을 건너 산을 넘으니 잠시 후 눈앞이 아찔해지는 풍경이 나타났다. 넓디넓어 끝이 보이지 않는 요동벌판이 펼쳐져 있었던 것이다. 이 벌판은 여기서부터 산해관까지 1200리인데 사방에 산도 없이 하늘과 땅만 맞닿아 마치 풀로 붙인 듯 실로 꿰멘 듯 오가는 비구름만 창창한 곳이다.

　역사 속에서 요동벌판은 수많은 영웅들이 싸웠던 땅이었다.

　이곳은 수나라, 당나라 시대에 우리 고구려의 차지였던 곳으로 지금은 청나라의 땅이 되었다. 말 위에 우뚝 앉아 있으니 거칠게 지나가는 바람소리가 마치 중국 땅 깊숙한 곳까지 군사를 이끌고 달리던 광개토대왕과 장수왕이 호령하는 소리처럼 느껴졌다.

　"아, 이곳은 한바탕 울고 싶을 만큼 아름다운 곳이로구나!"

　나는 감격해 가슴 깊은 곳에서 뜨거운 것이 치밀어 오르는 것 같았다.

　나는 배에 힘을 주고 힘껏 소리쳤다.

　"야아! 이야아!"

　내 함성은 드넓은 요동벌의 바람 속에 묻혀 어디론가 날아갔다.

출처 : 『열하일기』, 박지원, 지경사

---

1. 글쓴이가 요동벌판에서 보고 들은 것을 찾아 정리해 봅시다.

　본 것 :

　들은 것 :

2. 글쓴이가 요동벌판에서 생각하거나 느낀 것을 찾아 정리해 봅시다.

★ 박지원의 『열하일기』를 모두 읽고, 가장 인상적인 부분을 친구에게 소개하여 봅시다.

일기 완성하기

(　　　　　)초등학교 4학년 (　　　)반 (　　　)번 (　　　　　　)입니다.

★ 다음은 재상(노인)이 쓴 일기입니다. 빈 부분을 채워 일기를 완성하세요.

○○○○년 ○월 ○○일
날씨 : 가을 하늘이 매우 높다.

　며칠 전에 고을 원님으로 나갔던 한 젊은이가 나한테 인사를 왔다. 그 젊은이는 십 년 전에도 나를 찾아왔었다. 그 때 심은 배나무에서 딴 배를 그릇에 내놓았다. 젊은이도 이 배나무를 기억하였다.
　젊은이가 꽤 놀라는 눈치였다. 나는 "일 년을 보고 농사를 짓고, 십 년을 보고 나무를 심고, (　　　　　　　　　　　　　　　)."고 답해주었다. 즉, 내가 십 년 전 나무를 심은 이유는 당장 먹으려고 한 것이 아니었다. 미래를 위한 것이었다.
　하물며 나무도 십 년이라는 세월이 필요한데, 좋은 사람을 기르는 것이야 오죽하겠는가. 십 년을 기다려 맛 좋은 배를 얻은 것처럼 백 년을 기다리더라도 (　　　　)를 위하여 미리 (　　　　)를 하면 (　　　　)가 있을 것이라는 나의 뜻을 젊은이가 깨달았으면 좋겠다.

★ 일기 중에서 이 이야기의 주제와 관련있는 부분에 밑줄을 그어 봅시다.

★ 이 글의 주제는 무엇입니까?

주제를 찾아라!

(   )초등학교 4학년 (   )반 (   )번 (   )입니다.

★ 우리가 알고 있는 여러 가지 이야기를 떠올려 봅시다. 각 이야기에 알맞은
말이나 행동, 그와 관련된 주제를 찾아 각각 줄긋기를 하여 봅시다.

| 개미와 베짱이 | 효녀 심청 | 아기 돼지
삼형제 | 콩쥐 팥쥐 |

| "내가 돼지들을 다 잡아먹어 버릴 테다!"라고 외치던 늑대는 엉덩이가 타버렸습니다. | 여름에 베짱이는 기타를 들고 노래를 불렀지만, 개미들은 끊임없이 일을 하였습니다. | "아버지 걱정하지 마세요. 제가 쌀 300석을 구해 볼게요." | 콩쥐를 새엄마가 시키는 모든 일들을 다 하였습니다. |

| 부지런히 일하면 부자가 된다. | 효도를 해야 한다. | 착하게 살면 복을 받는다. | 남을 괴롭히지 말자. |

이야기에서 글쓴이가 말하고자 하는 의도나 삶에
대한 자세를 (   )라고 해요.

주제를 내 손 안에!

(   )초등학교 4학년 (   )반 (   )번 (   )입니다.

★ 다음이 서로 어울리도록 줄긋기를 하여 봅시다.

1. 『꿈을 심는 노인』

배나무를 심자!	주제로 적당해요!
미래를 준비하면 좋은 결과를 얻는다!	주제로 너무 넓어요!
생각을 하며 살자!	주제로 너무 좁아요!

2 『흥부와 놀부』

동물을 사랑해야 한다.	주제로 적당해요!
제비의 다리를 고쳐주어야 한다.	주제로 너무 넓어요!
착하게 살면 복을 받는다.	주제로 너무 좁아요!

주제는 이야기의 일부분만 나타내는 것이 아니라, <u>중심내용</u>을 뜻합니다.

그림 조각 맞추기

(   )초등학교 4학년 (   )반 (   )번 (   )입니다.

★ 16조각의 그림 조각을 완성된 그림으로 맞추어 봅시다. 완성된 그림에 쓰여진 문장을 크게 읽어주세요.

착하게	살면	복을 받는다	처럼
이야기에서	글쓴이가	말하고자	하는
의도나	삶에	대한	자세를
주	제	라고	합니다.

줄거리 파악하기

( )초등학교 4학년 ( )반 ( )번 ( )입니다.

★ 각 장면에 알맞은 내용을 떠올려 '한 문장'으로 써 봅시다.

〈핵심단어〉
품삯, 금덩이, 고향

젊은이는 품삯으로 받은 금덩이를 소중히 안고 고향으로 향했다.

〈핵심단어〉
주막 주인, 감사

〈핵심단어〉

강에 빠진 아이를 구한 사람에게 금덩이를 주겠다고 약속하였다.

〈핵심단어〉

★ 각 장면마다 쓴 문장을 세로로 이어서 읽어 봅시다.

인물을 파헤쳐라!

(   )초등학교 4학년 (   )반 (   )번 (   )입니다.

★ 등장인물 중 한 명을 골라, 질문에 차례대로 답을 하여 봅시다.

〈인물이 한 행동〉

〈다른 등장인물의 생각, 혹은 그 외 적고 싶은 것〉　　　　　〈인물이 한 말〉

내가 선택한 인물은?

〈인물이 한 생각〉

줄 맞춰라!

(   )초등학교 4학년 (   )반 (   )번 (   )입니다.

★ 다음 그림 카드를 순서대로 배열을 하고, 각 그림과 어울리는 줄거리를 한 문장으로 쓰세요. 완성한 뒤 Finish!를 외치면 됩니다. (오려서 사용)

		〈핵심단어〉	〈한 문장으로 쓰기〉
1			
2		〈핵심단어〉	〈한 문장으로 쓰기〉
3		〈핵심단어〉	〈한 문장으로 쓰기〉
4		〈핵심단어〉	〈한 문장으로 쓰기〉
5		〈핵심단어〉	〈한 문장으로 쓰기〉

심화활동 – 중심 내용 찾기	**찾아라! 쏙쏙!**	초등학교
		학년 반
		이름 :

★ 다음의 글을 읽고 중심 문장을 찾아 밑줄을 그어 봅시다.

1. 대기 오염은 각종 질환을 유발한다. 대기 오염을 일으키는 주원인인 아황산가스는 허파나 기도에 손상을 주어 호흡기 질환을 일으킨다. 또 오존층의 파괴로 인한 강한 자외선이 피부암을 일으키고 백내장 등의 질환을 유발한다.

   – 중심 문장이 위치해 있는 곳은 어디입니까?

2. 사람이 살아가는 데에는 여러 가지 지켜야 될 일이 많다. 그 중에서도 규칙은 기본 질서를 지키기 위한 것이라고 볼 수가 있다. 규칙은 서로간의 약속 같은 것이어서 지키지 않으면 아무 소용이 없다. 여럿이 함께 살아가는 사회 집단에서는 규칙이 필수적이다. 그러므로 규칙을 잘 지키자.

   – 중심 문장이 위치해 있는 곳은 어디입니까?

3. 우리들은 다른 사람들에게도 고마움과 사랑을 느낄 줄 알아야 한다. 우리와 함께 한 마을, 한 나라를 이루고 있는 모든 사람들은, 낯모르는 사람일지라도 우리들에게 도움을 주고 있다. 한여름의 뜨거운 햇볕 아래서 곡식을 일궈 내는 사람들, 추운 겨울날에도 한길에서 교통 정리를 해주는 사람들이 없으면 우리는 살 수가 없다. 그러므로 우리들은 다른 모든 사람들에게 고마움을 느끼고 사랑할 줄 알아야 한다.

   – 중심 문장이 위치해 있는 곳은 어디입니까?

4. 산, 강, 바다 등은 자연을 이루는 것들이다. 사람들은 들에서 농사를 지어 생활에 필요한 곡식을 얻어낸다. 또 사람들은 강물을 이용하여 필요한 전기를 일으키기도 한다. 그리고 바다에서는 생선, 조개, 굴, 미역 등의 필요한 해산물을 얻어낸다.

   – 중심 문장이 위치해 있는 곳은 어디입니까?
   – 중심 문장을 만들어 봅시다.

심화활동 – 줄거리 예측 전략	줄거리 예측하기	초등학교
		학년 반
		이름 :

★ 다음의 단어들을 이용하여 이야기의 줄거리를 예측하여 써 보세요.

젊은이, 금덩이, 아이, 생명, 약속, 주막 주인

〈상상하여 쓰는 줄거리〉

★ 내가 쓴 줄거리와 비교하며 '금덩이보다 소중한 것'을 들어 봅시다. 다른 부분을 고쳐 실제 줄거리를 써 봅시다.

〈실제 줄거리〉

사건 징검다리

(   )초등학교 4학년 (   )반 (   )번 (   )입니다.

★ 사건이 일어난 순서대로 징검다리를 건너갑니다. 도착한 지점에 건너온 징
   검다리의 번호를 적어 봅시다. (가로, 세로, 대각선 어디로든 움직일 수 있
   습니다.)

출발

1. 저승사자가 원님을 염라대왕 앞에 잘못 데려갔다.

2. 원님은 저승곳간에 재물이 많이 쌓여있었다.

3. 원님은 저승곳간에서 빌린 쌀 삼백 석을 갚았다.

4. 저승 곳간에 재물이 없어 덕진의 곳간에서 빌려 썼다.

5. 이승에서 많은 사람에게 덕을 베푸는 덕진을 보았다.

6. 덕진은 어차피 내 쌀이 아니니 좋은 일에 쓰자고 생각하였다.

7. 덕진은 원님의 부탁에 돈 백 냥을 빌려주었다.

8. 덕진은 원님이 준 쌀 삼백 석을 바로 받았다.

9. 강에 다리를 놓았고, '덕진 다리' 라고 불렸다.

★ 건너온 징검다리의 번호대로 문장을 읽어 봅시다.

덕진 다리 주제 찾기

(   )초등학교 4학년 (   )반 (   )번 (   )입니다.

★ 다음 장면에 알맞게 말풍선과 행동을 채워 넣어 봅시다.

〈핵심단어〉

〈한 문장으로 쓰기〉

〈핵심단어〉

〈한 문장으로 쓰기〉

〈핵심단어〉

〈한 문장으로 쓰기〉

〈핵심단어〉

〈한 문장으로 쓰기〉

★ 각 장면의 문장을 참고하여 줄거리를 말하여 봅시다.

★ '덕진 다리' 의 주제는 무엇입니까?

나는야, 주제 찾기 왕!

(   )초등학교 4학년 (   )반 (   )번 (   )입니다.

★ 다음 중 '덕진'과 어울리는 문장을 찾아 색칠하여 봅시다.

"배고픈 사람들이 와서 맛있게 드시는 것이 오히려 기쁩니다."

덕진이 사람들과 함께 웃으며 놓인 다리를 보며 즐거워하였다.

자신의 재산을 절대로 남에게 주지 않았다.

"어차피 내 쌀이 아니니 좋은 일에 쓰도록 하자."

원님에게 받은 돈을 자신을 위하여 사용하였다.

⇨ 〈주제〉

★ 다음 중 '원님'과 어울리는 문장을 찾아 색칠하여 봅시다.

"너에게 빚진 쌀 삼백 석을 갚으러 왔느니라."

저승창고에는 재물이 아주 많다.

"어찌하여 제 곳간에는 고작 볏짚 한 단 뿐입니까?"

'정말 많은 사람에게 덕을 베풀고 있구나...'

원님은 저승에서 돌아 온 뒤에도 남을 돕지 않았다.

⇨ 〈주제〉

★ 〈보기〉에서 각각 알맞은 주제를 찾아 네모 빈 칸을 채워 넣어 봅시다.

〈보기〉

1. 덕을 베풀며 살아야 한다.   2. 웃으면서 살자.   3. 은혜를 갚을 줄 알자.
4. 다리를 만들어야 한다.   5. 사람들과 친하게 지내자.

심화활동 – 제재글 활동하기	나의 저승창고 엿보기	초등학교
		학년 반
		이름 :

★ 지금 내가 저승을 간다면 나의 저승창고에는 무엇이 있을지 상상하여 적어
  봅시다.

> 지금 나의 저승창고에는 (   )이 있을 것 같습니다.
> 그것이 저승창고에 쌓이게 된 이유는

★ 나의 저승창고를 상상하여 그림으로 그려 봅시다.

<table>
<tr><td>심화활동 – 제재글 활동하기</td><td rowspan="3">나만의 이야기</td><td colspan="2">초등학교</td></tr>
<tr><td>학년</td><td>반</td></tr>
<tr><td>이름 :</td><td></td></tr>
</table>

★ 원님이 저승에서 돌아온 뒤 약속을 지키지 않고, 덕진에게 돈을 갚지 않았다면 이야기가 어떻게 달라졌을까요? 나만의 이야기로 '덕진 다리' 뒷부분을 바꾸어 봅시다. (글, 편지, 만화 어느 것으로 표현해도 됩니다.)

그림으로 나타내는 주제

(   )초등학교 4학년 (   )반 (   )번 (   )입니다.

★ 내가 찾은 이야기의 주제가 가장 잘 드러나도록 마음껏 그림을 그려 봅시다.

이야기의 주제:

내 맘대로 쓰는 이야기

(   )초등학교 4학년 (   )반 (   )번 (   )입니다.

★ 이야기의 일부분을 바꾸면 주제가 달라질 것입니다. 내 맘대로 이야기를
   바꾸어 써 볼까요?

내가 선택한 이야기의 제목	
원래의 주제	
내가 바꾸고 싶은 주제	
내가 선택한 장면	
위 장면을 내 마음대로 바꾸면?	

고양이야, 미안해! 이야기지도 만들기

(　　　　)초등학교 4학년 (　　)반 (　　)번 (　　　　　　)입니다.

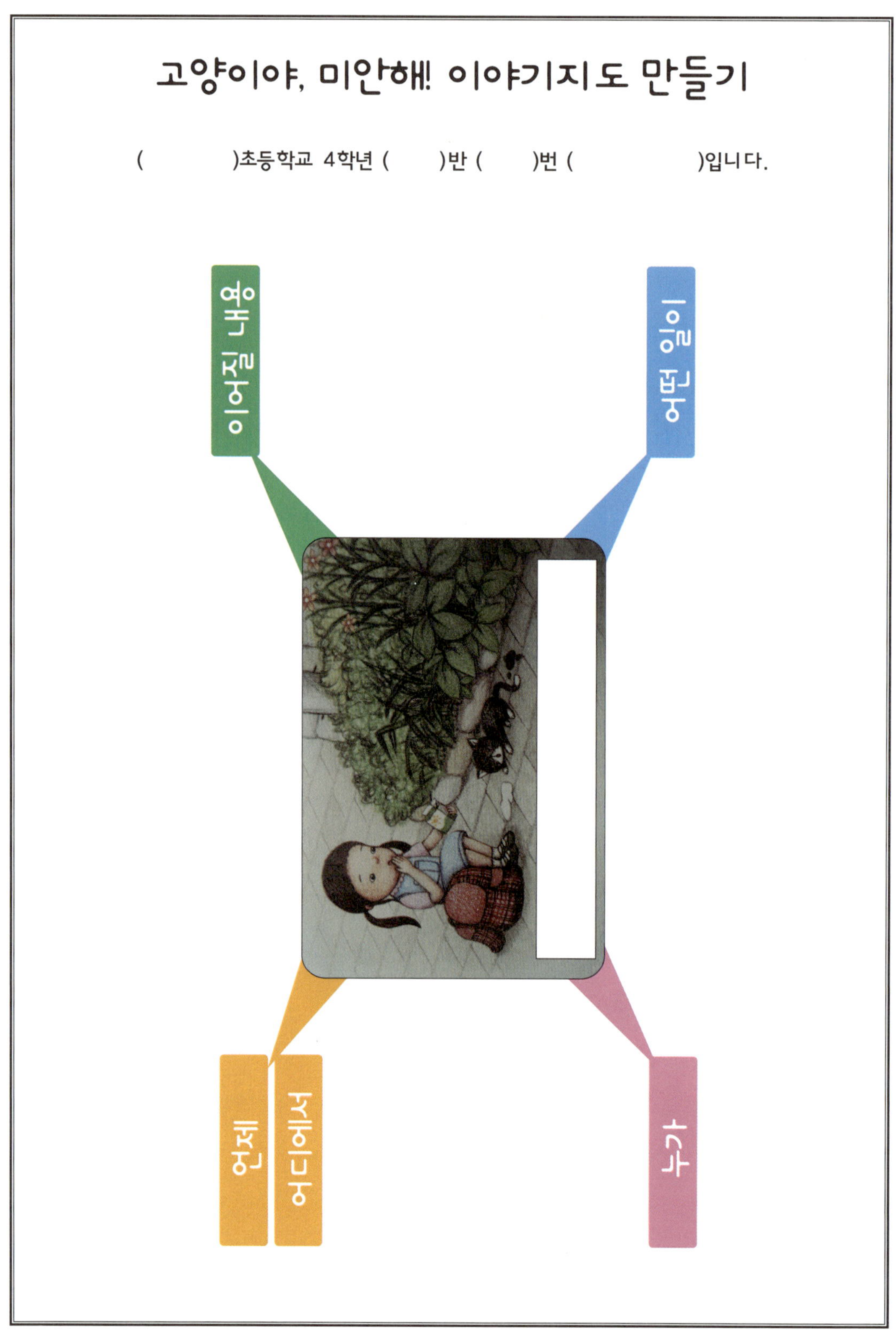

고양이야, 미안해!

4학년 (   )반 이름 :

고양이는 어떻게 되었을까?

등장인물 성격

은선 :

언니 :

미나 :

배경 :
인물 :
사건 :

배경 :
인물 :
사건 :

배경 :
인물 :
사건 :

배경 :
인물 :
사건 :

배경 :
인물 :
사건 :

시작	은선이는 언제, 어디에서 아픈 고양이를 발견했나요?	은선이가 동물 병원으로 달려간 까닭은 무엇인가요?	은선이가 동물병원에 고양이를 데려오지 못한 까닭은 무엇인가요?	앞으로 2칸	은선이가 왜 미나라면 고양이를 데려올 수 있다고 생각했나요?	은선이의 말을 들은 미나의 반응은 어떠했나요?

⇩

고양이는 그 뒤 어떻게 되었을까요?	언니가 은선이에게 '죽은 휴머니스트'라고 말한 까닭은 무엇일까요?	은선이에게 같이 가자는 것으로 보아 은선이 언니는 어떤 성격일까요?	1번 쉬세요	고양이 이야기를 듣고 은선이 언니는 어떤 말을 했나요?	자꾸 고양이를 생각하는 것을 보아 은선이는 어떤 성격일까요?	미나의 말을 듣고 은선이는 어떤 마음이었을까요?	1번 더!

⇩

앞으로 2칸	이야기에서 일이 벌어지는 시간과 장소를 ( )이라고 합니다.	길 모퉁이에서 고양이를 본 후 은선이가 간 장소를 차례대로 4곳 말하세요.	뒤로 한 칸	이야기에는 어떤 일을 벌이거나 겪는 ( )이 있습니다.	은선이가 만난 사람들을 순서대로 3명 말하세요.	이야기에서 벌어지는 일을 ( )이라고 합니다.	도착

시화 감상하고 칭찬쪽지 쓰기

4학년 (   )반 (   )번 (   )입니다.

★ 친구들의 시화를 감상하여 봅시다. 그리고 친구들의 시화 중에서 잘된 점
을 칭찬하는 쪽지를 쓰고 서로 주고받아 봅시다.

--- 오려서 사용하세요.

_________ 에게

나는 너의 작품이 참 훌륭하다고
생각해. 왜냐하면 _________

____

____

____

_______ 가

_________ 에게

나는 너의 작품이 참 훌륭하다고
생각해. 왜냐하면 _________

____

____

____

_______ 가

_________ 에게

나는 너의 작품이 참 훌륭하다고
생각해. 왜냐하면 _________

____

____

____

_______ 가

_________ 에게

나는 너의 작품이 참 훌륭하다고
생각해. 왜냐하면 _________

____

____

____

_______ 가

김덕령 이야기 문제 카드

(   )초등학교 4학년 (   )반 (   )번 (   )입니다.

김덕령 이야기 문제 카드

■ 진행자 : (   )
■ 도전자 : (   ), (   ), (   )

문제 1) 언제 일어난 일인가요?

문제 2) 어디에서 일어난 일인가요?

문제 3) 이야기에 등장하는 사람은 누구인가요?

문제 4) 중국 사람은 부부에게 어떤 부탁을 하였나요?

문제 5) 어느 날 중국 사람을 따라 간 주인은 무엇을 보았습니까?

문제 6) 중국 사람이 돌아간 후 주인은 어떻게 하였습니까?

문제 7) 주인이 중국 사람이 정하여 놓은 자리에 묘를 쓴 까닭은 무엇입니까?

문제 8) 묘를 쓴 후에 부부에게 어떤 일이 일어났나요?

-- 오려서 사용하세요.

김덕령 이야기 문제 카드

■ 진행자 : (   )
■ 도전자 : (   ), (   ), (   )

문제 1) 언제 일어난 일인가요?

문제 2) 어디에서 일어난 일인가요?

문제 3) 이야기에 등장하는 사람은 누구인가요?

문제 4) 중국 사람은 부부에게 어떤 부탁을 하였나요?

문제 5) 어느 날 중국 사람을 따라 간 주인은 무엇을 보았습니까?

문제 6) 중국 사람이 돌아간 후 주인은 어떻게 하였습니까?

문제 7) 주인이 중국 사람이 정하여 놓은 자리에 묘를 쓴 까닭은 무엇입니까?

문제 8) 묘를 쓴 후에 부부에게 어떤 일이 일어났나요?

김덕령 이야기의 배경 찾기

(   )초등학교 4학년 (   )반 (   )번 (   )입니다.

★ 김덕령 이야기를 다시 읽고, 빈칸에 알맞은 낱말을 채워 봅시다.

보기	옛날, 해질 무렵, 이튿날, 무등산 자락, 조선 지관, 명당, 초가집, 한 달, 얼마 뒤, 이듬해

배경	( ), ( )시대 호남의 큰 고을 광주 ( )
인물	가난한 부부, 중국에서 온 사람
사건	부부는 마을에서 외따로 떨어진 ( )에서 가난하게 살았다. 어느 날 ( ), 중국에서 온 사람이 찾아와 며칠만 묵게 해 달라고 했다. 중국 사람은 날이 밝으면 나갔다가 어두워져서야 돌아왔다. 남편은 그 사람이 묘를 쓸 자리를 살피는 ( )이며, 이 근처에 ( )이 있을 것이라고 생각했다. 하루는 중국 사람이 산에 올라가 달걀을 묻었는데 , 땅 속에서 "꼬끼오"하고 닭 우는 소리가 들렸다. 그 모습을 지켜 본 남편은 그 곳이 ( )임을 알았다. ( ), 손님은 다시 돌아오겠다는 말을 남기고 중국으로 돌아갔고, ( )쯤 지나 다시 부부의 집에 찾아왔다. 중국 사람은 주인이 묘를 썼다는 것을 알고 다른 곳으로 옮기라고 했으나 주인의 고집을 꺾지 못했다. ( ) 아내는 아이를 잉태하여 딸을 낳았다. 이어서 ( ) 아들이 태어났는데, 부부는 아이의 이름을 '김덕령' 이라고 지었다.

★ '지관' 이나 '명당' 의 뜻을 살펴보고, 이와 관련하여 인물이 살아가는 환경이나 시대의 특징을 말하여 봅시다.

지관 :
____

명당 :
____

김덕령 이야기 낱말 뜻 알기

(   )초등학교 4학년 (   )반 (   )번 (   )입니다.

★ 뜻에 알맞은 낱말을 〈보기〉에서 골라 써 봅시다. 〈보기〉의 낱말 중 배경, 인물, 사건과 관련 있는 낱말을 찾아 서로 다른 색으로 색칠하여 봅시다.

의병	변장	무예	겸손	단오
교만	침범	상주	삼베	눈살
야단법석	살생	임진왜란	노략질	설치다
씨름	방방곡곡	장사	안절부절	연마

낱말	뜻
	몸이 우람하고 힘이 아주 센 사람
	잘난 체 하며 뽐내고 건방짐
	두 눈썹 사이에 잡히는 주름
	마구 날뛰다. 찬찬하지 못하고 조급하게 행동하다.
	우리나라 명절의 하나. 음력 5월 5일
	두 사람이 샅바를 잡고 힘과 재주를 부리어 먼저 넘어뜨리는 것으로 승부를 겨루는 우리 고유의 운동
	많은 사람들이 모여들어 떠들썩하고 부산스럽게 굶
	마음이 초조하고 불안하여 어찌할 바를 모르는 모양
	남을 존중하고 자기를 내세우지 않는 태도가 있음
	본래의 모습을 알아볼 수 없도록 다르게 바꿈
	무술에 관한 재주 및 무사가 지녀야할 도리
	학문이나 기술 따위를 힘써 배우고 닦음
	1592년부터 1598년까지 2차에 걸쳐서 우리나라를 침입한 일본과의 싸움
	남의 영토나 권리, 재산, 신분 따위에 해를 끼침
	한 군데도 빠짐이 없는 모든 곳
	외적의 침입을 물리치기 위하여 백성들이 자발적으로 만든 군대
	삼 껍질에서 뽑아낸 실로 짠 옷
	떼를 지어 돌아다니며 사람을 해치거나 재물을 강제로 빼앗는 짓
	죽은 사람의 맏아들이나 맏손자로 장례에서 주인 노릇을 하는 사람
	사람이나 짐승 따위의 생명을 죽임

배경의 변화 살펴보고 빙고 놀이하기

4학년 (　　　)반 (　　　)번 (　　　　　　)입니다.

★ 김덕령 이야기를 읽고, 시간이 바뀌는 곳에 ○표, 장소가 바뀌는 곳에 □ 표시를 하고 아래의 표에 정리해 봅시다.

시간을 나타내는 말	
장소를 나타내는 말	

★ 시간, 장소를 나타내는 말을 9칸 빙고틀에 적고, 친구들과 함께 재미있는 빙고놀이를 해 봅시다.

배경의 바뀜에 따른 사건 간추리기

(   )초등학교 4학년 (   )반 (   )번 (   )입니다.

★ 그림을 보고 이야기의 배경이 어떻게 바뀌었는지 생각해 보고 관련있는 인물을 찾아봅시다. 그리고 김덕령에게 일어난 사건을 말하여 봅시다.

배경 : (   )을 휩쓸 때
인물 : 김덕령
사건 :

배경 : (   )에서 졌을 때
인물 :
사건 :

배경 : (   )를 지키고 있을 때
인물 :
사건 :

배경 : (   )에서 전쟁에 나갈 것
　　　　　　을 결심하였을 때
인물 : 김덕령, 사람들
사건 :

배경의 바뀜에 따른 인물의 변화 파악하기

(　　　　)초등학교 4학년 (　　)반 (　　)번 (　　　　　)입니다.

★「김덕령 이야기」에서 배경의 바뀜에 따라 인물의 마음이나 행동이 어떻게 바뀌었는지 생각하며 〈이야기 인물분석표〉를 완성하여 봅시다.

1. 이야기의 배경(장면)이 어떻게 바뀌었나요?
2. 각 장면에서 김덕령이 어떤 말이나 생각을 하였나요?
3 각 장면에서 김덕령의 마음이나 행동을 변화시킨 인물은 누구누구인가요?

〈이야기 인물분석표〉

배경	김덕령이 한 말	관련인물	인물의 변화
① 씨름판	이 땅에는 나를 당할 사람이 없군, 누구든지 덤벼 보라고!	김덕령	
② 씨름판		김덕령 누나	자신이 제일인 줄 알다가 누나에게 지고 나서 겸손해 짐, 이후 열심히 무예를 연마함
③ 아버지 의묘소	힘을 발휘할 때가 왔지만, 상주의 몸이라 전쟁터에 나갈 수가 없구나.	김덕령 사람들 어머니	
④ 아버지 의묘소		김덕령 사람들	나라를 위하여 왜적과 싸울 것을 다짐하며 아버지도 진정 바라실 것으로 생각함

★ 잘 공부했는지 알아봅시다.

〈배경의 바뀜에 따른 사건과 인물 이해하기〉	나의 점수
이야기 속에서 배경이 어떻게 변하였는지 찾을 수 있었나요?	☆　☆　☆　☆
배경의 바뀜에 따라 어떤 일이 일어났는지 찾을 수 있었나요?	☆　☆　☆　☆
배경의 바뀜에 따라 인물이 어떤 생각을 하였는지 찾을 수 있었나요?	☆　☆　☆　☆

이야기 내용 땅따먹기

이야기의 시대적 배경이 되는 사건으로 1592~1598년 2차에 걸친 왜군의 침략으로 일어난 전쟁은?	★ 한 번 더 ★ 이야기에서 배경을 알게 되면 좋은 점은 무엇인가요? (2가지)	김덕령이 전쟁에 나가 왜적과 싸우기로 결심한 이유는?	김덕령 이야기의 공간 배경은 호남의 큰 고을 광주 ○○○자락입니다.	★ 한 번 더 ★ 씨름에 진 뒤 김덕령은 어떻게 변했나요?
김덕령 이야기의 시간 배경은 ○○시대입니다.	(낱말 퀴즈) 마음이 초조하고 불안하여 어찌할 바를 모르는 모양		김덕령이 자기의 힘을 큰일을 하는데 쓰도록 깨달음을 준 사람은?	(낱말 퀴즈) 몸이 우람하고 힘이 아주 센 사람
(낱말 퀴즈) 남을 존중하고 자신을 내세우지 않는 태도	일본의 수십만 명의 군사가 우리나라를 침범했을 때 김덕령은 무엇을 하고 있었나요?	씨름판에서 김덕령의 생각을 바꾸게 한 인물은 누구인가요?		임진왜란은 역사에 기록된 사건이고 김덕령은 실제 살았던 인물이다. (○, ×)
단옷날, 씨름판에서 김덕령을 이긴 낯선 총각은 누이동생이다. (○, ×)		〈속담〉 뛰는 놈 위에 ○○○ 있다.	김덕령이 전쟁에 나가 왜적과 싸울 결심을 하도록 한 인물은 누구인가요?	(낱말 퀴즈) 죽은 사람의 맏아들이나 맏손자로 장례에서 주인 노릇을 하는 사람
(낱말 퀴즈) 외적의 침임을 물리치기 위해 백성들이 자발적으로 만든 군대	씨름판을 휩쓸 때의 김덕령은 어떤 사람이었나요? ★ 한 번 더 ★	김덕령에게 장군이 되어달라고 부탁한 사람들의 말에 김덕령의 어머니는 어떻게 하였나요?	(낱말 퀴즈) 한 군데도 빠짐이 없는 모든 곳 전국 ○○○○	인물의 마음이나 생각을 변화시키는 것은 인물과 관련된 ○○, ○○입니다.

발사

발사

옛이야기 속으로

(   )초등학교 4학년 (   )반 (   )번 (   )입니다.

★「꽁지 닷 발 주둥이 닷 발」을 읽고, 이야기의 배경과 인물에 대해 생각하여 봅시다.

1. 언제 일어난 일인가요?

2. 어디에서 일어난 일인가요?

3. 어머니에게 어떤 일이 일어났나요?

4. 주인공이 살고 있는 세계는 우리가 살고 있는 현실 세계의 모습과 비슷한가요?

5. 주인공은 어떤 사람인가요?

6. 이 이야기에서 신기한 장면을 말하여 봅시다.

★「꽁지 닷 발 주둥이 닷 발」이야기에서 배경의 변화를 생각하며 인물, 사건과 관련지어 봅시다.

순서	장소	만난 사람	일어난 일
①	삼십리 논	모를 심는 사람	주인공이 모를 다 심어주자 볏짚 태운 재를 한 되 주면서 새가 간 곳을 알려줌
②	기우뚱한 고추밭		
③		까치	
④	병풍같은 바위 산 너머		
⑤		어머니	

뒷이야기 상상하기

(   )초등학교 4학년 (   )반 (   )번 (   )입니다.

★ 일이 일어난 까닭을 생각하며 뒷부분에 이어질 이야기를 상상하여 써 봅시다.

「꽁지 닷 발 주둥이 닷 발」 뒷이야기

★ 잘 공부했는지 알아봅시다.

〈뒷이야기 상상하기〉	나의 점수
이야기의 배경과 인물의 특성, 일어난 일을 잘 관련지었나요?	☆ ☆ ☆ ☆
이야기 속 배경의 바뀜을 생각하며 책을 잘 꾸몄나요?	☆ ☆ ☆ ☆
내가 상상한 뒷이야기가 앞의 이야기와 자연스럽게 잘 연결되었나요?	☆ ☆ ☆ ☆

사귀고 싶은 친구 문제 카드

(   )초등학교 4학년 (   )반 (   )번 (   )입니다.

사귀고 싶은 친구 문제 카드

■ 진행자 : (   )

■ 도전자 : (   ), (   ), (   )

문제 1) 언제 어디에서 일어난 일인가요?

문제 2) 이야기에 나오는 인물은 누구누구인가요?

문제 3) 학기초에 정화는 미희를 보며 어떤 생각을 하였나요?

문제 4) 미희는 누구와 살고 있나요?

문제 5) 미희와 어울려 다니는 아이들을 어떻게 부르나요?

문제 6) 정화가 양파에 들고 싶어 하는 까닭은 무엇인가요?

문제 7) 읽기 시간에 정화가 선생님께 꾸중을 들은 까닭은 무엇인가요?

문제 8) 양파 아이들끼리만 하는 특별한 행동은 무엇인가요?

문제 9) 비오는 날 아침, 학교에 가는 길에 정화에게 어떤 일이 있었나요?

-- 오려서 사용하세요.

사귀고 싶은 친구 문제 카드

■ 진행자 : (   )

■ 도전자 : (   ), (   ), (   )

문제 1) 언제 어디에서 일어난 일인가요?

문제 2) 이야기에 나오는 인물은 누구누구인가요?

문제 3) 학기초에 정화는 미희를 보며 어떤 생각을 하였나요?

문제 4) 미희는 누구와 살고 있나요?

문제 5) 미희와 어울려 다니는 아이들을 어떻게 부르나요?

문제 6) 정화가 양파에 들고 싶어 하는 까닭은 무엇인가요?

문제 7) 읽기 시간에 정화가 선생님께 꾸중을 들은 까닭은 무엇인가요?

문제 8) 양파 아이들끼리만 하는 특별한 행동은 무엇인가요?

문제 9) 비오는 날 아침, 학교에 가는 길에 정화에게 어떤 일이 있었나요?

배경을 생각하며 사건 간추리기

(   )초등학교 4학년 (   )반 (   )번 (   )입니다.

★「사귀고 싶은 친구」를 읽고 일어난 일을 정리하였습니다. 배경을 나타내는 말을 넣어 문장을 완성하여 봅시다. 그리고 이야기의 흐름에 맞게 빠진 내용을 넣어 봅시다.

정화는 (   )이 된 지 (   )이 지났지만 아직 단짝 친구가 없다.

⇩

정화는 (   )에 자기 소개를 하는 미희를 보며 마음에 드는 아이로 점찍고 좋은 친구가 되어 주기로 결심했다.

⇩

(   )에 미희가 양파에게 돌리는 쪽지를 전해주던 정화는 선생님께 들킨다.

⇩

그때,

⇩

(   )에 정화는 선생님께 일기를 잘 썼다고 칭찬을 받았다.

⇩

(   ) (   )에 비가 와서 학교에 가기 싫다고 생각한 정화는 미희를 떠올리자 학교 가는 것이 즐거워졌다.

⇩

정화는 우산을 들고 (   )를 향하여 걷다가 택시 한대가 지나가는 바람에 물벼락을 뒤집어 썼다.

⇩

그때,

⇩

미희와 친하게 지내는 소정이가 다가왔고, 미희와 소정이는 정화 앞을 나란히 걸어갔다.

사귀고 싶은 친구 인물 액자 만들기

(   )초등학교 4학년 (   )반 (   )번 (   )입니다.

★ 이야기 속 미희와 정화를 생각하며 재미있는 인물 액자를 만들어 봅시다.

〈인물 액자 만드는 방법〉

1. 등장인물 중 한 명을 선택합니다.
2. 액자 가운데에 인물의 모습을 그립니다.
3. 인물의 모습 주변에 알고 있는 것을 주변에 글로 적습니다.
   (인물의 생김새, 가족, 친구, 특기, 한 일, 장점, 단점 등)
4. 내 주변에서 미희나 정화와 닮은 친구를 찾아봅니다.